나옹왕사 불적답사길

구도의 발자취를 따라서

차   례

책을 펴내며   6

① **발간에 따른 고견의 말씀들**

제정스님 불교문화재 연구소장   12

동진스님 영덕불교사암연합회 부회장   13

이희진 영덕군수   14

최재열 영덕군의회의장   15

강석호 국회의원   16

주호영 국회의원   18

황재철 경상북도의원   20

조주홍 경상북도의원   21

김영덕 위덕대학교 교수   22

조영대 포항대학교 교수   23

김호성 동국대학교 교수   24

박상형 천지원전건설준비실장   26

박보덕화 서남사 신도회장   27

② **나옹왕사 불적답사 순례사찰 일람**(一覽)

경상도   30

전라도   34

충청도   37

경기도   39

강원도   42

북한 사찰   43

❸ 나옹왕사 행장

1. 탄생   46
2. 출가 및 수행   47
3. 원나라 구도행   48
4. 귀국 및 전법도생   58
5. 열반불사   62
6. 연보   64

❹ 나옹왕사 관련 사찰 불적답사

경상도

• 영덕군청	70	• 반룡사	107
• 불미골	72	• 대곡사	110
• 까치소	75	• 유석사	113
• 반송정	77	• 갑장사	117
• 서남사	85	• 남지장사	120
• 장육사	88	• 통도사	123
• 묘적암	92	• 원효암	127
• 윤필암	95	• 용궁사	130
• 수정사	97	• 다솔사	134
• 선석사	100	• 응석사	137
• 용흥사	103	• 영원사지	141

전라도

• 천은사	146	• 대원사	175
• 상선암	151	• 나옹암	178
• 나옹사지	153	• 금당사	180
• 규봉암	157	• 봉서사	183
• 송광사	161	• 은적사	186
• 위봉사	166	• 상주사	190
• 태조암	169	• 보천사	193
• 학림사	172		

차   례

충청도

- 수덕사   198
- 가야사지   202
- 오덕사   206
- 각연사   209
- 창룡사   212
- 석천암   215
- 가섭사   218
- 원통암   221
- 청련암   224
- 백련사   227
- 보살사   231

경기도

- 신륵사   236
- 회암사   243
- 칠장사   247
- 삼막사   251
- 석굴암   254
- 흥왕사   260
- 염불암   264
- 은적암   266
- 영월암   269
- 청룡사   274
- 대성암   278
- 흥륜사   281
- 학림사   283
- 천축사   287
- 화계사   291
- 반월암   296

강원도

- 건봉사   300
- 상두암   306
- 청평사   310
- 영감사   314
- 영천사   317
- 상원사(치악산)   320
- 월정사   324
- 상원사(오대산)   328

북한 사찰

- 묘길상암   334
- 개심사   335
- 개심사   336
- 광통보제선사   337
- 보현사   338
- 성불사   341
- 안심사   342
- 장연사   343
- 조제암   344
- 신광사   345

5 나옹왕사 관련 학술발표

1. 문화의 세기와 불교의 역사적 회향   348

2. 나옹화상의 생애와 계승자   350

3. 나옹혜근의 불교사적 위치   353

4. 나옹선사와 목은 이색의 사상적 만남   357

5. 나옹왕사 유업의 재조명   359

6. 나옹혜근의 불교계 행적과 유물 · 유적   365

7. 남종선 흐름에서 본 나옹   368

8. 나옹왕사의 정토사상이 한국불교신앙에 미친 영향   373

9. 나옹왕사의 생애를 통한 지역문화콘텐츠 개발방안   377

회향의 글   380

깨달음과 전법도생의 길을 나서며

현담스님
영덕불교사암연합회장
영덕불교문화발전연구원장

귀의삼보하옵니다.

지난 2008년 7월 31일 영덕군에서는 '나옹왕사 기념사업회'의 비영리 법인단체를 만들면서 고려시대 공민왕의 스승이신 나옹왕사의 깨달음을 통한 대중교화의 큰 발자취를 계승 발전 유지시키고, 나옹왕사의 현창사업(顯彰事業)을 하고자 기념사업회를 구성하고 소승도 위원으로 위촉되었다.

이러한 인연으로 왕사의 깨달음과 중생교화 원력행을 가슴 속에 새기게 되었다. 소승이 수행의 기틀을 마련하고 불교교학의 체계화를 세우고자 석사과정을 졸업하고, 박사과정 1학기에 염불에 관한 공부를 하면서 나옹왕사의 염불관을 연구하게 되고 세미나 시간에 '나옹왕사의 소통과 실용 염불 정토관'을 발표하게 되었다.

이후 2014년 『영덕 폐사지 불적답사와 불교 현황』이란 책을 발간하면서 책 제목을 「나옹왕사와 영덕불교」란 타이틀로 하려 하였으나 나옹왕사에 관한 지식과 자료도 부족하고 또한 제목이 광범위하여 나옹왕사에 관하여서는 다음으로 미루기로 하였다.

이번에 우연한 기회에 영덕문화원 밖에 진열된 책장에서 『영덕문화의 원류(영덕의 참정신을 찾아서)』[1] 김도현의 「영덕의 가사문학」에서 나옹스님의 승원가를 보고 도서관과 인터넷을 열람하여 이상보의 『한국불교가사전집』[2]을 보게 되었다.

이 책에는 한국불교가사의 귀중한 모든 자료들이 있었다. 영암화상의 「토굴가」를 비롯하여 서산대사의 「회심곡」 등 귀중한 자료들이 있었다. 그 중에서도 나옹스님의 「서왕가1, 2」, 「낙도가」, 「승원가」가 실려 있었다.

『한국불교전서』에서 나옹스님의 행장이나 가송 어록에 실려 있지 않은 내용을 보면서

---

1) 『영덕문화의 원류』 「영덕의 참정신을 찾아서」 김도현, 「영덕의 가사문학」 p.19~34. 영덕군, 2004년.
2) 이상보, 『한국불교가사 전집』 집문당, 1980년.

안타까운 마음이 들었다. 이러한 계기가 되어 출가정신으로 돌아가 나옹스님께서 태어나서 20세에 출가하여 깨달음을 얻고, 수행 정진하고 창건 중창한 사찰들을 불적답사하고 신심을 다지는 심정으로 길을 나섰다.

이 길은 학문적인 접근보다 신앙적으로 접근하여 다시 한 번 자신의 마음을 정리하고 불자들과 대중들에게 쉽게 다가갈 수 있는 길을 드러내고자 하였다.

현재 한국의 모든 사찰에서는 조석으로 부처님 전에 발원하는 행선축원을 올리고 있다. 나옹왕사께서 지으신 행선축원으로 새벽을 시작하며 또한 불교 모든 불사에 증명법사[3]로 삼 화상을 모신다. 나옹스님의 스승이신 지공화상과 나옹스님 그리고 나옹스님의 제자인 무학대사를 증명하여 모시는 것이다.

이러한 한국불교의 위대한 세 분 중 중심에 서셨던 나옹왕사 불적답사 순례길에 삼 화상을 증명법사로 모시고, 나옹왕사의 행장과 어록을 통하여 탄생과 출가 그리고 깨달음과 전법도생의 길을 나서면서 나옹왕사께서 지으신 행선축원으로 불적답사의 시작을 알리고자 한다.

行禪祝願
행 선 축 원

願我世世生生處　常於般若不退轉　如彼本師勇猛智　如彼舍那大覺果
원아세세생생처　상어반야불퇴전　여피본사용맹지　여피사나대각과

如彼文殊大智慧　如彼普賢廣大行　如彼地藏無邊身　如彼觀音三二應
여피문수대지혜　여피보현광대행　여피지장무변신　여피관음삼이응

---

3) 三和尙請 擧目
　南無西天國 百八代祖師 提羅博陀尊者 指空大和尙
　南無高麗國 恭愍王師 普濟尊者 懶翁大和尙
　南無朝鮮國 太祖王師 妙音尊者 無學大和尙

十方世界無不現　普令衆生入無爲　聞我名者免三途　見我形者得解脫
시방세계무불현　보령중생입무위　문아명자면삼도　견아형자득해탈

如是教化恒沙劫　畢竟無佛及衆生　願諸天龍八部衆　爲我擁護不離身
여시교화항사겁　필경무불급중생　원제천룡입부중　위아옹호불리신

於諸難處無諸難　如是大願能成就　發願已歸命禮三寶
어제난처무제난　여시대원능성취　발원이귀명례삼보

원하노니 나는 세세생생에 언제나 반야에서 물러나지 않고서 저 본사(本師)처럼 용맹스런 의지와 저 비로자나처럼 큰 각과(覺果)와 저 문수처럼 큰 지혜와 저 보현처럼 광대한 행과 저 지장처럼 한없는 몸과 저 관음처럼 30응신(應身)으로 시방세계 어디에나 나타나 모든 중생들을 무위(無爲)에 들게 하며 내 이름 듣는 이는 3도(三途)를 면하고 내 얼굴 보는 이는 해탈을 얻게 하며 이렇게 항사겁(恒沙劫)을 교화하여 필경에는 부처도 중생도 없게 하여지이다.

원컨대 모든 천룡(天龍)과 팔부신장(八部神將)님 나를 보호하기 위해 내 몸 떠나지 않아 어떤 어려움에서도 어려움 없게 하여 이 큰 발원을 성취하게 하여지이다. 발원하고서 삼보에 귀명례(歸命禮)합니다.[4]

나옹왕사의 행선축원에 이어 나옹왕사 불적답사의 원만 회향을 발원해 본다.

지금부터 영덕에서 정진하고 있는 수행자로서 고려시대 공민왕과 우왕의 스승이신 나옹왕사의 불적답사순례길을 봉행하고자 하오니 원하옵건대 원만회향하게 하여 주시옵고, 구경에는 왕사께서 출가하시면서 발원하신 삼계를 벗어나 중생을 이롭게 할 수 있는 지혜의 힘을 얻게 하며 시공을 초월하여 왕사께서 깨달으신 깨달음에 부합되게 하옵고 절대무한의 세계인 중도실상의 도리를 모두가 자각 체득하게 하옵소서!

---

4) 『韓國佛敎全書』 卷6, 慧勤 「懶翁和尙歌頌」 發願, p.746 中 發願 願我世世生生處 常於般若不退轉 如彼本師勇猛志 如彼舍那大覺果 如彼文殊大智慧 如彼普賢廣大行 如彼地藏無邊身 如彼觀音三十應 十方世界無不現 普令衆生入無爲 聞我名者免三途 見我形者得解脫 如是教化恒沙劫 畢竟無佛及衆生 願諸天龍八部神 爲我擁護不離身 於諸難處無諸難 如是大願能成就 發願已歸命禮三寶

또한 지공스승으로부터 받은 문수 최상승 무생계법인 비로자나부처님께서 직접 설하시고 문수보살에서 몸소 우리들에게 전해주신 비로자나불 무생계의 육대서원을 나옹왕사와 인연 있는 사찰들을 다닐 때마다 지녀 나옹왕사의 게송을 송(誦)하고 아래의 무생계도 합송(合誦) 발원하고자 한다.

첫째는 모든 중생과 함께 성불하지 않으면 나 또한 정각에 오르지 않겠습니다.
둘째는 일체중생이 겪을 모든 고통을 내가 대신 받겠습니다.
셋째는 모든 중생의 혼매함을 지혜로 바꾸어 주겠습니다.
넷째는 일체중생이 겪을 재난을 안온으로 바꾸어 주겠습니다.
다섯째는 모든 중생의 탐 진 치 삼독을 계정혜 삼학으로 바꾸겠습니다.
여섯째는 모든 중생이 나와 함께 무상정각에 이르도록 하여 주길 발원하겠습니다.

나무아미타불

청산은 나를 보고 말없이 살라하고

창공은 나를 보고 티없이 살라하네

탐욕도 벗어놓고 성냄도 벗어놓고

물같이 바람같이 살다가 가라하네

나옹왕사
불적답사길

구도의 발자취를
따라서

발간에 따른
고견의 말씀들

나옹왕사 법향으로 좋은 선연 맺기를 축원하며

제정스님
대한불교조계종
불교문화재 연구소장

참으로 반가운 소식입니다. 나옹왕사의 수행 성지를 따라 전국을 순례하면서 왕사의 법향이 서린 성지들을 정리한 결과물을 발간하게 되었다는 것입니다. 작지만 향기 나는 절 서남사에서 주석하시면서 항상 부처님의 참다운 제자임을 잊지 않는 현담스님의 정진에 심심한 경의를 표합니다. 반드시 해야 할 일임에도 누구나 할 수 없었던 대작불사를 현담스님은 해내고야 말았습니다.

나옹왕사께서 머무시며 사자후를 하셨던 전국 70여 곳의 사찰 대부분을 현담스님께서는 답사 순례하셨습니다. 아마도 현담스님은 왕사께서 보내신 화신이 아닌가 생각됩니다. 종단이나 종립대학에서나 할 수 있는 큰 프로젝트를 작은 시골 절에 계시는 현담스님께서 하신 것입니다.

꾸준히 정진하시어 박사학위를 받으시고 영덕불교사암연합회장, 영덕경찰서 경승, 포항교도소 종교위원 등으로 활동하시면서 지역사회에 포교도 열심히 하시는 스님께서는 조용하면서도 정열적인 노력으로 이렇게 큰 업적을 내신 것입니다.

나옹왕사께서 태어나시고 수행 전법하시던 고려 말은 혼란스러운 시절이었습니다. 지금 우리가 살고 있는 이 시대도 겉으로는 평화롭게 보일지라도 정신적 사상적으로는 그 시대와 별반 다르지 않을 것입니다. 나라가 혼란해지고 민심이 흉흉해지는 고려 말과 사상적 혼돈과 희망을 잃어버린 지금의 사회를 대비해 볼 수도 있을 듯합니다.

이에 나옹스님의 가르침은 한 줄기 빛과도 같습니다. 특히 고려에서 조선으로 넘어오는 대 혼란기에 사상적으로 큰 역할을 하셨던 무학대사는 바로 나옹왕사께서 길러내신 큰스님이셨습니다.

이에 이 책으로 삼포 오포세대니 하는 자조적인 언어가 난무하는 이 시대에 나옹왕사님의 법향을 체험할 수 있는 좋은 선연을 맺기를 축원합니다. 『나옹왕사 불적답사길』은 현담스님의 역작이며, 여러 선연들의 길잡이가 될 수 있음을 확신합니다.

나옹왕사의 깨달음과 전법이 오롯이 드러나기를

동진스님
영덕불교사암연합회 부회장

지난 2010년 무작정 걸망 하나 메고 지내던 곳을 벗어나 남쪽에서 출발하여 덕 높은 고을인 영덕 땅에 짐을 풀었다. 그동안 조용히 지내면서 열심히 정진하고 가람불사와 신도포교에만 집중하였다.

그러던 어느 날 영덕불교사암연합회 회장인 현담스님을 비롯한 집행부 스님들이 인사차 절로 찾아와 연합회 활동을 함께 하자는 권유를 하였다. 영덕에 올 때는 조용히 정진하며 지내려고 했고, 남들 앞에 나서는 것도 맞지 않아서 사양하였던 것이다. 그러나 몇 번에 걸쳐 함께 하기를 희망하였다. 매번 거절하는 것도 도리에 어긋난다고 생각해 승낙을 하고 회의에 나가 연합회의 구성원이 되어 활동을 하게 되었다.

영덕에 와서 지내면서 연합회 활동은 익히 들은 터였다. 한 예로 소년 소녀 가장 돕기 자비탁발법회와 군부대 법회, 또한 정기적으로 포항교도소법회와 장사위령제 등 여타 시군에서도 불교사암연합회에서 주최·주관하기 힘든 법회를 영덕에서는 왕성하게 활동하고 있다. 이 모두가 회원 구성원 서로 간에 신뢰와 화합하는 조직으로 운영하며, 현재 회장이신 현담스님의 원력의 결과라는 것을 잘 알고 있다.

지난 2014년에는 지역불교의 현황을 한 눈에 볼 수 있는 『영덕 폐사지 불적답사와 불교 현황』을 발간하여 불자뿐만 아니라 영덕군민이면 누구라도 읽어볼 수 있게 하셨다. 그러더니 금번에는 지역의 고승이신 나옹왕사와 인연된 전국 사찰을 순례하여 책으로 펴내니 그 구도의 보살행은 어느 누구도 따라갈 수 없을 것이다. 불적답사길의 원력을 세워 몇 번에 걸쳐 동참하는 행운을 얻어 행복한 도반으로 그 순례의 길을 따라 나선 적이 있다. 나옹왕사께서 수행 정진하고 창건 중창하였던 사찰을 다니면서 느낀 환희심은 재 발심의 계기가 되기도 했다. 이제 회장스님께서 한 권의 책으로 엮어 그 회향에 길에서 나옹왕사의 깨달음과 전법을 드러내고자 한다. 영덕에서 정진하는 수행자의 한 사람으로서 봉축 드리며 노고에 깊이 감사드립니다. 나무아미타불

광역교통망 시대를 맞이하는 새로운 변화의 길목에서

이희진
영덕군수

『나옹왕사 불적답사길』 발간을 위해 출발 사찰인 서남사를 비롯해 전국 70여 곳의 현장답사와 관련 자료들을 수집하고 편집하신 현담스님께 깊은 감사와 축하를 드립니다.

나옹왕사는 영덕이 낳은 고려 말의 뛰어난 고승이자 불교계 3대 화상의 한 분으로 고려말 왕사(공민왕, 우왕)로 재위하셨으며, 인도의 고승 지공스님의 제자이자, 조선 건국에 기여한 무학대사의 스승으로도 잘 알려져 있습니다.

전국의 사찰을 편력하면서 정진하신 나옹선사의 삶을 엮은 『나옹왕사 불적답사길』은 나옹왕사의 흔적을 찾아 이기심과 다툼으로 메마른 오늘날 우리의 삶을 지혜로 밝혀 조화와 화합의 길로 인도하기 위한 길잡이 역할을 할 것이라 생각합니다.

나옹왕사의 지도력은 적극적인 현실참여와, 실천하는 선으로 지혜의 완성을 추구하는 것으로 잘 알려져 있습니다. 또한, 나옹왕사의 행법은 혼침되어 가던 고려 말 불교를 새롭게 고양시키는 원동력이 되었습니다.

불교는 삼국시대를 거쳐 고려시대까지 국가를 지탱하는 근본으로 여겨졌으며, 국가의 발전과 불교문화의 융성을 위한 중심에 나옹왕사가 있었습니다.

욕망과 갈등의 연속인 삶 속에서 지혜를 구하고 진정한 휴식과 치유를 원한다면, 전국 곳곳에 남아 있는 나옹왕사의 발자취를 따라 『나옹왕사 불적답사길』과 여정을 함께 해 보시길 권합니다.

불기 2561년 붉은 닭의 해를 맞아 『나옹왕사 불적답사길』 발간을 다시 한 번 축하드리며, 하시는 일마다 소원성취 하시기를 기원합니다.

선사의 업적 이해하는 소중한 자료로 활용되길

최재열
영덕군의회의장

고려 말 불교계를 이끌었던 위대한 스승 나옹혜근 화상의 발자취를 답사하고 일목요연하게 정리한 『나옹왕사 불적답사길』 발간을 진심으로 축하드립니다.

먼저 지난 2014년 『영덕 폐사지 불적답사와 불교 현황』을 펴낸데 이어 이번에 『나옹왕사 불적답사길』이 발간되기까지 수고하여 주신 서남사 현담스님을 비롯한 관계자 여러분들의 노고에 깊은 감사와 존경의 말씀을 드립니다.

나옹왕사님께서는 기울어 가는 국운과 더불어 불교마저 쇠퇴해가던 고려 말기에 선교 양종의 통합을 통해 불교혁신과 중흥에 힘쓰고, 조선 초기 불교의 기초를 다진 위대한 고승으로 영덕 역사상 가장 훌륭한 위인 중 한 분으로 꼽힙니다.

특히 '청산은 나를 보고'라는 유명한 선시는 수백 년이 지난 지금도 우리 국민들에게 친숙하고 사랑받는 시로 널리 알려져 있습니다.

최근 영덕군에서는 나옹왕사의 삶과 업적을 학술적으로 재조명하고 있고 이를 소재로 한 문화 콘텐츠 개발에도 심혈을 기울여 나가고 있습니다.

모쪼록 이번에 발간되는 『나옹왕사 불적답사길』이 고려 말 불교계를 이끌었던 위대한 스승 나옹 혜근화상의 생애를 새롭게 조명해보고 선사의 높으신 뜻과 업적을 조금이나마 이해하는데 소중한 자료로 활용되길 기대합니다.

끝으로 어려운 여건 속에서도 자료수집과 답사, 집필과 교정 등 수많은 난관에도 불구하고 『나옹왕사 불적답사길』을 훌륭하게 발간하신 현담스님의 노고에 다시 한 번 감사의 인사를 드리며, 부처님의 자비광명이 늘 함께 하시기를 기원합니다. 감사합니다.

영덕불교문화를 알리는데 크게 일조하기를

강석호
국회의원

귀의삼보하옵니다.

지난 2014년에 현담스님께서는 지역불교를 한 눈에 볼 수 있는 『영덕 폐사지 불적답사와 불교 현황』이란 책을 발간하여 스님의 원력행을 축하한 바 있습니다.

이번에 또 영덕이 낳은 한국불교의 큰 스승이셨던 나옹왕사의 행장에서 드러난 깨달음을 통한 불적답사의 구도행을 함께하며 왕사의 발자취를 한 권의 책으로 엮어 드러낸다고 하니 스님의 크나큰 서원의 보살행을 봉축하는 바입니다.

나옹왕사께서는 1320년에 영덕군 창수면 가산 불미골에서 태어나서, 1339년에 문경 대승사 묘적암으로 출가하셨습니다. 출가하면서 세운 서원은, '삼계를 벗어나 중생을 이롭게 하겠다'는 원대한 포부로서 회암사에서 깨달음을 이루셨습니다.

스승인 원나라 지공화상과 평산 처림선사에게 인가를 받고 10여 년 동안 수행정진하시다가 귀국하여, 1371년 공민왕의 스승으로 전법 도생하여 많은 중생을 제도하고 사찰을 창건, 중창하여 정진하였습니다. 마지막으로 회암사 불사를 하고 여주 신륵사에서 열반에 드신 것입니다.

이러한 큰스님의 수행 정진한 70여 개 사찰들을 불적답사하고 정리하여 후학들과 불자들, 그리고 지역 주민들에게 깨달음의 법향을 나누고자 하는 현담스님의 원력행에 함께하고자 합니다.

스님과 저와의 인연은 2008년 제 18대 국회의원에 나서면서 시작 되어 오늘에 이르고 있습니다. 국회의정 활동을 하다가 지역구에 내려와서 한 번씩 만날 때마다 항상 반갑게 맞아 주시고 서남사의 따뜻한 온돌방에서 법담을 나누면서 차 한 잔 마시고 나면 심신이 맑아짐을 느끼게 됩니다.

이러한 힘을 바탕으로 저도 지난 해 우수 국회의원 5관왕을 달성하게 된 것입니다.

앞으로 영덕은 크나큰 변화가 있을 것입니다. 상주와 영덕을 잇는 동서4축 고속도로가 개통되었으며, 동해안 철도가 영덕까지 곧 개통될 예정입니다.

이러한 삶의 변화만큼 내면 삶의 질을 높이고 외부에 알릴 수 있는 나옹왕사와 목은 이색 같은 분의 현창사업을 할 필요가 있는 것입니다.

시기적절하게 현담스님께서 시대의 흐름을 읽고 나옹왕사의 행장을 통하여 답사한 이 책이 영덕불교문화를 알리는데 크게 일조하리라 확신합니다.

다시 한 번 현담스님의 『나옹왕사 불적답사길』 출간을 봉축드립니다.

진리의 말씀들이 감로수가 되길 발원하며

주호영
국회 정각회장
개혁보수신당 원내대표

불 · 법 · 승 삼보에 귀의하옵니다.

저는 1997년부터 2년간 대구지방법원 영덕지원장으로 재직한 인연이 있어 현담스님의 『나옹왕사 불적답사길』 출간 소식은 참으로 반갑고도 고마운 마음이 앞섰습니다.

지난 9월, 제가 20대 국회 정각회 회장의 소임을 맡으면서 기존에 해오던 국회의원들의 신행에 변화를 주고 싶었습니다. 법사를 초청해 법문을 듣는 일회성 법회가 아니라 체계적이고 지속적인 신행활동을 위하여 부처님께서 설하신 많은 말씀 중 근기에 맞는 경전을 선택하여 공부할 수 있는 상설 법회를 운영할 계획이라고 밝힌 바 있습니다.

이런 생각을 한 것은 불자라면 누구라도 불교교학의 기본 체계를 세워야 신앙심도 증장되고 사상누각이 되지 않는다는 평소의 소신 때문입니다.

평소 이러한 저의 지론에 부합하여 교류해 온 서남사 주지 현담스님께서는 2011년에 위덕대학교에서 『한국법화신앙의 역사적 전개에 관한 연구』로 철학박사 학위를 취득하여 교학체계를 세우시고 영덕불교의 활성화를 위하여 매진해 오셨습니다.

스님께서는 현재 영덕불교사암연합회장으로 지역의 소년 소녀 가장 돕기 자비탁발법회와 매월 포항교도소 종교위원으로서의 활동과 나라를 위해 희생된 호국학도 영령들을 위한 위령제 등 영덕과 동해안 불교발전을 위해 헌신해 오셨습니다. 또한 영덕불교문화발전연구원을 개원하여 지역 불교문화 융성에도 일익을 담당하고 있습니다.

스님께서는 지난 2014년에는 『영덕 폐사지 불적답사와 불교 현황』이란 책을 발간하여 신라시대 이후 영덕지역에 불교가 전래된 이래 폐사된 사찰을 조사하고 현재 수행 정진하는 사찰현황을 정리하였습니다. 그 책에는 그동안 영덕불교사암연합회에서 봉행된 법회를 드러내어 과거와 현재의 불교를 통하여 미래의 불교를 전망하여 많은 분들의 공감을 얻기도 하였습니다.

이번에는 영덕이 낳은 고승인 나옹왕사의 행장과 어록을 기초로 하여 영덕군 창수면 가산리 불미골에서 태어나서 출가하면서 꽂은 지팡이인 반송정과 출가사찰 묘적암, 깨달음을 이룬 회암사와 열반불사로 회향한 신륵사 등 70여 사찰을 불적답사하고 그 답사의 회향을 한 권의 책으로 엮어내신다고 하니 현담스님의 원력행을 축하드리고자 합니다.

나옹왕사께서 태어나서 전법 활동하던 고려말 조선 초기는 참으로 혼란스러운 시기였습니다. 홍건적과 왜구의 침입, 권문세족의 정치권력 독점 등 현재의 정치상황과 별반 다르지 않았습니다.

이러한 혼탁한 때 나옹선사는 공민왕의 스승인 왕사로서 소임을 맡아 부처님의 근본 가르침에 입각하여 전법도생, 요익중생의 원력행을 펼쳤습니다.

오늘과 같은 오탁악세 시대에 나옹왕사와 같은 전법도생의 원력행이 반드시 필요하다고 생각합니다. 꼭 필요할 때 시기적절하게 펴내는 현담스님의 『나옹왕사 불적답사길』 출간은 매우 의미 있는 일이라 사료됩니다.

영덕지역에 살고 있는 모든 분들에게 왕사의 행장과 어록에서 드러난 진리의 말씀들이 모든 이에게 감로수가 되길 발원하면서 다시 한 번 현담스님의 『나옹왕사 불적답사길』 발간을 봉축 드립니다.

공생과 소통의 선물이 되길 염원하며

황재철
경상북도 도의원

평소 존경하며 군민과의 소통을 적극 실천하시는 현담스님께서 고려 말의 뛰어난 고승 나옹대선사의 큰 족적을 조금이나마 설파하고자 『나옹왕사 불적답사길』을 출간하심에 진심으로 감사와 축하의 말씀을 드립니다.

나옹왕사는 고려 충숙왕 7년(1320년)에 영해부 가산리(속칭 불암골, 불미골)에서 출생했으며, 문경 공덕산 묘적암 요연선사에게 출가하셨습니다. 불교의 3대 화상(지공, 나옹, 무학대사)의 한 분으로 고려 말 왕사(공민왕, 우왕)로 재위했으며, 인도의 고승 지공(指空)스님의 제자이자 조선 건국에 기여한 자초(自超) 무학대사의 스승으로 알려져 있습니다.

이러한 고승대덕으로 대자대비하신 불교계의 큰 거장이신 나옹왕사의 일대기를 현담스님 홀로 고찰하고 기록하여 한 권의 책으로 엮어내시니, 군민의 한 사람으로서 인내와 수고를 아끼지 않으신 노력에 감사를 드립니다.

영덕군 창수면에 나옹왕사가 창건한 장육사가 있는 바, 종교를 초월하여 문화공원조성과 선양사업, 추모사업 등으로 성역화시켜 누구나 방문할 수 있는 불교성지와 역사교육 장소로 계승·승화시키는 것이 후세의 도리라고 생각합니다. 더구나 반목과 갈등으로 어수선한 시국에 나옹왕사의 청정한 세계인 정토사상(淨土思想)과 조화와 다양성을 인정하는 화쟁사상(和諍思想)이 더욱 절실해집니다.

현담스님이 온몸으로 엮으신 『나옹왕사 불적답사길』은 앉아서 참구하는 수행법을 멀리하고 편력의 도정에서 중생을 만나고 적극적인 현실 참여를 통해 지혜의 완성을 추구했던 나옹왕사의 중생구제 원력이 살아 숨쉬는 유형의 문화재가 아닐까 생각합니다.

끊임없는 현대적 재조명을 통해 오늘을 살아가는 무지한 우리에게 공생과 소통의 선물이 되길 염원하며 다시 한 번 출간을 축하드립니다.

나라와 백성을 사랑하는 마음 새기는 계기가 되길

조주홍
경상북도 도의원

얼마 전, 2016년 12월 9일 난생 처음 재경영덕읍 향우회 정기 총회에 영덕읍장을 비롯한 여러 유관기관 단체장과 이장님들과 함께 서울에 다녀왔다.

그 여정에 경기도 여주시에 위치한 세종대왕 능을 참배하였다. 영등과 어우러진 푸른 소나무와 맑고 깨끗한 공기를 머무르게 하는 주위 둘레의 아득한 산자락 속에서 조선시대 최고 성군의 포근함과 고마움을 흠뻑 느꼈던 시간이었다.

이런 최고의 명당에서 얼마 떨어지지 않은 곳에 신륵사가 있다. 신륵사에 있는 수령 600년이 넘는 나무 한 그루는 나옹왕사의 제자 무학대사가 스승을 추모하면서 심었다고 한다.

나옹왕사는 불교 3대화상(지공·나옹·무학대사) 중 한 분이다. 고려 충숙왕 7년(1320년) 영덕 영해부 가산리에 출생하여 1339년 문경 공덕산 묘적암에서 출가하였고, 전국 명산 고찰에 두루두루 수도하면서 불법 홍포에 매진하셨다. 700년 고찰인 영덕 장육사를 창건한 자랑스러운 향토 출신의 왕사이다.

숱한 전국 고찰을 다니면서 수행과 가르침을 펼치신 나옹왕사! 마침내 신륵사에서 1376년 입적하셨으나 그 명성과 칭송은 지금 뿐만 아니라 후세에까지 전해질 것이라 확신한다. 영덕 군민의 한 사람으로서 군민들과 함께 지극정성 받들어 모실 것이다.

이런 훌륭한 나옹왕사의 참뜻을 세세생생 이어가기 위해 서남사 현담스님께서 나옹왕사 행장과 함께 인연 사찰을 직접 두루 순례한 내용을 엮어 책으로 편찬하신다고 하니 4만 군민들과 함께 그 고생하심과 마음 쓰심에 깊은 감사와 칭송을 드린다.

비록, 나옹왕사의 비문을 직접 지은 목은 이색선생 또한 고려가 망하고 조선 왕조가 들어선 뒤 같은 신륵사에서 독배를 마시고 이승을 떠나셨지만, 같은 동향의 두 거목인 나옹왕사와 목은 이색선생의 나라와 백성을 사랑하는 마음을 새기는 계기가 되었으면 한다. 현담스님의 『나옹왕사 불적답사길』 발간을 다시 한 번 축하드립니다.

無常함 가운데 보배로운 일을 경축하며

김영덕
위덕대학교 불교학과 교수

세월이 흘러감은 無常하다고 하였다. 또한 모든 것은 언젠가 변할 것이고, 고정된 모습을 갖고 있지 않아 無相이라고도 한다. 그러나 無常함 가운데에서도 無相이 아닌 相으로서의 가치를 지닌 것이 있다. 그것은 바로 '모든 것은 변한다는 진리', 그 자체를 가리켜주는 상징이다. 진리는 다양한 방편으로 우리에게 다가오거니와 우리가 그 상징의 편린을 읽고 해설할 수 있다면 無常함 가운데 빛나는 無相일 것이다. 그리고 기필코 누군가는 이러한 일을 하려고 한다.

영덕에서 26년의 세월을 지내오면서 영덕을 사랑하고 빛내고자 하는 스님이 있다. 바로 서남사 주지 현담스님이다. 영덕은 그의 고향도 아니고 어려서부터 자라난 곳도 아니다. 오직 因緣이라고 밖에 할 말이 없는데, 그렇게 오래된 인연을 그는 은혜로 여긴다. 그 은혜를 갚고자 지난 2014년에 영덕불교의 과거와 현재를 드러내는 『영덕 폐사지 불적답사와 불교 현황』이란 책을 발간하였다. 그것은 보은행의 시작에 불과하였다.

이제 현담스님은 그의 오랜 숙원사업이었던 나옹왕사의 전모를 밝혀줄 책을 출간한다고 한다. 나옹왕사의 출생과 출가, 깨달음에 이르기까지 국내에 두루 발자취를 남겼던 70여 개 사찰을 직접 답사하고 현장의 생생한 기록을 전한다는 것이다. 전국에 흩어진 70여 개 사찰이라 함은 전국을 종횡무진 누빈 것을 말한다. 지역으로만 경북을 중심으로 경남, 전북, 전남, 충북, 충남, 경기도, 강원도, 부산, 서울 등지로 제주도만 빼고는 전국 일대를 모두 다닌 셈이 된다. 그 거리의 총합이 대략 지구를 한 바퀴 돌 정도이니 현담스님의 열렬한 願心을 짐작케 한다. 학문에 대한 정열과 지역사회에 대한 은혜가 그를 움직이게 하였다. 그러나 무엇보다도 나옹왕사의 깨달음과 그에 대한 기림이 움직임의 원동력이었다. 그리하여 한 권의 책이 세상에 나오니 가히 無常함 가운데의 보배라 하겠다. 부디 이 한 권의 책이 불씨가 되어 나옹왕사의 깨달음과 그 원력이 현담스님의 願行을 계기로 사바세계에 널리 펼쳐지기를 바란다.

불적답사길의 회향을 봉축드리며

조영대
포항대학교 교수

이세상에 지은공덕 다음세상 내받으니
백년아껴 모은재물 하루아침 티끌이요
삼일동안 염불공덕 백천만겁 보배로세

가사문학의 효시라고 평가받고 있는 이 서왕가는 20세 때 친구의 죽음에 무상을 느끼고 출가한 나옹왕사의 작품으로 알려져 있다. 나옹왕사는 고려 말 선사로 보우(普愚)와 함께 조선시대 불교의 초석을 세운 위대한 고승으로 평가받고 있다. 그런 나옹왕사의 인연 사찰을 따라 구도의 발자취를 찾아 떠난다는 현담스님의 지나가듯 던진 말씀이 어제 같은데 벌써 책으로 매듭 지어졌다니 감개 무량하다.

2014년 영덕불교의 과거와 현재를 드러내는 『영덕 폐사지 불적답사와 불교 현황』의 발간에 이어, 2016년에 지역의 고승인 나옹왕사의 깨달음의 길을 찾아 나선 현담스님의 원력은 가히 존경스럽다.

이번 책은 나옹왕사께서 태어나서 출가와 깨달음에 이르고 수행 정진하였던 국내 70여 개 사찰들을 불적답사하게 되어 그 기록들을 한 권으로 완성했다고 한다.

평소 곁을 지켜보면서 존경하는 현담스님은 항상 쉬지 않고 수행 정진하는 학승이자 수행승으로서 본분사를 다하시는 분으로 스님의 法香이 영덕을 비롯한 인근 포항과 동해안에 가득하다.

스님께서는 지난 2011년 한국법화신앙을 체계화하여 철학박사 학위를 받으셨다. 영덕불교사암연합회장으로서 소임과 영덕불교문화발전연구원을 개원하여 불교문화 발전에 기여하였고, 포항교도소 교화활동과 군부대법회 등 지역사회 발전과 불교홍포에도 큰 업적을 남기셨다. 다시 한 번 『나옹왕사 불적답사길』의 회향을 奉祝드리며, 현담스님께서 向上一路 정진하면서 인연 있는 모든 분들이 건강한 삶과 행복한 가정으로 인도하여 주시길 기원합니다.

나옹왕사 인연 사찰들이 성지순례 코스로 이어지길

김호성
동국대학교 불교대학 교수

"올 한 해 나옹왕사께서 태어나서 출가하고 수행정진하였던 70여 사찰을 답사하고 정리하여 한 권의 책으로 묶어 편집 과정에 있습니다."

일전에, 영덕 서남사 주지 현담스님이 보내온 근황(近況)이었다. 스님의 이 소식을 듣고서, 순간 저에게는 두 가지 감정이 밀물듯이 덮쳐 왔습니다. 하나는 놀라움이고, 다른 하나는 부끄러움입니다.

놀라움이라는 것은, 나옹(懶翁, 1320~1376)스님께서 인연이 있었던 도량 70여 곳을 찾아다니고 조사를 하여 책을 만드는 일은 결코 작은 일이 아니기 때문입니다. 의미도 적지 않고, 일의 노동량도 적지 않습니다.

의미가 적지 않다는 것은, 우리나라 불교의 역사나 문화의 역사에서 나옹스님이 이룩한 업적이 적지 않은 터에 정작 아직까지 불교학계에서나, 역사학계에서나, 그 어디에서나 이런 일을 한 사람이 없기 때문입니다.

서울에서도, 예를 들면 제가 몸담고 있는 동국대학교에서도, 대한불교조계종과 같은 큰 종단에서도, 혹은 우리나라 역사를 편찬하는 국사편찬위원회 같은 데서도 감히 생각조차 하지 못한 일을 현담스님이 했다는 소식이었기 때문입니다.

일이 적지 않다는 것은, 나옹스님과 인연이 있는 절들이 우리 남한만 하더라도 전국에 흩어져 있는데 그곳을 일일이 찾아다니고 답사한다는 것이, 한 절의 주지로서 신도들을 상대해야 하는 스님의 입장에서는 쉬운 일이 아니기 때문입니다.

다음으로 가졌던 부끄러움의 정체는, 제가 영덕에서 태어나서 자랐기 때문입니다. 비록 고향을 떠난 지 40년이 넘었지만, 나옹스님과 같은 선사들의 삶과 가르침을 배우고 전하는 것을 업(業)으로 삼고 있는 불교학 교수의 한 사람으로서 고향의 불교를 위해서나, 고향을 위해서나 한 일이 아무 것도 없다는 것에 대한 부끄러움이었습니다.

이 부끄러움의 청산 문제는 앞으로 제게 남겨진 일 중의 하나가 되리라 생각됩니다만,

아무래도 현담스님 덕분으로 나옹스님에 대해서는 좀 더 관심을 가져야 하지 않을까 생각됩니다.

현담스님은 이미 몇 년 전에 『영덕 폐사지 불적답사와 불교 현황』이라는 중후한 책을 펴내신 바 있습니다. 이번에 다시 나옹스님 불적을 순례하여 책을 펴내시는 공덕은 아무리 찬탄해도 부족할 것입니다. 축하드리고, 감사드리는 바입니다.

다만 하나 더 부탁드리고 싶은 것은, 지역별로 분포하고 있는 사찰들을 연계하는 성지순례의 코스 개발을 바라는 바입니다.

예컨대 일본 시코쿠(四國)에 가면, 일본 진언종의 종조 코우보(弘法, 774~835)대사의 인연 도량 88개를 하나의 염주처럼 엮어서 순례하는 길이 있습니다. 1번부터 88번까지 순서가 매겨져 있고, 사람들은 끝도 없이, 바로 지금 이 순간에도, 시코쿠 전역에서는 순례자들이 원을 그리면서 돌고 있습니다.

이렇게 순례 길이 개발되고 정착될 때까지 현담스님께서 좀 더 노고를 해주시기를, 감히 부탁드립니다.

아울러 이 책이 나오기까지 많은 관계기관의 도움과 협찬, 많은 분들의 성원이 있었으리라 사료됩니다. 그분들께도 찬탄의 말씀을 드리면서, 추천의 말씀에 갈음하고자 합니다.

나무나옹대화상

미래를 향해 도약하는 소중한 밑거름이 되기를

박상형
천지원전건설준비실장

삼가 부처님의 무량공덕에 삼배를 올립니다.

먼저 동해안 최초로 불교철학에 깊은 학식을 쌓으신 철학박사로서의 불력을 갖추시고 영덕불교사암연합회장님이신 현담스님께서『나옹왕사 불적답사길』에 관한 책을 직접 수고로움을 마다치 않으시고 출간하심에 경외심과 축원을 드립니다.

제가 영덕군의 일원으로 올 여름 부임하고 나서 현담스님께서 2014년에 오랜 전통과 역사의 고장인 영덕의 방대한 불적지를 직접 답사하시며 쓰신『영덕 폐사지 불적답사와 불교 현황』을 접하여 읽게 되어 크나 큰 노력과 역사적 고증에 무한한 존경을 하게 되었습니다.

역사적으로 고려 말의 위대한 고승이자 창수면 가산리 태생이신 나옹화상의 치열한 구도 현장인 장육사를 곁에 모시고 영덕에서 거주하는 동안 향토가 주는 상서로운 기운과 따뜻한 인정을 무한히 느꼈습니다. 영덕이란 곳이 지금은 한반도의 동쪽 어귀에 한자(漢子)의 뜻과 같이 '조용히 찰 때'를 기다리고 있지만, 가까운 미래에 온 사방(四方)으로 천년 가까이 머금고 있던 동쪽의 떠오르는 햇살의 기운을 한껏 꽃피울 시기가 오고 있다는 믿음을 항상 가지고 있습니다.

현담스님이 하시는 공덕이 영덕의 불교문화를 단지 소개하는 것만이 아니라 영덕군민들께 이 지역을 사랑하고 아끼면서 찬란한 미래를 향해 도약할 수 있는 소중한 밑거름이 될 것이라 확신합니다.

저희도 이곳 영덕의 미래를 위해서 작게나마 한 걸음씩 차분하게 힘을 보태는 역할을 다해야겠다는 다짐도 합니다.

다시 한 번 삼가 부처님의 무량공덕에 삼배를 올리며, 현담스님의 학식과 불력으로 빚은 노력의 결실과 숭고하신 뜻에 존경의 경외심과 깊은 축원을 드립니다.

나무아미타불 관세음보살

나옹왕사 깨달음의 길, 영덕군민과 함께 하기를

박보덕화
서남사 신도회장

불·법·승 삼보에 귀의하옵니다. 세월은 흐르는 물과 같다는 말이 새삼 실감이 나는 것 같습니다. 서남사에 현담 주지스님께서 오신 지 벌써 10년 세월이 흘렀습니다. 십년이면 강산도 변한다는 말과 같이 서남사에 부임하신 지 10년 동안 많은 일들이 있었습니다. 서남사 법당 및 정념당, 산신각, 요사채 등 중창불사 회향과 청송교도소와 포항교도소 종교활동, 영덕불교사암연합회를 구성하여 회장으로 소임을 하시면서 장사위령제를 비롯하여 군부대 법회 등 많은 법회를 주관하셨습니다.

또한 영덕불교문화발전연구원을 개원하시고 영덕불교의 현황을 한 눈에 알 수 있는 『영덕 폐사지 불적답사와 불교 현황』이라는 책과 신도분들이 볼 수 있는 『불교신행성전』과 『전법 그 깨달음의 길』을 펴내시어 불자들의 신행생활에 등불의 역할을 하였습니다.

병신년 한 해 동안 주지스님께서는 나옹왕사와 인연된 사찰들을 순례한다고 하여 지역 스님들과 함께 다니시더니 이후 혼자서 다니시면서 만행을 하시는 줄만 알았지, 이렇게 책으로 드러내리라고는 생각하지 못하였습니다. 먼저 70여 개 사찰을 달력으로 만들어 신도분들에게 나누어 주시더니 이번에는 직접 찍은 사진과 나옹왕사께서 다니신 사찰연혁과 답사내용을 묶어서 나옹왕사의 인연사찰을 드러내 놓으신 것입니다.

현담 주지스님께서는 어떤 일을 할 때 평소 생각하시다가 판단하여 당신이 하실 일이다 생각되면 끝까지 밀어 붙이는 원력심이 대단하십니다. 불사를 하시면서 조용한 가운데 준비하고 계시다가 언제 어떻게 혼자서 해 놓으시는지 놀랄 때가 많습니다. 주지스님만의 수행공덕일 것입니다.

이번에 『나옹왕사와 불적답사길』 발간으로 왕사의 깨달음의 길을 영덕군민과 불자들이 누구라도 쉽게 전국에 산재한 왕사의 발자취를 살펴볼 수 있을 것입니다. 이러한 공덕을 지으신 주지스님의 깊으신 혜안과 자비심을 받들어 서남사 신도 모든 분들과 함께 열심히 정진하도록 하겠습니다.

나옹화상 토굴가(懶翁和尙 土窟歌)

청산림(靑山林) 깊은 골에 일간토굴(一間土窟) 지어놓고
송문(松門)을 반개(半開) 하고 석경(石徑)에 배회(俳徊)하니
녹양춘삼월하(錄楊春三月下)에 춘풍이 건 듯 불어
정전(庭前)에 백종화(百種花)는 처처에 피었는데
풍경(風景)도 좋거니와 물색(物色)이 더욱 좋다.
그 중에 무슨 일이 세상에 최귀(最貴)한고.
일편무위진묘향(一片無爲眞妙香)을 옥로중(玉爐中)에 꽂아두고
적적(寂寂)한 명창하(明窓下)에 묵묵히 홀로 앉아
십년(十年)을 기한 정코 일대사(一大事)를 궁구하니
증전에 모르던 일 금일에야 알았구나.
일단고명심지월(一段孤明心地月)은 만고에 밝았는데
무명장야 업파랑(無明長夜業波浪)에 길 못 찾아 다녔도다.
영축산 제불회상(靈鷲山諸佛會上) 처처에 모였거든
소림굴 조사가풍(小林窟祖師家風) 어찌 멀리 찾을소냐.
청산은 묵묵하고 녹수는 잔잔한데
청풍(淸風)이 슬슬(瑟瑟)하니 어떠한 소식인가.
일리재평(一理齋平) 나른중에 활계(活計)조차 구족(具足)하다.
천봉만학(千峯萬壑) 푸른송엽(松葉) 일발중(一鉢中)에 담아두고
백공천창(百孔千瘡) 깁은 누비 두 어깨에 걸었으니
의식(衣食)에 무심(無心) 커든 세욕(世慾)이 있을소냐.
욕정이 담박(欲情談泊)하니 인아사상(人我四相) 쓸 데 없고
사상산(四相山)이 없는 곳에 법성산(法性山)이 높고 높아
일물(一物)도 없는 중에 법계일상(法界一相) 나특었다.
교교(皎皎)한 야월(夜月) 하에 원각산정(圓覺山頂) 선듯 올라
무공저(無孔笛)를 벗겨 불고 몰현금(沒絃琴)을 높이 타니
무위자성진실락(無爲自性眞實樂)이 이중에 가췄더라.
석호(石虎)는 무영(無詠)하고 송풍(松風)은 화답(和答)할제
무착영(無着嶺) 올라서거 불지촌(佛地村)을 굽어보니
각수(覺樹)에 담화(曇花)는 난만개(爛慢開)더라.
나무영산회상불보살(南無靈山會上佛菩薩)
나무영산회상불보살(南無靈山會上佛菩薩)
나무영산회상불보살(南無靈山會上佛菩薩)

나옹왕사 불적답사
순례사찰 일람(一覽)

경상도

영덕군청(興德寺址)

영덕군청 절터

주소 경북 영덕군 영덕읍 군청길 116

불미골(佛巖谷)

나옹왕사 생가터

주소 경북 영덕군 창수면 가산리 260번지
영덕군에서 24km, 32분

까치소(작연鵲淵)

나옹왕사 탄생 설화지

주소 경북 영덕군 창수면 신기리 하천일대
영덕군에서 21km, 30분

반송정(盤松亭)

나옹왕사가 출가하면서 지팡이를 꽂은 반송

주소 경북 영덕군 창수면 신기리 반송유적지
영덕군에서 20km, 27분

서남사(西南寺)

나옹왕사 불적답사 출발 사찰

주소 경북 영덕군 영덕읍 미듬길 24

장육사(裝陸寺)

나옹왕사 창건사찰

주소 경북 영덕군 창수면 장육사1길172(갈천리 120)
영덕군에서 32.3km, 39분

묘적암(妙寂庵)

1339년 나옹왕사 출가 사찰

주소 경북 문경시 산북면 전두리 산 8번지
영덕군에서 144km, 3시간 13분, 도보 10분

윤필암(閏筆庵)

나옹왕사 수도 사찰

주소 경북 문경시 산북면 대승사길 183-42
영덕군에서 283km, 4시간 6분

수정사(水淨寺)

나옹왕사 창건 사찰

주소 경북 청송군 파천면 송강길 268
영덕군에서 46km, 1시간 06분

선석사(禪石寺)

1361년 나옹왕사 이건(移建) 사찰

주소 경북 성주군 월항면 세종대왕자태실로616-33
영덕군에서 162km, 2시간 44분

용흥사(龍興寺)

나옹왕사 중창 사찰

주소 경북 상주시 지천1길 223-35
영덕군에서 212km, 3시간 06분

반룡사(盤龍寺)

나옹왕사 중건 사찰

주소 경북 고령군 쌍림면 반룡사길 87
영덕군에서 173km, 2시간 41분

경상도

대곡사(大谷寺)

1368년 나옹왕사 창건 사찰

주소 경북 의성군 다인면 대곡사길 80
영덕군에서 125km, 2시간 56분

유석사(留石寺)

1368년 나옹왕사 중창 사찰

주소 경북 영주시 풍기읍 창락리 산36
영덕군에서 138km, 2시간 19분

갑장사(甲長寺)

1373년 나옹왕사 창건 사찰

주소 경북 상주시 지천동 산5
영덕군에서 211km, 3시간 05분, 도보 40분

통도사(通度寺)

삼성각에 나옹왕사와 함께 삼화상 봉안 사찰

주소 경남 양산시 하북면 통도사로 108
영덕군에서 120km, 2시간 19분

원효암(元曉庵)

나옹왕사께서 무학대사에게 불자(拂子)를 전해준 사찰

주소 경남 양산시 상북면 천성산길 727-82
영덕군에서 136km, 2시간 34분

용궁사(龍宮寺)

나옹왕사 창건 사찰

주소 부산시 기장군 기장읍 용궁길86
영덕군에서 160km, 2시간 34분

다솔사(多率寺)

나옹왕사 중수 사찰

주소 경남 사천시 곤명면 다솔사길 417
영덕군에서 278km, 3시간 53분

응석사(凝石寺)

지공 · 나옹 · 무학 수도 사찰

주소 경남 진주시 집현면 응석로 435
영덕군에서 230km, 3시간 50분

남지장사(南地藏寺)

비로자나불(보광전) 마애불상 조성

주소 대구광역시 달성군 가창면 남지장사길95
영덕군에서 150km, 2시간 20분

영원사지(瑩源寺址)

1376년 우왕禑王 왕명에 의하여 부임赴任 이석移錫사찰, 현재 폐사지

주소 경남 밀양시 활성동 112
영덕군에서 171km, 2시간 21분

전라도

천은사(泉隱寺)

나옹왕사 원불금동불감(보물 제1546호) 봉안 사찰

주소 전남 구례군 광의면 노고단로 209
영덕군에서 305km, 4시간 13분

상선암(上禪庵)

나옹왕사께서 원불금동불감(보물 제1546호)을 모시고 수도(修道) 사찰

주소 전남 구례군 광의면 방광리
영덕군에서 320km, 4시간 30분, 도보 30분

나옹사지(懶翁寺址)

나옹암(마애불) 제자들이 추모하면서 조성한 도량

주소 전남 장성군 장성읍 유탕리 하청산
영덕군에서 322km, 4시간 09분, 도보 1시간 30분

규봉암(圭峰庵)

나옹왕사 수도 사찰

주소 전남 화순군 이서면 영평리
영덕군에서 337km, 4시간 20분, 도보 1시간 40분

송광사(松廣寺)

1371년 공민왕께서 왕사로 봉한 사찰(封爲王師…謂松廣寺)

주소 전남 순천시 송광면 송광사안길 100
영덕군에서 325km, 4시간 49분

위봉사(威鳳寺)

1359년 나옹왕사 중건, 삼성석탑 조성 및 수도 사찰

주소 전북 완주군 소양면 위봉길 53
영덕군에서 309km, 4시간 18분

태조암(太祖庵)

나옹왕사 창건 사찰

주소 전북 완주군 소양면 송광수만로 705-102
영덕군에서 312km, 4시간 50분

학림사(鶴林寺)

나옹왕사 중창 사찰

주소 전북 완주군 봉동읍 추동로 231
영덕군에서 331km, 4시간 31분

대원사(大院寺)

1374년 나옹왕사 중창 사찰

주소 전북 완주군 구이면 모악산길 243
영덕군에서 321km, 4시간 40분, 도보 30분

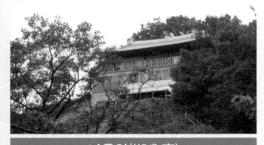

나옹암(懶翁庵)

나옹왕사 수도 사찰

주소 전북 진안군 마령면 동촌리
영덕군에서 285km, 3시간 50분, 도보 30분

금당사(金堂寺)

나옹왕사 수도 사찰

주소 전북 진안군 마령면 마이산남로 217
영덕군에서 278km, 3시간 53분

봉서사(鳳棲寺)

나옹왕사 중창 사찰

주소 전북 완주군 용진읍 봉서안길 313
영덕군에서 315km, 4시간 26분

전라도

은적사(隱寂寺)

1373년 나옹왕사 중창 사찰

주소 전북 군산시 설림3길 49
영덕군에서 362km, 5시간 11분

상주사(上柱寺)

1362년 나옹왕사 중창 사찰

주소 전북 군산시 서수면 함안로 57-29
영덕군에서 342km, 4시간 57분

보천사(寶泉寺)

1352년 나옹왕사 중창 사찰

주소 전북 군산시 서수면 축동리 151-3
영덕군에서 342km, 4시간 57분

충청도

수덕사(修德寺)

나옹왕사 중수 사찰

주소 충남 예산군 덕산면 수덕사안길 79
영덕군에서 361km, 5시간

가야사지(伽倻寺址)

나옹왕사께서 조성한 금탑자리, 대원군 부친 남연군 묘 봉안

주소 충남 예산군 덕산면 상가리
영덕군에서 361km, 5시간

오덕사(五德寺)

나옹왕사 중건 사찰

주소 충남 부여군 충화면 오덕로 86번길 105
영덕군에서 359km, 5시간

각연사(覺淵寺)

나옹왕사 수도 사찰

주소 충북 괴산군 칠성면 각연길 451
영덕군에서 177km, 3시간 36분

창룡사(蒼龍寺)

나옹왕사 중건 사찰

주소 충북 충주시 고든골길 63-89
영덕군에서 212km, 3시간 48분

석천암(石泉庵)

나옹왕사 창건 사찰

주소 충북 괴산군 청천면 삼송리 산 25
영덕군에서 254km, 3시간 52분

충청도

가섭사(迦葉寺)

나옹왕사 창건 사찰

주소 충북 음성군 음성읍 가섭길 494

영덕군에서 233km, 4시간 02분

원통암(圓通庵)

1353년 나옹왕사 창건 사찰(나옹왕사 진영봉안)

주소 충북 단양군 대강면 황정산로 463-152

영덕군에서 153km, 3시간 30분, 도보 40분

청련암(靑蓮庵)

1373년 나옹왕사 창건 사찰

주소 충북 단양군 대강면 사인암2길 42

영덕군에서 149km, 2시간 50분

백련사(白蓮寺)

1358년 나옹왕사 중수 사찰

주소 충북 제천시 봉양읍 명암로5길 414

영덕군에서 191km, 3시간 34분

보살사(菩薩寺)

나옹왕사 수도 사찰

주소 충북 청주시 상당구 낙가산로 168

영덕군에서 231km, 3시간 56분

경기도

신륵사(神勒寺)

1376년 나옹왕사 입적 및 사리봉안 부도탑 모신 사찰

주소 경기도 여주시 신륵사길 73

영덕군에서 244km, 4시간 06분

회암사(檜巖寺)

지공, 나옹, 무학(삼화상) 부도 · 탑비 봉안사찰

주소 경기도 양주시 회암사길 281

영덕군에서 342km, 5시간 19분

칠장사(七長寺)

나옹왕사께서 심은 반송 나한전 뒤쪽 현재 생존 사찰

주소 경기도 안성시 죽산면 칠장로 399-18

영덕군에서 254km, 4시간 11분

삼막사(三幕寺)

1348년 나옹왕사 수도 사찰

주소 경기도 안양시 만안구 삼막로 478

영덕군에서 321km, 4시간 48분

석굴암(石窟庵)

석굴암 나옹스님 수도사찰

주소 경기도 양주시 장흥면 석굴암길 519

영덕에서 332km, 5시간 03분

흥왕사(興旺寺)

나옹왕사 창건 사찰

주소 경기도 여주시 북내면 당전로 345-4

영덕군에서 244km, 4시간 12분

경기도

염불암(念佛庵)

나옹왕사 주석 사찰

주소 경기도 안양시 만안구 예술공원로245번길 150
영덕군에서 314km, 4시간 25분

은적암(隱寂庵)

나옹왕사 수도 사찰

주소 경기도 안성시 서운면 청용리 4-2
영덕군에서 282km, 4시간 40분, 도보 35분

영월암(映月庵)

왕사께서 꽂은 지팡이 은행나무 생존 및 모친 정씨부인 천도, 중건사찰

주소 경기도 이천시 경충대로 2709번길 388
영덕군에서 256km, 4시간 09분

청룡사(靑龍寺)

1364년 나옹왕사 중창 사찰

주소 경기도 안성시 서운면 청룡길 140
영덕군에서 274km, 4시간 22분

대성암(大城庵)

1375년 나옹왕사 중창사찰

주소 경기도 구리시 아천동 산40-6
영덕군에서 305km, 4시간 38분, 도보 40분

흥륜사(興輪寺)

나옹왕사 창건 사찰

주소 인천시 연수구 청량로 70번길 40-17
영덕군에서 333km, 5시간 01분

학림사(鶴林寺)

나옹왕사 수도 사찰

주소 서울시 노원구 덕릉로 129가길 241
영덕군에서 318km, 4시간 53분

천축사(天竺寺)

지공스님이 나옹왕사께 영축산의 난야라 소개한 사찰

주소 서울 도봉구 도봉산길 92-2
영덕군에서 322km, 4시간 53분, 도보 50분

화계사(華溪寺)

나옹왕사께서 명부전 지장보살, 나옹스님의 조각으로 알던 사찰

주소 서울시 강북구 화계사길 117
영덕군에서 321km, 5시간

반월암(半月庵)

나옹스님 중창 사찰

주소 경기도 안양시 만인구 석수1동 산11
영덕군에서 321km, 4시간 48분 소요

강원도

건봉사(乾鳳寺)

1358년 나옹왕사 중건 사찰

주소 강원도 고성군 거진읍 건봉사로 723
영덕군에서 281km, 5시간 11분

상두암(象頭庵, 북대 미륵암)

1360년 나옹스님 보림 사찰

주소 강원도 평창군 진부면 동산리 63
영덕군에서 227km, 4시간20분

청평사(淸平寺)

1367년 나옹왕사께서 청평사와 복희암(산내암자) 수도 사찰

주소 강원도 춘천시 북산면 오봉산길 810
영덕군에서 309km, 4시간 30분, 도보 30분

영감사(靈鑑寺, 靈鑑蘭若)

1369년 1년 6개월 나옹왕사 수도 사찰

주소 강원도 평창군 진부면 동산리 63
영덕군에서 220km, 3시간 50분

영천사(靈泉寺)

나옹왕사 창건 사찰

주소 강원도 원주시 치악로 2006-19
영덕군에서 215km, 3시간 38분

치악산 상원사(上院寺)

나옹왕사 중창 사찰

주소 강원도 원주시 신림면 성남로 930 치안산내
영덕군에서 200km, 3시간 50분, 도보 1시간 10분

월정사(月精寺)

나옹왕사 수도사찰 · 나옹스님 공양(콩비지)사찰

주소 강원도 평창군 진부면 오대산로 374-8

영덕군에서 227㎞, 3시간 58분

오대산 상원사(上院寺)

나옹왕사께서 북대미륵암(상두암)에서 16나한 신통으로 모신 사찰

주소 강원도 평창군 진부면 오대산로 1211-14

영덕군에서 227㎞, 3시간 40분, 도보 10분

북한 사찰

묘길상암 : 강원도 회양군 내금강면 장연리 금강산 마하연 동쪽에 있었던 절

개심사 : 함경남도 신흥군 원평면 신성리 천불산에 있었던 절

개심사 : 함경북도 명천군 보촌리 칠보산에 있는 사찰

광통보제선사 : 경기도 개풍군 히선리 봉명산에 있었던 절

보현사 : 평안북도 영변군 북신현면 묘향산에 있는 절

성불사 : 황해북도 사리원시 강성동 정방산에 있는 절

안심사 : 평안북도 영변군 북신현면 묘향산에 있었던 절

장연사 : 강원도 금강군 내강리 용학산에 있는 절

조제암 : 강원도 고성군 현내면 명파리 금강산에 있는 절

신광사 : 황해도 벽성군 서석면 신광리 북숭산에 있었던 절

맑고 맑은 성품바다는 끝없이 넓어

어떤 부처도 감히 그 앞에 나아가지 못하나니

날날이 원만히 이룩어져 언제나 스스로 쓰고

물물마다 응해 나타나는 것 본래 천연한 그것이네

나옹왕사
행장

※ 문인 각굉이 지은 『나옹록』(선림고경총서, 백련선서간행회)에서 옮긴다.

1. 탄생

　스님의 휘(諱)는 혜근(慧勤)이요 호는 나옹(懶翁)이며, 본 이름은 원혜(元慧)이다. 거처하는 방은 강월헌(江月軒)이라 하며, 속성은 아(牙)씨인데 영해부(寧海府)사람이다. 아버지의 휘는 서구(瑞具)인데 선관서령(膳官署令)[1]이란 벼슬을 지냈고, 어머니는 정(鄭)씨이다.

　정씨가 꿈에 금빛 새매가 날아와 그 머리를 쪼다가 떨어뜨린 알이 품안에 드는 것을 보고 아기를 가져 연우(延祐)[2] 경신년(1320) 1월 15일에 스님을 낳았다. 스님은 날 때부터 골상이 보통 아이와 달랐고, 자라서는 근기가 매우 뛰어나 출가하기를 청하였으나 부모가 허락하지 않았다.

---

1) 궁중의 음식을 관리하는 직책
2) 연우延祐 , Yányòu 원元나라 인종仁宗의 연호. 1314~1320년

2. 출가 및 수행

20세(1339)에 이웃 동무가 죽는 것을 보고 여러 어른들에게 죽으면 어디로 가느냐고 물었으나 모두들 모른다 하였다. 매우 슬픈 심정으로 공덕산 묘적암(妙寂庵)의 요연(了然)스님에게 가서 머리를 깎았다. 요연스님이 물었다.

"그대는 무엇 하러 머리를 깎았는가?"

"삼계를 벗어나 중생을 이롭게 하기 위해서입니다. 가르쳐 주십시오."

"지금 여기 온 그대는 어떤 물건인가?"

"말하고 듣고 하는 것이 여기 왔을 뿐이거니와 볼 수 없는 몸을 보고 찾을 수 없는 물건을 찾고 싶습니다. 어떻게 닦아 나가야 하겠습니까?"

"나도 너와 같아서 아직 모른다. 다른 스승을 찾아가서 물어 보라."

그리하여 스님은 요연스님을 하직하고 여러 절로 돌아다니다가 지정(至正) 4년(1344) 갑신년 회암사로 가서 한 방에 고요히 있으면서 밤낮으로 언제나 앉아 있었다.

그때 일본의 석옹(石翁)화상이 그 절에 머무르고 있었는데, 어느 날 승당(僧堂)에 내려와 선상(禪床)을 치며 말하였다.

"대중은 이 소리를 듣는가."

대중은 말이 없었다. 스님은 게송을 지어 보였다.

선불장(選佛場)에 앉아서 정신 차리고 자세히 보라
보고 듣는 것 다른 물건 아니요 원래 그것은 옛 주인이다.
選佛場中坐 星星着眼看 見聞非他物 元是舊主人

그 뒤 4년 동안을 부지런히 닦다가 하루아침에 갑자기 깨친 뒤에 중국으로 가서 스승을 찾아 도를 구하려 하였다.

3. 원나라 구도행

정해년(1347) 11월에 북을 향해 떠나 무자년(1348) 3월 13일에 대도(大都) 법원사(法源寺)에 이르러, 처음으로 서천의 지공스님을 뵈었다. 지공스님이 물었다.

"그대는 어디서 왔는가?"

"고려에서 왔습니다."

"배로 왔는가, 육지로 왔는가, 신통(神通)으로 왔는가?"

"신통으로 왔습니다."

"신통을 나타내 보여라,"

스님은 그 앞에서 가까이 가서 합장하고 섰다. 지공스님은 또 물었다.

"그대가 고려에서 왔다면 동해 저쪽을 다 보고 왔는가?"

"보지 않았다면 어떻게 여기 왔겠습니까?"

"집 열두 채를 가지고 왔는가?"

"가지고 왔습니다."

"누가 그대를 여기 오라 하던가?"

"제 스스로 왔습니다."

"무엇하러 왔는가?"

"뒷사람들을 위해 왔습니다."

지공스님은 허락하고 대중과 함께 있게 하였다.

어느 날 스님은 다음 게송을 지어 올렸다.

산과 물과 대지는 눈앞의 꽃이요 삼라만상도 또한 그러하도다
자성이 원래 청정한 줄 비로소 알았나니 티끌마다 세계마다 다 법왕의 몸이라네.
山河大地眼前花　萬像森羅亦復然　自性方知元淸淨　塵塵刹刹法王身

지공스님이 말하였다.

"서천의 20명과 동토의 72명은 다 같은 사람인데 지공은 그 가운데 없다. 앞에는 사람

이 없고 뒤에는 장군이 없다. 지공이 세상에 나왔는데 법왕이 또 어디 있는가."
　나옹스님이 게송으로 대답하였다.

　법왕의 몸, 법왕의 몸이여 삼천의 주인이 되어 중생을 이롭게 한다.
　천금(千劍)을 뽑아들고 불조를 베는데 백양(百楊)이 모든 하늘을 두루 비춘다.
　法王身法王身　三天爲主利羣民　千劍單提斬佛祖　百陽普遍照諸天

　나는 지금 이 소식을 알았지만 그래도 우리 집의 정력만 허비 했네
　신기하구나, 정말 신기하구나 부상(扶桑)의 해와 달이 서천(西天)을 비춘다.
　吾今識得這消息　猶是儂家弄精魂　也大奇也大奇　扶桑日月照西天

　지공스님이 응수했다.
　"아버지도 개요 어머니도 개며 너도 바로 개다."
　스님은 곧 절하고 물러갔다.

　그 달에 매화 한 송이가 피었다.
　지공스님은 그것을 보고 게송을 지었다.

　잎은 푸르고 꽃은 피었네 한 나무에 한 송이 사방팔방에 짝할 것 하나도 없네
　앞일은 물을 것 없고 뒷일은 영원하리니 향기가 이르는 곳에 우리 임금 기뻐하네
　葉靑花發一樹一　十方八面無對一　前事不問後事長　香氣到地吾帝喜

　나옹스님은 여기에 다음과 같이 답하였다.

　해마다 이 꽃나무가 눈 속에 필 때 벌 나비는 분주해도 새봄인 줄 몰랐더니

오늘 아침에 꽃 한 송이 가지에 가득 피어 온 천지에 다 같은 봄이로다.
年年此樹雪裏開 蜂蝶忙忙不知新 今朝一箇花滿枝 普天普地一般春

하루는 지공스님이 법어를 내렸다.

선(禪)은 집 안에 없고 법은 밖이 없나니 뜰 앞의 잣나무를 아는 사람은 좋아 한다
청량대(淸凉臺) 위의 청량한 날에 동자가 세는 모래를 동자가 안다.
禪無堂內法無外 庭前栢樹認人愛 淸凉臺上淸凉日 童子數沙童子知

나옹스님은 답하였다.

들어가도 집 안에 없고 나와도 밖이 없어 세계마다 티끌마다 선불장이네
뜰 앞의 잣나무가 새삼 분명하나니 오늘은 초여름 새삼 초닷새라네.
入無堂內出無外 刹刹塵塵選佛場 庭前栢樹更分明 今日夏初四月五

하루는 지공스님이 스님을 불러 물었다.
"이 승당 안에 달마가 있는가 없는가?"
"없습니다."
"저 밖에 있는 재당(齋堂)을 그대는 보는가?"
"보지 못합니다."
그리고는 승당으로 돌아가 버렸다. 지공스님은 시자를 보내 물었다.
"선재동자가 53선지식을 두루 찾아뵙고 마지막으로 미륵을 뵈었을 때, 미륵이 손가락을 한 번 퉁기매 문이 열리자 선재는 곧 들어갔다. 그런데 그대는 어찌하여 안팎이 없다 하는가?"
나옹스님은 시자를 통해 대답하였다.
"그때 선재는 그 속에 이르지 못했습니다."
시자가 그대로 전하니 지공스님이 말하였다.

"이 중은 고려의 노비다."

하루는 지공 스님이 말하였다.

"그대는 보경사(普慶寺)를 보는가?"

"벌써부터 보았습니다."

"문수와 보현이 거기 있던가?"

"잘 있습니다."

"무슨 말을 하던가?"

"그런 말을 합디다. 차를 마시고 가거라."

그 뒤 어느 날 나옹스님은 게송을 지어 지공스님에게 올렸다.

미혹하면 산이나 강이 경계가 되고 깨치면 티끌마다 그대로가 온몸이네
미혹과 깨침을 모두 다 쳐부수었나니 닭은 아침마다 오경(五更)에 홰치네.
迷則山河爲所境　悟來塵塵是全身　迷悟兩頭俱打了　朝朝雞向五更啼

지공스님은 대답하였다.

"나도 아침마다 징소리를 듣노라."

지공스님은 스님의 근기를 알아보고 10년 동안 판수(板首)로 있게 하였다.

경인년(1350) 1월 1일, 지공스님은 황후가 내리신 붉은 가사를 입고 방장실 안에서 대중을 모으고 말하였다.

"분명하다 법왕이여, 높고 높고 이 나라를 복되게 한다. 하늘에는 해가 있고 밑에는 조사가 있으니 노소를 불문하고 지혜 있는 사람이면 다 마주해 보라."

대중이 대답이 없자 나옹스님은 대중 속에서 나아가 말하였다.

"분명하다는 것도 오히려 저쪽 일인데, 높고 높아 나라를 복되게 한다는 것은 그야말로 빈 소리다. 하늘의 해와 땅의 조사를 모두 다 쳐부수고 난 그 경계는 무엇인가?"

지공스님은 옷자락을 들어 보이면서 말하였다.

"안팎이 다 붉다."

나옹스님은 세 번 절하고 물러갔다.

그해 3월에 대도를 떠나 통주(通州)에서 배를 타고, 4월 8일에 평강부(平江府)에 이르러 휴휴암(休休庵)에서 여름 안거를 지냈다. 7월 19일에 떠나려 할 때, 그 암자의 장로가 만류하자 나옹스님은 그에게 게송을 지어 주었다.

쇠지팡이를 날려가며 휴휴암에 이르러 쉴 곳을 얻었거니 그대로 쉬어 버렸네
이제 이 휴휴암을 버리고 떠나거니와 사해와 오호(五湖)에서 마음대로 놀리라.
鐵錫橫飛到休休　得休休處便休休　如今捨却休休去　四海五湖任意游

8월에 정자선사(淨慈禪寺)에 이르렀는데, 그곳의 몽당(蒙堂)노스님이 스님에게 물었다.

"그대 나라에도 선법(禪法)이 있는가?"

나옹스님은 게송으로 대답하였다.

부상국(扶桑國)에 해가 오르매 강남의 바다와 산이 붉었다.
같고 다름을 묻지 말지니 신령한 빛은 고금에 통하네.
日出扶桑國　江南海嶽紅　莫問同與別　靈光亘古通

그 노스님은 말이 없었다.

나옹스님이 곧 평산처림(平山處林)스님을 뵈러 갔다. 그때 평산스님은 마침 승당에 있었다. 나옹스님이 곧장 승당에 들어가 이리저리 걷고 있으니 평산스님이 물었다.

"스님은 어디서 오시오?"

"대도에서 옵니다."

"어떤 사람을 보고 왔는가?"

"서천의 지공스님을 보고 왔습니다."

"지공은 날마다 무슨 일을 하던가?"

"지공스님은 날마다 천검(千劍)을 씁니다."

"지공의 천검은 그만두고 그대의 일검(一劍)을 가져 오라."

나옹스님이 대뜸 좌복으로 평산스님을 후려치니 평산스님은 선상에 거꾸러지면서 크게 외쳤다.

"이 도적놈이 나를 죽인다."

나옹스님은 곧 붙들어 일으켜 주면서 말하였다.

"내 칼은 사람을 죽이기도 하지만 살리기도 합니다."

평산스님은 '하하' 크게 웃고는 곧 나옹스님의 손을 잡고 방장실로 돌아가 차를 권했다. 그리하여 몇 달을 묵게 되었다.

어느 날 평산스님이 손수 글을 적어 주었다.

"삼한(三韓)의 혜근 수좌가 이 노승을 찾아왔는데, 그가 하는 말이나 토하는 기운을 보면 불조(佛祖)와 걸맞다. 종안(宗眼)은 분명하고 견처(見處)는 아주 높으며, 말 속에는 메아리가 있고 글귀마다 칼날을 감추었다. 여기 설암스님이 전한 급암 스승님의 법의 한 벌과 불자 하나를 주어 믿음을 표한다."

뒤이어서 게송을 지어 주었다.

법의와 불자를 지금 맡기노니 돌 가운데서 집어낸 티 없는 옥일러라.
계율의 근(根)이 깨끗해 보리(菩提) 얻었고 선정과 지혜의 광명을 모두 갖추었네.
  拂子法衣今付囑 石中取出無瑕玉 戒根永淨得菩提 禪定慧光皆具足

11년(1351) 신묘 2월 2일, 평산스님을 하직할 때 평산스님은 다시 글을 적어 전송하였다.

"삼한의 혜근 수좌가 멀리 호상(湖上)에 와서 서로 의지하고 있다가, 다시 두루 참학하려고 용맹 정진할 법어를 청한다. 토각장(兎角杖)을 들고 천암(千巖)의 대원경(大圓鏡) 속에서 모든 조사의 방편을 한 번 치면, 분부할 것이 없는 곳에서 반드시 분부할 것이 있을 것이다."

그리고 다시 게송을 지어 주었다.

회암(檜岩)의 판수(板首)가 운문(雲門)을 꾸짖고
백만의 인천(人天)을 한 입에 삼켰네
다시 밝은 스승을 찾아 참구한 뒤에
집에 돌아가 하는 설법은 성난 우레가 달리듯 하리.
檜巖板首罵雲門　百萬人天一口吞　更向明師叅透了　迴家說法怒雷奔

나옹스님은 절하고 하직한 뒤에 명주(明州)의 보타락가산(補陀洛迦山)으로 가서 관음을 친히 뵈옵고, 육왕사(育王寺)로 돌아와서는 석가상(釋迦像)에 예배하였다. 그 절의 장로 오광(悟光)스님은 다음 게송을 지어 나옹스님을 칭찬하였다.

분명히 눈썹 사이에 칼을 들고
때를 따라 죽이고 살리고 모두 자유로워
마치 소양(昭陽)에서 신령스런 나무 보고 즐겨
큰 법을 상류(常流)에 붙이는 것 같구나.
當陽挂起眉間劍　煞活臨機摠自由　恰似昭陽見靈樹　肯將大法付常流

나옹스님은 또 설창(雪窓)스님을 찾아보고 명주에 가서 무상(無相)스님을 찾아보았다. 또 고목영(枯木榮)스님을 찾아가서는 한참 동안 말없이 앉았는데 고목스님이 물었다.
"수좌는 좌선할 때 어떻게 마음을 쓰는가?"
"쓸 마음이 없소."
"쓸 마음이 없다면 평소에 무엇이 그대를 데리고 왔다 갔다 하는가?"
스님이 눈을 치켜뜨고 바라보니 고목스님이 말하였다.
"그것은 부모가 낳아준 그 눈이다. 부모가 낳아주기 전에는 무엇으로 보는가?"
나옹스님은 '악!' 하고 할(喝)을 한 번 하고는, "어떤 것을 낳아준 뒤다 낳아주기 전이다 하는가?"하니 고목스님은 곧 스님의 손을 잡고, "고려가 바다 건너 있다고 누가 말했던가" 하였다.
나옹스님은 소매를 떨치고 나와 버렸다.

임진년(1352) 4월 2일에 무주(霧州) 복룡산(伏龍山)에 이르러 천암원장(千巖元長)스님을 찾았다. 마침 그 날은 천여 명의 스님네를 모아 입실할 사람을 시험해 뽑는 날이었다. 나옹스님은 다음의 게송을 지어 올렸다.

울리고 울려 우레소리 떨치니 뭇 귀머거리 모두 귀가 열리네.
어찌 영산(靈山)의 법회뿐이었겠는가 구담(瞿曇)은 가지도 오지도 않네.
擊擊雷音振　群聾盡豁開　豈限靈山會　瞿曇無去來

그리고 절차에 따라 입실하였다.
천암스님은 물었다.
"스님은 어디서 오는가?"
"정자선사에서 옵니다."
"부모가 낳아주기 전에는 어디서 왔는가?"
"오늘은 4월 2일입니다."
천암스님은 "눈 밝은 사람은 속이기 어렵구나"하고 곧 입실을 허락하였다. 나옹스님은 거기 머물게 되어 여름을 지내고 안거가 끝나자 하직을 고했다.
천암스님은 손수 글을 적어 주며 전송하였다.
"석가 늙은이가 일대장교를 말했지만 그것은 모두 쓸데없는 말이다. 마지막에 가섭이 미소했을 때 백만 인천이 모두 어쩔 줄을 몰랐고, 달마가 벽을 향해 앉았을 때 이조는 눈 속에 서 있었다. 육조는 방아를 찧었고, 남악(南嶽)은 기왓장을 갈았으며, 마조(馬祖)의 할(喝) 한 번에 백장(百丈)은 귀가 멀었고, 그 말을 듣고 황벽(黃蘗)은 혀를 내둘렀었다. 그러나 일찍이 장로 수좌를 만들지는 못하였다.
진실로 이것은 이름을 붙일 수도 없고 형상으로 그릴 수도 없으며, 칭찬할 수도 없고 비방할 수도 없는 것이다. 다만 저 허공처럼 텅 비어 부처나 조사도 볼 수 없고 범부나 성인도 볼 수 없으며, 남과 죽음도 볼 수 없고 너나 나도 볼 수 없다. 그 범위에 이르게 되어도 그 지경이라는 테두리도 없고, 또 허공의 모양도 없으며 갖가지 이름도 없다.
그러므로 형상도 이름도 떠났기에 사람이 받을 수 없나니, 취모검(吹毛劍)을 다 썼으면 빨리 갈아두라고 한 것이다. 그러나 취모검은 쓰고 싶으면 곧 쓸 수 있는데 다시 갈아 두어서 무엇 하겠는가. 만일 그대가 그것을 쓸 수 있으면 노승의 목숨이 그대 손에 있을 것이요, 그대가 그것을 쓸 수 없으면 그대 목숨이 내 손 안에 있을 것이다."

그리고는 할을 한 번 하였다.

나옹스님은 천암스님을 하직하고 떠나 송강(松江)에 이르러 요당(了堂)스님과 박암(泊菴)스님을 찾아보았으나 그들은 감히 스님을 붙잡아 두지 못하였다.

그 해 3월에 대도 법원사로 돌아와 다시 지공스님을 뵈었다. 지공스님은 나옹스님을 방장실로 맞아들여 차를 권하고, 드디어 법의 한 벌과 불자 하나와 범어로 쓴 편지 한 통을 주었다.

백양(百陽)에서 차 마시고 정안(正安, 지공스님의 방장실)에서 과자 먹으니
해마다 어둡지 않은 한결같은 약이네.
동서를 바라보면 남북도 그렇거니
종지 밝힌 법왕에게 천검을 준다.
百陽喫茶正安(空方丈名)果 年年不昧一通藥 東西看見南北然 明宗法王給千劒

나옹스님은 답하였다.

스승님 차를 받들어 마시고 일어나 세 번 절하니
다만 이 참다운 소식은 예나 이제나 변함이 없다.
奉喫師茶了 起來即禮三 只這眞消息 從古至于今

그리고는 거기서 한 달을 머물다가 하직하고, 여러 해 동안 연대(燕代)의 산천을 두루 돌아다녔다.

그 도행(道行)이 황제에게 들려, 을미년(1355) 가을에 성지(聖旨)를 받고 대도의 광제선사(廣濟禪寺)에 머물다가, 병신년(1356) 10월 15일에 개당법회를 열었다.

황제는 먼저 원사 야선첩목아(也先帖木兒)를 보내 금란가사와 폐백을 내리시고 황태

자도 금란가사와 상아불자를 내렸다. 이 날에는 많은 장상(將相)과 그들의 관리, 선비들, 여러 산의 장로들과 강호의 승려들이 모두 모였다. 나옹스님은 가사를 받아들고 중사(中使, 궁중에서 왕명을 전하는 내시)에게 물었다.

"산하대지와 초목총림이 하나의 법왕신인데 이 가사를 어디다 입혀야 하겠는가?"

중사는 모르겠다고 하였다.

나옹스님은 자기 왼쪽 어깨를 가리키며, "여기다 입혀야 하오"하고는 다시 대중에 물었다.

"맑게 비고 고요하여 본래 한 물건도 없는데 찬란한 이것은 어디서 나왔는가?"

대중은 대답이 없었다.

나옹스님은 "구중궁궐의 금구(金口)에서 나왔다"하고는 가사를 입고 황제를 위해 축원한 뒤에 다시 향을 사르고 말하였다.

"이 하나의 향은 서천의 108대 조사 지공대화상과 평산화상에게 받들어 올려 법유(法乳)의 은혜를 갚습니다."

17년(1357) 정유년에 광제사를 떠나 연계(燕薊)의 명산을 두루 다니다가 다시 법원사로 돌아와 지공스님에게 물었다.

"이제 제자는 어디로 가야 하리까?"

지공스님이 말하였다.

"그대는 본국으로 돌아가 '삼산양수(三山兩水)' 사이를 택해 살면 불법이 저절로 흥할 것이다."

4. 귀국 및 전법도생

무술년(1358) 3월 23일에 지공스님을 하직하고 요양(遼陽)으로 돌아와 평양과 동해 등 여러 곳에서 인연을 따라 설법하고, 경자년(1360) 가을에 오대산에 들어가 상두암에 있었다. 그때 강남지방의 고담(古潭)스님이 용문산을 오가면서 서신을 통했는데, 스님은 게송으로 그에게 답하였다.

임제의 한 종지가 땅에 떨어지려 할 때에
공중에서 고담 노인네가 불쑥 튀어나 왔나니
삼척의 취모검을 높이 쳐들고
정령(精靈)들 모두 베어 자취 없앴네.
臨濟一宗當落地　空中突出古潭翁　把將三尺吹毛劒　斬盡精靈永沒蹤

고담스님은 백지 한 장으로 답하였는데, 겉봉에는 '군자천리동풍(君子千里同風)'이라고 여섯 자를 썼다. 나옹스님은 받아 보고 웃으면서 던져버렸다. 시자가 주워 뜯어보았더니 그것은 빈 종이였다. 나옹스님은 붓과 먹 두 가지로 답하였다.

신축년(1361) 겨울에 임금은 내첨사 방절(方節)을 보내 내승마(內乘馬)로 나옹스님을 성안으로 맞아들여, 10월 15일 궁중으로 들어갔다. 예를 마치고 마음의 요체에 대해 법문을 청하니, 나옹스님은 두루 설법한 뒤에 게송 두 구를 지어 올렸다.

임금은 감탄하면서, "이름을 듣는 것이 직접 보는 것만은 못하다"하시고 만수가사와 수정불자를 내리셨다. 공주도 마노불자를 보시하고, 태후는 친히 보시를 내리셨다. 그리고 신광사(神光寺)에 머물기를 청하니 스님은 "산승은 다만 산에 돌아가 온 마음으로 임금을 위해 축원하고자 하오니 성군의 자비를 바라나이다." 하면서 사양하였다.

임금은 "그렇다면 나도 불법에서 물러가리라"하시고 곧 가까운 신하 김중원(金仲元)을 보내 가는 길을 돕게 하였다. 나옹스님은 할 수 없어 그 달 20일에 신광사로 갔다.

11월에 홍건적이 갑자기 쳐들어와 도성이 모두 피란하였으나, 오직 나옹스님만은 제자들을 거느리고 보통 때와 같이 설법하고 있었다. 하루는 수십 기(騎)의 도적들이 절에 들어왔는데, 나옹스님은 엄연히 그들을 상대하였다. 도적의 우두머리는 침향(沈香) 한 조각을 올리고 물러갔다. 그 뒤로도 대중은 두려워하여 나옹스님에게 피란하기를 권하였다. 그러나 스님은 말리면서, "명(命)이 있으면 살 것인데 도적이 너희들 일에 무슨 관계가 있겠는가?" 하였다.

그 뒤에 어느 날 대중이 다시 피란을 청하였으므로 나옹스님은 부득이 허락하고 그 이튿날로 기약하였다. 그런데 그날 밤 꿈에 어떤 신인(神人)이 의관을 갖추고 절하며, "대중이 흩어지면 도적은 반드시 이 절을 없앨 것입니다. 스님은 부디 뜻을 굳게 가지십시오."하고 곧 물러갔다. 그 이튿날 스님은 토지 신을 모신 곳에 가서 그 모습을 보았더니 바로 꿈에 본 얼굴이었다. 스님은 대중을 시켜 경을 읽어 제사하고는 끝내 떠나지 않았다. 도적은 여러 번 왔다 갔으나 재물이나 양식, 또는 사람들을 노략질하지 않았다.

계묘년(1363) 7월에 재삼 글을 올려 주지 직을 사퇴하려 했으나, 임금이 허락하지 않으므로 나옹스님은 스스로 빠져나와 구월산(九月山) 금강암으로 갔다. 임금은 내시 김중손을 보내 특별히 내향(內香)을 내리시고, 또 서해도(西海道) 지휘사 박휘(朴曦), 안렴사(按兼使) 이보만(李寶萬), 해주목사(海州牧使) 김계생(金繼生) 등에게 칙명을 내려 스님이 주지 직에 돌아오기를 강요하였다. 스님은 부득이 10월에 신광사로 돌아와 2년 동안 머무시다가, 을사년(1365) 3월에 궁중에 들어가 글을 올려 물러났다. 그리고는 용문산(龍門山), 원적산(圓寂山) 등 여러 산에 노닐면서 인연을 따라 마음대로 즐겼다.

병오년(1366) 3월에는 금강산에 들어가 정양암(正陽庵)에 있었다. 정미년(1367) 가을에 임금은 교주도(交州道) 안렴사 정양생(鄭良生)에게 명하여 스님에게 청평사에 머무시기를 청하였다. 그 해 겨울에 보암(普菴)장로가 지공스님이 맡기신 가사 한 벌과 편지 한 통을 받아 가지고 절에 와서 스님에게 주었다. 스님은 그것을 입고 향을 사른 뒤에 두루 설법하였다.

기유년(1369) 9월에 병으로 물러나 또 오대산에 들어가 영감암(靈鑑庵)에 머물렀다.

홍무(洪武) 경술년(1370) 1월 1일 아침에 사도(司徒) 달예(達叡)가 지공스님의 영골과 사리를 받들고 회암사에 왔다. 3월에 스님은 그 영골에 예배하고 산을 나왔다. 임금은 가까운 신하 김원부(金元富)를 보내 스님을 맞이하고 영골에 예배하였다. 스님은 성안에 들어가 광명사(光明寺)에서 안거를 지냈다.

8월 3일에 내재(內齋)에 나아가 재를 마치고 두루 설법하였다. 17일에 임금은 가까운 신하 안익상(安益祥)을 보내 길을 도우라 하고 스님께 회암사에 머물기를 청하였다. 9월에는 공부선(工夫選)[3]을 마련하고 양종오교(兩宗五教)의 제방 승려를 크게 모아 그들의 공부를 시험했는데, 그때 스님에게 주맹(主盟)이 되기를 청하였다. 16일에 선석(選席)을 열었다. 임금은 여러 군(君)과 양부(兩部)의 문무백관을 거느리고 친히 나와 보셨다. 그리고 선사 강사 등 여러 큰 스님네와 강호의 승려들이 모두 모였다. 그때 설산국사(雪山國師, 화엄종의 종사인 천희(千熙)스님을 말함)도 그 모임에 왔다.

스님은 국사와 인사하고 처음으로 방장실에 들어가 좌복을 들고 "화상!" 하였다. 국사가 무어라 하려는데 스님은 좌복으로 그 까까머리를 때리고는 이내 나와 버렸다.

사나당(舍那堂) 안에 법좌를 만들고 향을 사른 뒤에, 스님은 법좌에 올라 질문을 내렸다. 법회에 있던 대중은 차례로 들어가 대답하였으나 모두 모른다 하였다. 어떤 이는 이치로는 통하나 일에 걸리기도 하고, 어떤 이는 너무 경솔하여 실언하기도 하며, 한마디 한 뒤 곧 물러가기도 하였다. 임금은 매우 불쾌해 보였다. 끝으로 환암혼수(幻庵混修)스님이 오니 스님은 삼구(三句) 삼관(三關)을 차례로 물었다. 그보다 먼저 스님이 금경사(金經寺)에 있었을 때 임금은 좌가대사(左街大師) 혜심(慧深)을 시켜 스님에게 물었다

"어떤 법문으로 공부한 사람을 시험해 뽑습니까?"

스님은 대답하였다.

"먼저 입문(入門) 등 삼구(三句)를 묻고, 다음에 공부십절(工夫十節)을 물으며, 나중에

---

3) 『韓國佛教全書』卷6, 「東國大學校出版部」1984年, p.722中~723上. 공부십절목(工夫十節目):
　1. 세상 사람들은 모양을 보면 그 모양에서 벗어나지 못하고, 소리를 들으면 그 소리에서 벗어나지 못한다. 어떻게 하면 모양과 소리를 벗어날 수 있을까.
　2. 이미 소리와 모양에서 벗어났으면 반드시 공부를 시작해야 한다. 어떻게 그 바른 공부를 시작할 것인가.
　3. 이미 공부를 시작했으면 그 공부를 익혀야 하는데 공부가 익은 때는 어떤가.
　4. 공부가 익었으면 나아가 자취(鼻孔)를 없애야한다. 자취를 없앤 때는 어떤가.
　5. 자취가 없어지면 담담하고 냉랭하여 아무 맛도 없고 기력도 전혀 없다. 의식이 닿지 않고 마음이 활동하지 않으며 또 그때에는 허깨비 몸이 인간세상에 있는 줄을 모른다. 이쯤 되면 그것은 어떤 경계인가.
　6. 공부가 지극해지면 동정(動靜)에 틈이 없고 자고 깸이 한결같아서, 부딪쳐도 흩어지지 않고 움직여도 잃어지지 않는다. 마치 개가 기름이 끓는 솥을 보고 핥으려 해도 핥을 수 없고 포기하려 해도 포기할 수 없는 것 같나니, 그때에는 어떻게 해버려야 하겠는가.
　7. 갑자기 120근 되는 짐을 내려놓는 것 같아서 단박 꺾이고 단박 끊긴다. 그때는 어떤 것이 그대의 자성인가.
　8. 이미 자성을 깨쳤으면 자성이 본래 작용은 인연을 따라 맞게 쓰인다는 것을 알아야 한다. 무엇이 본래의 작용이 맞게 쓰이는 것인가.
　9. 이미 자성의 작용을 알았으면 생사를 벗어나야 하는데, 안광(眼光)이 땅에 떨어질 때에 어떻게 벗어날 것인가.
　10. 이미 생사를 벗어났으면 가는 곳을 알아야 한다. 사대는 각각 흩어져 어디로 가는가.

삼관(三關)을 물으면 공부가 깊은지 얕은지를 시험해 볼 수 있습니다. 그러나 대중이 다 모르기 때문에 10절과 3관은 묻지 않습니다."

법회를 마치고 임금이 천태종(天台宗)의 선사(禪師)인 신조(神照)를 시켜 공부십절을 물으시니 스님은 손수 써서 올렸다. 18일에 임금은 지신사(知申使) 염흥방(廉興邦)을 스님이 계시던 금경사로 보내셨고, 그 이튿날 또 대언(代言) 김진(金鎭)을 보내 스님을 내정(內庭)으로 맞아들여 위로하신 뒤 안장 채운 말을 내리셨다. 그리고는 내시 안익상(安益祥)을 보내 회암사로 보내 드리니, 스님은 회암사에 도착하자 말을 돌려 보내셨다.

신해년(1371) 8월 26일에 임금은 공부상서(工部尙書) 장자온(張子溫)을 보내 편지와 도장을 주시고, 또 금란가사와 안팎 법복과 바루를 내리신 뒤에 '왕사 대조계종사 선교도총섭 근수본지 중흥조풍 복국우세 보제존자(王師 大曹溪宗師 禪敎都摠攝 勤修本智 重興祖風 福國祐世 普濟尊者)'로 봉하시고, 태후도 금란가사를 올렸다. 그리하여 동방의 제일 도량인 송광사에 있게 하셨는데, 내시 이사위(李士渭)를 보내 길을 돕게 하여 28일에 회암사를 출발하여 9월 27일에 송광사에 도착하였다.

임자년(1372) 가을에 스님은 우연히 지공스님이 예언한 '삼산양수'를 생각하고 회암사로 옮기기를 청하였다. 임금은 또 이사위를 보내어 회암사로 맞아 오셨다.

9월 26일에는 지공스님의 영골과 사리를 가져다 회암사의 북쪽 봉우리에 탑을 세웠다. 계축년(1373) 정월에는 서운산(瑞雲山), 길상산(吉祥山) 등의 산을 노닐면서 여러 절을 다시 일으키고, 8월에 송광사로 돌아왔다.

9월에 임금님은 또 이사위를 보내 회암사에서 소재법회(消災法會)를 주관하라 청하시고, 갑인년(1374) 봄에 또 가까운 신하 윤동명(尹東明)을 보내 그 절에 계시기를 청하였다. 이에 스님은 "이 땅은 내가 처음으로 불도에 들어간 곳이요, 또 우리 스승의 영골을 모신 땅이요. 더구나 우리 스승께서 일찍이 내게 수기하셨으니 어찌 무심할 수 있겠는가" 하고 곧 대중을 시켜 전각을 다시 세우기로 하였다.

9월 23일에 임금(공민왕)이 돌아가셨다. 스님은 몸소 빈전(殯殿)에 나아가 영혼에게 소참법문을 하시고 서식을 갖추어 왕사의 인(印)을 조정에 돌렸다.

우 임금께서도 즉위하여 내신 주언방(周彦邦)을 보내 내향(內香)을 내리시고 아울러 인보(印寶)를 보내시면서 왕사로 봉하였다.

5. 열반불사

병진년(1376) 봄에 이르러 공사를 마치고 4월 15일에 크게 낙성식을 베풀었다. 임금은 구관(具官) 유지린(柳之璘)을 보내 행향사(行香使)로 삼았으며, 서울과 지방에서 사부대중이 구름과 바퀴살처럼 부지기수로 모여들었다.

마침 대평(臺評)은 생각하기를, '회암사는 서울과 아주 가까우므로 사부대중의 왕래가 밤낮으로 끊이지 않으니 혹 생업에 폐해를 주지나 않을까' 하였다. 그리하여 임금의 명으로 스님을 영원사(瑩源寺)로 옮기라 하고 출발을 재촉하였다. 스님은 마침 병이 있어 가마를 타고 절 문을 나왔는데 남쪽에 있는 못가에 이르렀다가 스스로 가마꾼을 시켜 다시 열반문으로 나왔다. 대중은 모두 의심하여 목 놓아 울부짖었다.

스님은 대중을 돌아보고, "부디 힘쓰고 힘쓰시오, 나 때문에 중단하지 마시오. 내 걸음은 여흥(驪興)에서 그칠 것이요." 하였다.

5월 2일에 한강에 이르러 호송관 탁첨(卓詹)에게 말하였다. "나는 지금 병이 너무 심해 배를 타고 가고 싶소." 곧 문도 10여 명과 함께 물을 거슬러 올라간 지 7일 만에 여흥에 이르러 다시 탁첨에게 말하였다.

"내 병이 너무 위독해 이곳을 지날 수 없소. 이 사정을 나라에 알리시오."

탁첨이 달려가 나라에 알렸으므로 스님은 신륵사(神勒寺)에 머물게 되었다. 며칠을 머무셨을 때, 여흥군수(驪興郡守) 황희직(黃希直)과 도안감무(道安監務) 윤인수(尹仁守)가 탁첨의 명령을 받고 출발을 재촉했다. 시자가 이 사실을 알리자 스님은 말하였다.

"그것은 어렵지 않다. 나는 이제 아주 가련다."

그때 한 스님이 물었다. "이런 때는 어떻게 해야 합니까?"

스님은 주먹을 세웠다. 그 스님이 또 물었다.

"사대가 각기 흩어지면 어디로 갑니까?"

스님은 주먹을 맞대어 가슴에 대고 "오직 이 속에 있다." 하였다.

"그 속에 있을 때는 어떻습니까?"

"별로 대단할 것이 없느니라."

또 한 스님이 물었다. "무엇이 대단할 것 없다는 그 도리입니까?"

스님은 눈을 똑바로 뜨고 뚫어지게 보면서, "내가 그대를 볼 때 무슨 대단한 일이 있는가" 하였다. 또 한 스님이 병들지 않는 자의 화두(不病者話)를 들어 거론하자, 스님은 꾸짖는 투로 "왜 그런 것을 묻는가" 하고는 이내 대중에게 말하였다.

"노승은 오늘 그대들을 위해 열반불사를 지어 마치리라."

그리고는 진시(辰時)가 되어 고요히 돌아가시니 5월 15일이었다.

여흥과 도안의 두 관리가 모시고 앉아 인보(印寶)를 봉하였는데 스님의 안색은 보통때와 같았다. 여흥군수가 안렴사에게 알리고 안렴사는 조정에 고했다.

스님이 돌아가실 때, 그 고을 사람들은 멀리 오색구름이 산꼭대기를 덮는 것을 보았고, 또 스님이 타시던 흰 말은 3일 전부터 풀을 먹지 않은 채 머리를 떨구고 슬피 울었다. 화장을 마쳤으나 머리뼈 다섯 조각과 이 40개는 모두 타지 않았으므로 향수로 씻었다. 이때에 그 지방에는 구름도 없이 비가 내렸다. 사리가 부지기수로 나왔고, 사부대중이 남은 재와 흙을 헤치고 얻은 것도 이루 셀 수 없었다. 그때 그 고을 사람들은 모두 산위에서 환희 빛나는 신비한 광채를 보았고, 그 절의 스님 달여(達如)는 "꿈에 신룡(神龍)이 다비하는 자리에 서려 있다가 강으로 들어가는 것을 보았는데 그 모습은 말과 같았다."고 했다.

문도들이 영골 사리를 모시고 배로 회암사로 돌아가려 할 때에는 오래 가물어 물이 얕지 않을까 걱정하였다. 그런데 비는 오지 않고 갑자기 물이 불어 오랫동안 묶여 있던 배들이 한꺼번에 물을 따라 내려갔으니, 신룡의 도움임을 알 수 있었다. 29일에 회암사에 도착하여 침당(寢堂)에 모셨다가 8월 15일에 그 절 북쪽 언덕에 부도를 세웠는데, 가끔 신령스런 광명이 환히 비쳤다. 정골 사리 한 조각을 옮겨 신륵사에 안치하고 석종(石鐘)으로 덮었다.

스님의 수(壽)는 57세요 법랍은 37세였으며, 시호는 선각(禪覺)이라 하였다. 그 탑에는 "ㅁㅁ스님은 항상 스스로 말하기를, '산승은 문자를 모른다' 하였다. 그러나 그 가송(歌頌)과 법어(法語)는 혹 경전의 뜻이 아니더라도 모두 아주 묘하다"라고 씌어 있다.

이제 그것을 두 권으로 나누어 이 세상에 간행하게 되었으니, 스님의 덕행은 진실로 위대하다. 실로 이 빈약한 말로 전부 다 칭송할 수 없지만, 간략하게나마 그 시말(始末)을 적어 영원히 전하려는 것이다. 삼가 기록한다.

6. 연보年譜

연 도	나이	행 적
1320년(충숙왕7) 1.15	1세	부(父) 아서구(牙瑞具)와 모(母) 정씨(鄭氏) 사이에서 태어남.
1339년(충숙왕 복위 8)	20세	이웃 친구가 죽는 것을 보고 요연(了然)선사에게 출가함.
1344년(충혜왕 4)	25세	전국을 유력(遊歷)하다 회암사(檜巖寺)에서 머무름.
1348년(충목왕 3)	28세	4년간 수행 후 개오(開悟)하여 11월 원나라로 출발함.
1348년(충목왕 4)	29세	3월 13일 연경 법원사에 도착하여 지공을 만나 화두를 주고받음. 지공은 나옹의 근기를 알아보고 10년 동안 판수(板首)로 있게 함.
1350년(충정왕 2)	31세	1월 1일 지공이 법회에서 나옹을 칭찬함. 3월 나옹이 지공을 떠나 통주(通州)에서 배를 타고 4월 8일에 평강촌(平江府) 휴휴암(休休庵)에서 여름 안거함. 7월 19일 작별시 그 암자의 장로가 만류하자 스님은 그에게 게송을 지어 줌. 8월 정자선사(淨慈禪寺) 몽당(蒙堂) 노스님을 알현한 후 평산처림(平山處林)과 만나서 의발을 받음.
1351년(충정왕 3)	32세	2월 2일 나옹이 평산처림을 하직함. 그 후 명주(明州)의 보타낙가산으로 가서 관음상을 참배함. 육왕사(育王寺)로 돌아와서 석가상(釋迦像)을 참배하고 설창오광(雪窓悟光) 장로와 만나서 그를 칭찬함. 설창오광을 만난 후 명주에 가서 무상범(無相範), 고목영(枯木榮)과 조우함.
1352년(공민왕 1)	33세	4월 2일 무주(霧州) 복룡산(伏龍山) 천암원장(千巖元長)과 만나고 천암과 작별한 후 송강(松江)의 요당유일(了堂惟一)과 박암(泊菴)스님 등과 만남. 그 후 연경 법원사로 돌아와 지공을 알현하고 법의 한 벌과 불자 하나와 신서(信書)를 받고 한 달을 머물다가 지공과 하직함. 그 여러 해 동안 연대(燕代)의 산천을 두루 돌아다님.
1354년(공민왕 3)	35세	무학과 지천, 법원사에서 나옹을 만남. 「묘엄존자탑명」, 「정지국사비명」)
1355년(공민왕 4)	36세	순제가 나옹을 연경의 광제선사(廣濟禪寺)의 주지로 보임하게 함. 10월 15일 광제사에서 개당법회를 함. 여름에 무학과 서산이 영암사에서 나옹을 만나고 여기서 두어 해 머물고 귀국 시 나옹과 작별함. 이때 나옹은 수서(手書)와 게송(偈頌)을 무학에게 줌. 「묘엄존자탑명」)
1357년(공민왕 6)	38세	광제사를 떠나 연계(燕薊)의 명산을 두루 다니다가 다시 법원사에서 지공과 만남.
1358년(공민왕 7)	39세	3월 23일 지공으로부터 삼산양수기(三山兩水記)를 받고 요양(遼陽)을 거쳐 평양, 동해 등 여러 곳을 유력함.
1359년(공민왕 8)	40세	여름에 무학이 천성산 원효암에 머물고 있던 나옹을 찾아감. 여기서 나옹이 무학에게 불자를 줌. 「묘엄존자탑명」)
1360년(공민왕 9)	41세	가을 오대산 상두암(象頭庵)에 거주하면서 용문산의 절승(浙僧) 고담(古潭)과 서신을 교류.

1361년(공민왕 10)	42세	왕의 요청으로 입궁(入宮)함. 10월 15일 내정에서 심법(心法)을 설함. 10월 20일 왕태후의 요청으로 신광사(神光寺)에 주석함.
1363년(공민왕 12)	44세	7월 신광사(神光寺) 주지 사퇴를 요청하고 구월산(九月山) 금강암(金剛庵)에 이주함. 7월 백문보가 나옹화상어록 서문을 지음. 10월 왕명을 받고 신광사에 돌아와 2년간 주석함.
1365년(공민왕 14)	46세	3월 개성 궁궐에 들어가 신광사 주지를 사퇴함. 그 후, 용문산(龍門山), 원적산(圓寂山) 등 제산(諸山)을 유력함.
1366년(공민왕 15)	47세	금강산 정양암(正陽菴)에 주석함.
1367년(공민왕 16)	48세	가을에 왕명으로 청평사(淸平寺)에 주석함. 겨울에 보암장로(普菴長老)가 지공이 유촉한 가사와 친서를 전함.
1369년(공민왕 18)	50세	병으로 청평사(淸平寺) 주지를 사퇴하고 오대산 영감암(靈鑑庵)에 거주함.
1370년(공민왕 19)	51세	1월 1일 사도(司徒) 달예(達叡)가 지공(指空)의 영골(靈骨)과 사리를 받들고 고려에 옴. 3월 지공(指空)의 영골에 참배하고, 오대산을 나와 광명사(光明寺)에서 안거함. 8월 3일 궁궐에 들어가 재를 마치고 설법을 함. 8월 17일 왕명으로 회암사에 주석함. 9월 16일 공부선을 실시함. 9월 18일 회암사에 머물고 있을 때 공부선 과목을 물음.
1371년(공민왕 20)	52세	8월 26일 왕사(王師)로 책봉되어 송광사(松廣寺)를 하산소로 삼음.
1372년(공민왕 21)	53세	가을에 지공의 삼산양수기(三山兩水記)를 생각해서 회암사로 이주함. 9월 26일 지공의 영골 사리를 회암사에 봉안함.
1373년(공민왕 22)	54세	1월 서운산(瑞雲山)과 길상산(吉祥山) 등을 유력하면서 제사(諸寺)를 창건함. 8월 송광사로 다시 돌아감. 9월 왕명으로 회암사로 가서 소재법회(消災法會)를 주관함.
1374년(공민왕 23) 1374년(우왕 1)	55세	봄에 회암사에 가서 절 중창을 시작함. 가을에 송광사에서 무학에게 의발을 전함.(「송광사적비」) 무학이 나옹을 이어 송광사 주지를 함. 공민왕에 이어 우왕 즉위 왕사의 인장을 반납하였으나, 왕사로 재 책봉됨.
1376년(우왕 2)	57세	4월 15일 회암사를 중창함. 나옹이 송광사에서 주석하고 있는 무학을 불러 수좌로 삼음.(「묘엄존자탑명」) 밀양 영원사(塋源寺)로 부임을 명함. 5월 15일 여주 신륵사에서 입적하여 다비함. 8월 15일 회암사에 부도가 세워짐.
1378년(우왕 4)		지공의 비가 회암사에 건립됨.(「퇴경당전서」)
1379년(우왕 5)		「신륵사 보제선사석종비」가 건립됨.(「신륵 보제선사 석종비」) 8월 16일 이색 보제존자어록서를 지음.
1383년(우왕 9)		신륵사 대장각이 건립됨. (「신륵사 대장각기」)
1384년(우왕 10)		안심사에서 지공과 나옹의 사리석종비가 건립됨. (「안심사사리석종비」)
1392(조선 태조 1)		10월 29일 무학은 왕사로 책봉되어 회암사에 주석함. (「묘엄존자탑명」)
1393년(태조 2)		9월에 무학이 지공 나옹의 탑명을 새기고 개성 광명사에서 나옹의 괘진 불사를 함.(「묘엄존자탑명」)

모든 인연 다 놓아버리고 철저히 공이 되면

거닐거나 앉거나 눕거나 그 모든 즉인공이다

단박 상을 뒤엎고 물을 다 쏟아버리면

칼숲지옥 칼산지옥에서도 빠져나올 길 있으리

나옹왕사 관련 사찰
불적답사

건봉사

회암사
석굴암
천축사
학림사   대성암   상원사
흥륜사   월정사
화계사   상두암
반월암   삼막사   상원사   영감사
          염불암   신륵사   영천사
     철장사   영월암   흥왕사
     은적암
     청룡사   창룡사   백련사   뭔통암
               가섭사   각연사   청련암   유석사
          수덕사   석천암   보살사   윤필암
          가야사지   묘적암

오덕사   갑장사   서남사
                                  용흥사   대곡사   수정사   반송정
은적사   봉서사   학림사   장육사
상주사   대원사   위봉사   불미골
보천사   태조암   남지장사   까치소
                    금당사   선석사   영덕군청
                    나옹암
                                  반룡사

     나옹사지
          천은사   영원사지   통도사
          상선암   원효암
                    응석사
     규봉암   송광사   다솔사   용궁사

경상도

영덕군청(興德寺址)	반룡사(盤龍寺)
불미골(佛巖谷)	대곡사(大谷寺)
까치소(작연鵲淵)	유석사(留石寺)
반송정(盤松亭)	갑장사(甲長寺)
서남사(西南寺)	통도사(通度寺)
장육사(裝陸寺)	원효암(元曉庵)
묘적암(妙寂庵)	용궁사(龍宮寺)
윤필암(閏筆庵)	다솔사(多率寺)
수정사(水淨寺)	응석사(凝石寺)
선석사(禪石寺)	남지장사(南地藏寺)
용흥사(龍興寺)	영원사지(瑩源寺址)

영덕군청(興德寺址)

흥덕사지 영덕군청 절터

주소 경북 영덕군 영덕읍 군청길 116

「영덕군지」에 의하면 "흥덕사가 조선시대에 현 영덕군청 자리에 존재하다가 폐사되었다"라고 밝히고 있다. 언제 창건되었고 폐사되었는지 기록에는 없다. 현재의 영덕군청은 군청 홈페이지 연혁에 기록하길 "원래 영덕, 영해 양군이었던 것을 서기 1914년 합병하여 오늘에 이르고 있다"라고 기록하며, 두산백과사전에는 "1914년 3월 1일 설치되어 행정 업무를 보았다"라고 기록하고 있다.

※흥덕사의 흔적을 찾기 위해 살펴보니, 영덕군청 서쪽 오십천 쪽에 축대를 높이 쌓아 놓았는데, 그 언덕 사이에 옛날 흥덕사 절터의 기와로 추정되는 기와 조각이 육안으로 많이 보였다.

군청이 자리하고 있는 곳과 군청 앞에도 포장이 되어 주차장으로 활용하므로 예전의 절터에서 어떤 유물이 출토되었는지 알 길이 없다. 서쪽 오십천 쪽에 축대를 쌓아 놓아 축대 위쪽에 드러난 기와로 볼 때 영덕군청과 영덕군의회(예전의 대구지방법원 영덕지원과 대구지방검찰청 영덕지청) 건물도 함께 절 도량이 아니었을까 추정된다.

영덕군청 앞 서쪽인 구 경찰서 터 앞에는 현령선정비가 있다. 1605년 현령 권태일의 비부터 1903년 이후 박문호 영세송공비까지 기록되어 있다. 현령은 현에 둔 지방장관으로 비명과 재임

년대, 건립년도를 기록하고 있다.

그 내용을 살펴보면 다음과 같다.

1. 현령 김창석 선정비 1697년 2월~1699년 6월 건립년도 1704년
2. 현령 이안진 선정비 1627년 8월~1632년 6월 건립년도 1633년
3. 수의사도 박정양 방폐비 미상 건립년도 1874년
4. 현령 홍우규 청덕선정비 1713년 3월~1713년 4월 건립년도 1713년
5. 현령 유정주 영세방폐비 1829년 12월~1834년 12월 건립년도 1834년
6. 현령 송문상 비 1725년 3월~1727년 7월 건립년도 미상
7. 아후 박문호 영세송공비 1902년 8월~1903년 9월 건립년도 1903년
8. 현령 우성규 선정불망비 1886년 6월~1887년 1월 건립년도 1886년
9. 현령 안종덕 영세불망비 1887년12월~1887년 12월 건립년도 1888년
10. 현령 권태일 비 1603년 4월~1605년 8월 건립년도 1605년

영덕군에 산재한 폐사지는 대부분 농사를 짓기 위하여 전답으로 사용한 흔적들이 많다. 지금은 시대의 흐름으로 산골짜기나 교통이 불편한 곳은 경작을 포기하는 경우들이 많아 사지(寺址) 역시 그대로 방치되는 경우들이 많았다. 세월은 흘렀어도 땅속 어딘가에 당시 절에서 사용하였던 흔적들을 발견할 수 있는 희망이 있다. 그러나 흥덕사지는 현재 영덕군청과 군의회의 건물과 주차장이 시멘트 포장으로 덮혀 사용하고 있는 관계로 군청 옆 축대 사이에 드러난 기와로서 절터임을 추정할 뿐이다.

흥덕사가 조선시대에 현 영덕군청 자리에 존재하다가 폐사되었다고 「영덕군지」에 밝히고 있는데, 언제 창건되었고 폐사되었는지는 기록에 없다.

현재 영덕군청은 옛날 영덕경찰서 터와 함께 쓰고 있는데, 영덕군청이 언제 흥덕사 자리에 들어왔는지에 대한 자세한 조사가 필요할 것 같다.[1]

---

1) 위의 기록은 현담 『영덕폐사지 불적답사와 불교 현황』 1부 폐사지 불적답사의 영덕군청 절터 「흥덕사」 p.110~111의 기록 내용이다.

불미골(佛巖谷)

불미골(불암곡) 나옹왕사 생가터

주소 경북 영덕군 창수면 가산리 260번지 / 영덕군에서 24km, 32분

문인(門人) 각굉(覺宏)이 지은 「고려국왕사대조계종사선교도총섭근수본지중흥조풍복국
우세보제존자익선각나옹화상행장」[1] 에 의하면

스님의 휘는 혜근이고 호는 나옹이며, 본 이름은 원혜이다. 거처하는 방은 강월헌이라
하고 속성은 아씨인데 영해부 사람이다.

아버지의 휘는 서구인데 선관서령이란 벼슬을 지냈고, 어머니는 정씨이다.

정씨가 꿈에 금빛 새매가 날아와 그 머리를 쪼다가 떨어뜨린 알이 품안에 드는 것을
보고 아기를 가져 경신년 1320년 1월 15일에 스님을 낳았다.[2]

---

1) 『韓國佛教全書』卷6,「東國大學校出版部」1984年, p.703上. 高麗國王師大曹溪宗師禪教都摠攝勤修 本智重興祖風福國祐
世 普濟尊者諡禪覺懶翁和尙行狀.

2) 『韓國佛教全書』卷6,「東國大學校出版部」1984年, p.703上. 師諱慧勤 號懶翁 舊名元慧 所居室 日江月軒 俗姓牙氏 寧海
府人也考 諱瑞具官至膳官署令母鄭氏鄭夢 見金色隼 飛來啄其頭 墜卵入懷中 因而有娠 以延祐庚申正月十五日生.

지금의 영덕군 창수면 가산리 불미골(불암곡)
이다. 아버지의 이름은 서구인데 선관서령이란
궁중의 음식을 관리하는 직책의 벼슬을 지냈고,
어머니는 정씨이다.

태몽에[3] 어머니 정씨가 금빛 새매가 날아와
그 머리를 쪼다가 떨어뜨린 알이 품안에 드는
것을 보고 1320년 정월 보름에 나옹을 낳았다고
한다.

※나옹왕사의 생가터를 살펴보기 위하여 먼저 창수
면 면장님을 만났다. 차담을 한 뒤, 가산리에 거주하
는 나옹왕사 성역화작업 추진위원 백순식(76세)님과
신기리에 거주하는 이준교(74)님과 가산리 이장 권
선종(58)님을 모시고 나옹왕사께서 어릴 때 보냈던
생가터인 불미골을 방문하였다.

가산 저수지를 지나 0.5㎞ 산길을 가야 했다. 평소
주민들이 잘 왕래하지 않는 데다 전날 비가 와서 진
흙탕 길을 가야 했다. 다행히 사륜구동차라 무사히
불미골에 도착할 수 있었다.

왕사께서 유년 시절을 보낸 곳에는 집 한 채(창수
면 가산리 260번지)가 있었는데 같이 동행하였던 일
행에 의하면, 200여 년 전에 인량리 종가 종택 별채
를 옮겨온 것이라 하였다.

별채에는 일련번호가 적혀 있었다. 살펴보니, '13-

3) 『창수면지』「영덕문화원」 2009년 5월, 창수면지에 의하면 "아씨부인 정씨가 동짓달 어느 날 빨래를 하러 냇가에 나와 빨
래를 하던 중 우연히 참외 한 개가 물에 떠내려 오는 것을 보고 이상히 여겨 주워 먹었다. 그날부터 태기가 있어 나옹을
낳았다고 한다"라고 기록하고 있다. p.462.

9-194, 건조물명: 정자, 불매정(不寐亭)'4)으로 창수면지에 자세히 나타나 있었다.

불매정 주위에 이름 모를 비석이 옆으로 누워 있었는데 풀이 우거져 제대로 살펴볼 수가 없었다. 현재는 정자 주위 산 100여 필지에는 백씨 시조 백문보 영해 입향조의 땅으로 되어 있다고 한다.

불미골이 성역화 되지 못한 것이 개인 땅이 아닌 문중산으로 되어 있어 여러 가지 복잡한 문제가 있을 것 같다는 생각을 하면서 불매정에서 나옹왕사의 게송 한 편을 송(誦)하고 일행들과 함께 까치소로 향하였다.

서운(瑞雲)

한 줄기 상서로운 빛, 이것을 보는가
허공을 모두 싸고 뻗쳤다 걷혔다 하나니
여기서 몸을 뒤집어 몸소 그것을 밟으며
비바람을 몰고서 곧장 집으로 돌아가리[5)]

---

4) 『창수면지』 제3장 오래 간직해 온 고장 유산, 제2절 누정(樓亭) 및 재사(齋舍), 5)불매정(不寐亭)
불매정은 백표(白彪)공이 부친을 기리기 위해 건립한 분암(墳)庵이다. 규모는 정면 4칸, 측면 1칸, 홑처마 맞배 기와집이다. 평면 구성은 어칸의 2칸 대청을 중심으로 좌우에 방을 둔 중당협실형이며, 전면에 쪽마루를 설치하였다. 얕은 기간 위에 자연석 주초를 놓고 네모기둥을 세웠으며, 가구는 대량(大樑) 위에 제형판대공(梯形板臺公)을 세워 마룻대와 장혀를 받친 간결한 3량가(三樑架) 구조이다.
백표(白彪:1605~1684). 본관은 대흥, 자는 자피(子皮), 호는 성암(省庵), 부(父)는 선무랑 장수현감 득인(得仁), 인조 24년(1646)의 식년시에 3등 생원. 영덕문화원, 2009년, p.240~241.

5) 『韓國佛敎全書』 卷6,「東國大學校出版部」 1984年, p.703上.
瑞雲 祥光一道見也麼 包盡虚空卷舒多 於此飜身親蹋着 逐風拖雨便還家

까치소(鵲淵)

까치소(작연鵲淵) 나옹왕사 탄생 설화지

`주소` 경북 영덕군 창수면 신기리 하천일대 / 영덕군에서 21㎞, 30분

까치소에 대한 「창수면지」에 나타난 내용을 살펴보자.

까치소(鵲淵)와 나옹화상(懶翁和尙)

가산리에서 인량리로 가는 옛 길인 산비탈 중간 지점에 소(沼)가 있다. 당시 나옹화상의 어머니인 정씨(鄭氏) 부인은 남편인 아씨(牙氏)가 세리(稅吏)의 횡포에 견디다 못해 도망을 쳐 버리고 만삭이 된 몸으로 남편 대신 동헌[東軒, 당시 예주부(禮州府)]으로 잡혀가던 중 이 소 위 길에서 애기를 낳았으며, 세리들은 갓난 애기를 그냥 둔 채 동헌으로 데리고 갔다.

부사(府使)의 후덕(厚德)으로 풀려 나온 부인이 급히 이곳에 당도했을 때 수십 마리의 까치들이 날개를 펴서 갓난 애기를 보호하고 있었다. 그날이 음력 정월 보름이었다고 하며, 이 애기가 자라서 고려 불교를 조선에 전한 나옹화상이라 한다. 이 뒤부터 소

이름을 작연 또는 까치소라 부르게 되었다고 한다.[1]

이상과 같은 내용을 「창수면지」에서 밝히고 있다.

※불미골을 동행하였던 나옹왕사 성역화작업 추진위원 백순식(76세)님과 신기리에 거주하는 이준교(74)님과 가산리 이장 권선종(58)님께서 나옹왕사께서 태어난 까치소의 위치를 대략적으로 말씀하여 주시고, 까치소에 관한 내용도 상세히 설명하여 주셨다.

700여 년의 일들이 구전으로 전해오는 설화라 정확한 위치를 알 수는 없다. 동행하였던 분들을 모셔다 드린 뒤, 다시 그 근처 하천을 둘러보고 나옹왕사께서 남기신 게송 한 편을 독송하고 반송정으로 향했다.

곡월(谷月)

만 골짝 깊고 그윽한 시냇물 속에
밤중의 온 두꺼비가 스스로 뚜렷하다
덩굴풀 우거진 원숭이 우는 곳에
한 줄기 맑은 빛이 영원히 차구나[2]

---

1) 『창수면지』, 「영덕문화원」, 2009년 5월, p.461~462.

2) 『韓國佛敎全書』 卷6, 「東國大學校出版部」 1984年, p.735中.
　 谷月　萬壑幽深溪水閒 銀蟾夜半自團團 藤蘿縈絆猿啼處 一片淸光歷劫寒

반송정(盤松亭) 나옹왕사가 출가하면서 지팡이(반송)를 꽂은 반송

주소 경북 영덕군 창수면 신기리 반송유적지 / 영덕군에서 20㎞, 27분

나옹왕사는 자라나면서 근기가 매우 뛰어나고 출가하기를 청하였으나 부모가 허락하지 않았다고 한다. 이후 20세에 이웃 동무가 죽는 것을 보고 여러 어른들에게 죽으면 어디로 가느냐고 물었으나 모두들 모른다고 하여 공덕산 묘적암으로 출가하기에 이르게 된다.[1] 이러한 계기가 되어 출가하면서 심어 놓은 반송에 관한 「창수면지」의 내용을 살펴보면 아래와 같다.

반송(盤松)과 나옹화상(懶翁和尙)

신기리(新基里)에는 오래된 반송이 한 그루 있었는데, 이 나무는 나옹대사가 출가할 때 지팡이를 바위 위에 거꾸로 꽂아 놓고 "이 지팡이가 살아 있으면 내가 살아 있는 줄 알고 죽으면 내가 죽은 줄 알아라."라는 유언을 남겼다 한다.

---

1) 『韓國佛敎全書』卷6, 「東國大學校出版部」1984年, p.703上. 骨相異常 兒旣長 機神英邁 卽求 出家 父母不許 年至二十 見
隣友亡 問諸父老曰 死何之 皆曰所不知也 中心痛悼 遂投功德山妙寂菴了然 禪師所祝髮

지난 700여 년 동안 전설의 거목(巨木)으로 전해지고 있는 반송은 1965년 경에 고사(枯死)했으며, 1970년 경에 이곳 주민들이 그 자리에 사당을 짓고 선사(禪師)의 초상화를 모셔 두었다. 신기리를 반송정이라 부르기도 한다.[2]

이후 2008년 10월 21일 영덕군에서 주최하고 영덕문화원과 나옹왕사기념사업회에서 주관하여, 입적하신 조계종 총무원장이신 지관큰스님께서 사적비 비문을 근찬(謹撰)하고 나옹왕사 사적비 제막과 더불어 반송기념식수를 하였다. 사적비의 내용은 아래와 같다.

愛民護國中興佛教懶翁堂慧勤禪覺王師碑銘
애 민 호 국 중 흥 불 교 나 옹 당 혜 근 선 각 왕 사 비 명

애민호국(愛民護國)으로 중생구제(衆生救濟)에 앞장섰던 나옹왕사(懶翁王師)의 전적(傳跡)에 대(對)해서는 문인각굉(門人覺宏)이 기록(記錄)한 행장(行狀)과 이색(李穡)이 찬(撰)한 양주(楊洲) 회암사(檜巖寺) 선각왕사비(禪覺王師碑)와 여주(驪州) 신륵사(神勒寺) 보제사리석종기(普濟舍利石鐘記) 보제존자탑지석(普濟尊者塔誌石) 금강산정양사삼한나옹명부도(金剛山 正陽寺 三韓 懶翁銘 浮屠) 나옹화상어록(懶翁和尙語錄) 등(等)에 자세(仔細)히 전(傳)하고 있으므로 이 비(碑)에서는 중복(重複)을 피(避)하여 왕사(王師)의 애민호국(愛民護國)과 불교중흥(佛教中興) 및 해외(海外)에서 국위(國威)를 선양(宣揚)하신 행적(行蹟)의 요해(要核)만을 기록(記錄)하고자 한다. 나무에는 뿌리가 있고 물에는 연원(淵源)이 있으며 사건(事件)에는 원인(原因)이 있듯이 인간(人間)에게도 조종

---

2) 『창수면지』 「영덕문화원」 2009년 5월, p.462.

(祖宗)이 있다. 위민선도(爲民先導)를 실천(實踐)하신 공동사회선지식(共同社會善知識)의 행장(行狀)을 밝혀 우리들이 살아가는 거울로 삼고자 이 비(碑)를 세운다. 왕사(王師)의 휘(諱)는 혜근(慧勤) 호(號)는 나옹(懶翁) 구명(舊名)은 원혜(元慧) 실호(實號)는 강월헌(江月軒) 속성(俗性)은 아씨(牙氏) 아버지의 휘(諱)는 서구(瑞具) 어머니는 정씨(鄭氏) 부인(夫人)이니 영산군(靈山郡) 출신(出身)이시다. 1371년(一三七一年) 8월(八月) 26일(二十六日) 공민왕(恭愍王)이 왕사(王師)로 책봉(冊封)하고 대조계종사선교도총섭근수(大曹溪宗師禪敎都摠攝勤修) 본지중흥조풍복국우세(本智重興祖風福國祐世) 보제존자(普濟尊者)라는 찬호(讚號)를 올렸고 입적(入寂)한 후 우왕(禑王)이 시호(諡號)를 선각(禪覺)이라 추증(追贈)하였다. 어느 날 어머님 꿈에 금색(金色) 새매가 날아와 오색(五色)이 영롱(玲瓏)한 알을 떨어뜨려 품속으로 들어오는 태몽(胎夢)을 꾼 다음 임신(姙娠)하여 1320년(一三二0年) 1월15일(一月十五日) 경상북도(慶尙北道) 영덕군(盈德郡) 창수면(蒼水面) 가산리(佳山里) 불암곡(佛巖谷) 인근(隣近)에 작소(鵲沼) 또는 작연(鵲淵:까치소)에서 탄생(誕生)하였다. 20세(二十歲) 되던 해 서당(書堂)에서 공부(工夫)하던 동학친구(同學親舊)의 죽음을 계기(契機)로 부모(父母)의 반대(反對)를 무릅쓰고 문경(聞慶) 대승사(大乘寺) 묘적암(妙寂庵)에서 당대(當代) 명필(名筆)인 요연선사(了然禪師)를 은사(恩師)로 출가(出家)한 스님은 양가(兩家)의 홍은(鴻恩)을 보답(報答)코자 철저(徹底)히 수행(修行)하며 대원(大願)을 세워 삼보전(三寶前)에 발원문(發願文)을 지었고 지공(指空)으로부터 받은 문수최상승무생계법(文殊 最上乘 無生戒法)에 따른 육대서원(六大誓願)을 세웠으니 첫째는 모든 중생(衆生)과 함께 성불(成佛)하지 않으면 나 또한 정각(正覺)에 오르지 않을 것이며 둘째는 일체중생(一切衆生)이 겪을 모든 고통(苦痛)을 내가 대신 받을 것이며 셋째는 모든 중생(衆生)의 혼매(昏昧)함을 지혜(智慧)로 바꾸어 줄 것이며 넷째는 일체중생이 겪을 재난(災難)을 안온(安穩)으로 바꾸어 줄 것이며 다섯째는 모든 중생(衆生)의 탐진치(貪瞋痴) 삼독(三毒)을 계정혜(戒定慧) 삼학(三學)으로 바꾸어 줄 것이며 여섯째는 모든 중생(衆生)이 나와 함께 무상정각(無上正覺)에 이르도록 하여 주소서라고 발원(發願)하였다. 1344년(一三四四)年부터 4년간(四年間)의 정진(精進) 끝에 크게 깨달음을 증득(證得)하였고 1348년(一三四八年) 구법차(求法次) 중국(中國)으로 가서 북경시(北京市) 선무구(宣武區) 법원사(法源寺)에서 지공화상(指空和尙)을 친

견(親見)하였다. 지공(指空)이 묻되 어디서 왔는가 고려(高麗)에서 왔습니다. 배를 타고 왔는가. 아니면 신통(神通)으로 왔는가. 신통(神通)으로 왔습니다. 그렇다면 그 신통(神通)을 나에게 보여 줄수 있겠는가. 왕사(王師)께서 지공(指空)의 앞으로 나아가 합장(合掌)하고 섰다. 지공(指空)이 또 묻기를 네가 고려(高麗)로부터 왔다하니 동해(東海)의 어느 쪽에서 보아야 한눈으로 고려(高麗)를 볼 수 있겠는가. 스님께서 아직 보시지도 않았거늘 어찌 경지(境地)를 알 수 있겠습니까. 누가 너로 하여금 이곳으로 오게 하였는가. 제 스스로 왔습니다. 무엇하러 왔는가. 고려불교(高麗佛教)와 민생(民生)을 위해서 왔습니다. 하니 지공왈(指空曰) 여금여시(汝今如是)하니 오역여시(吾亦如是)라 인가(認可)하고 곧 대중(大衆)에 참여(參與)시켰다. 1350년(一三五0年) 8월(八月) 항주(抗州) 정자사(淨慈寺)로 가서 평산처림선사(平山處林禪師)로부터 다시 인가(認可)받고 수법제자(受法弟子)가 된 후 보타락가산(補陀落迦山)을 거쳐 아육왕사(阿育王寺)에서 오광장로(悟光長老)를 명주(明州)에서 무상(無相)과 고목화상(枯木和尙)을 1352년(一三五二年)에는 무주(婺州) 복룡산(伏龍山)에서 천암화상(千巖和尙)을 송강(松江)에서 요당(了堂)과 박암화상(泊巖和尙)등 제방(諸方)의 선지식(善知識)을 두루 친견(親見)한 후(後) 1352년(一三五二年) 10월(十月) 15일(十五日) 다시 법원사(法源寺)로 돌아왔다. 1356년(一三五六年) 10월15일(十月十五日) 원(元)나라 순제(順帝)의 명(命)으로 원도(元都)의 광제사(廣濟寺)에서 개당설법(開堂說法)을 가졌다. 1358년(一三五八年) 봄에 귀국(歸國)한 후(後) 오대산(五台山)과 한성(漢城)에서 1361년(一三六一年)에 신광사(神光寺) 구월산(九月山) 용문산(龍門山) 원적산(元寂山) 1366년(一三六六年)에는 금강산(金剛山) 1367년(一三六七年)에는 청평사(清平寺)에서 1369년(一三六九年)에는 다시 오대산(五台山)에 주석(主錫)하였다. 1370년(一三七0年) 봄 회암사(檜巖寺)에서 수법사(受法師)인 지공화상(指空和尙)의 사리(舍利)를 전(傳)해 받았다. 그 해 4월15일(四月 十五日) 광명사(廣明寺) 하안거(夏安居)에 참여(參與)하였으며 같은 해 9월(九月) 국가(國家)에서 시행(施行)하는 공부선(工夫選)을 주관(主管)하였고 1371년(一三七一年) 8월(八月) 28일(二八日) 회암사(檜巖寺)를 떠나 9월27일(九月 二七日) 순천(順天) 송광사(松廣寺)에 도착(到着)하여 주석(主錫)하던 중 1372년(一三七二年) 가을 홀연(忽然)히 너의 나라 삼산양수지간(三山兩水之間)에 절을 지으면 불법(佛法)이 대흥(大興)하리라는 지공(指空)의 지시(指示)를 회상(回想)하고는 회암사(檜巖寺)의 주지(住持)가 되어 지공(指空)의 사리탑비(舍利塔碑)를 세우고 중창불사(重創佛事)를 하였다. 1375년(一三七五년) 9월(九月) 우왕(禑王)의 즉위(卽位)와 함께 왕사직(王師職)을 사퇴(辭退)하였으나 왕(王)은 즉시(卽時) 직인(職印)과 함께 반려(反戾)하였다. 1376년(一三七六年) 4월15일(四月 十五日) 회암사(檜巖寺) 중창불사(重創佛事)의 낙성법회(落成法會)를 마치고는 다시 사퇴서(辭退書)를 상달(上達)하였다. 그 이후(以後)로 더욱 왕사(王師)의 도덕(道德)을 흠모(欽慕)하여 서울을 비롯한 제방(諸方)의 신남신녀(信男信女)가 회암사(檜巖寺)로 구름처럼 모여 들었다. 불교(佛敎)가 흥성(興盛)하는 대회상(大會上)을 시기(猜忌)한 유생(儒生)의 무리중 사헌부(司憲府) 대간(臺諫)이 서울과 가까운 거리에 위치(位置)한 회암사(檜巖寺)에 불자(佛子)들의 왕래(往來)가 계속(繼續)되어 분별(分別)없는 맹신(盲信)으로 가업(家業)을 폐(廢)할 지경(地境)에 이를까 두렵다하여 이 기회(期會)에 나옹회상(懶翁會上)에 신도(信徒)들의 접촉(接觸)을 금(禁)할 것을 주청(奏請)하였다. 마침내 교지(敎旨)를 내려 멀리 떨어진 밀양(密陽) 영원사(瑩原寺)로 이석(移錫)케하여 호송관(護送官) 탁첨(卓擔)으로 하여금 배로 호송(護送)하던 중 피로(疲勞)를 빙자(憑藉)하여 며칠 쉬어가기를 청(請)하여 신륵사(神勒寺)에 잠시(暫時) 머물게 되었다. 1376년(一三七六年) 5월15일(五月 十五日) 진시(辰時) 가사장삼(袈裟長衫)을 갈아 입고 불전(佛前)에 향(香)을 피운 후 여주(驪州) 군수(郡守)와 대중(大衆)을 불러 앉히고 왕사직인(王師職印)을 군수(郡守)에게 전(傳)한 다음 혜명호지(慧命護持)와 애민호국(愛民護國) 그리고 출가초지(出家初志)를 잊지 말고 부지런히 정진(精進)하라고 부촉(附囑)한 다음 조용히 입적(入寂)하시니 세수(世壽)는 57세(五七歲)요 법랍(法臘)은 38하(三八夏)였다. 입적(入寂)하실 때 오색서광(五色瑞光)이 산정(山頂)을 덮었고 왕(王)이 하사(下賜)하여 스님이 타고 다녔던 백마(白馬)는 3일 전(三日前)부터 먹지 않고 슬피울었다고 전(傳)한다. 다비(茶毗)한 후 화장장(火葬場) 재중(灰中)에서 치아(齒牙)와 정골(頂骨) 및 사리(舍利) 155과(一五五顆)와 기도(祈禱) 끝에 다비장(茶毗場) 백보경내(百步境內)의 나뭇가지와 암상(巖上)에서 분신사리(分身舍利) 558과(五五八顆)를 수습(收拾)하여 사리탑(舍利塔)은 회암사(檜巖寺)에 치아(齒牙) 및 정골(頂骨)은 신륵사(神勒寺)에 각각(各各) 봉안(奉安)하였다. 왕사(王師)의 입적(入寂) 후(後) 632년(六三二年)을 맞이하여 장육사(莊陸寺)를 비롯한 왕사(王師)의 유적지(遺蹟地)

와 사상(思想)을 새롭게 조명(照明)하기 위한 기념사업회(記念事業會)가 발족(發足)되고 즈음에 왕사(王師)께서 애민호국(愛民護國)하신 큰 덕(德)을 기리고자 김병목(金炳睦) 영덕군수(盈德郡守)의 발의(發意)와 김관용(金寬容) 경북지사(慶北知事)의 후원(後援)으로 사부대중(四部大衆)의 뜻을 모아 왕사(王師)께서 출가시(出家時) 지팡이를 꽂아 두었다고 전(傳)해 오는 반송정(盤松亭)에 이 비(碑)를 세우게 되었다. 왕사(王師) 행적(行蹟)의 요해(要核)만을 이상(以上)과 같이 약술(略述)하고 다음과 같이 명(銘)하는 바이다. 명왈(銘曰)

애민흥불(愛民興佛) 원력(願力)으로 다겁수행(多怯修行) 공덕(功德) 닦아,
대해(大海)같은 서원(誓願)으로 영해(寧海) 땅에 탄생(誕生)할 때
금색(金色) 새매 알을 주는 태몽(胎夢)으로 탁태(托胎)할세,
아서구(牙瑞具)를 아버지로 정부인(鄭夫人)을 모친(母親) 삼다
사서삼경(四書三經) 통달(通達)하여 경세지략(經世智略) 탁월(卓越)한들,
슬프도다 나의 친구 요사(夭死)함을 어이할꼬
생야일편(生也一片) 부운기(浮雲起)요 사야일편(死也一片) 부운멸(浮雲滅)일세,
출가시(出家時)에 부모만류(父母挽留) 뿌리치고 떠나갔다
사불산(四佛山)의 묘적암(妙寂庵)서 요연선사(了然禪師) 은사(恩師)삼고,
삭발염의(削髮染衣) 득도(得度)한 후 여구두연(如救頭燃) 정진(精進)하다
구법중국(求法中國) 법원사(法源寺)서 지공화상(指空和尙) 친견(親見)하고,
축착합착(築着榼着) 줄탁동시(啐啄同時) 확철대오(廓撤大悟)하신 후에
지공화상(指空和尙) 인가(認可)하되 여금여시(汝今如是) 오역여시(吾亦如是),
나옹답왈(懶翁答曰) 미즉중생(迷則衆生) 오즉진찰(悟則塵刹) 본자법신(本自法身)
평산처림(平山處林) 갱인(更印)하되 수법인연(受法因緣) 맺으시고,
문수보살(文殊菩薩) 무생계(無生戒)를 왕사(王師)께서 계승(繼承)하다
상구보리(上求菩提) 선교겸수(禪敎兼修) 육대원(六大願)을 돈발(頓發)하니,
일체중생(一切衆生) 공성불도(共成佛道) 일체중생(一切衆生) 고보대수(苦報代受)
일체중생(一切衆生) 지혜명달(智慧明達) 일체중생(一切衆生) 왕생극락(往生極樂),

일체중생(一切衆生) 삼학구족(三學具足) 일체중생(一切衆生) 동성정각(同成正覺)

광제사(廣濟寺)서 개당(開堂)하곤 구법(求法)길을 회향(廻向)하고,

전법(傳法)위해 귀국(歸國)하여 공민왕(恭愍王)의 왕사(王師)되어

공부선(工夫選)을 주관(主管)하고 애민호불(愛民護佛) 잊지않다,

세수오칠(世壽五七) 법랍삼팔(法臘三八) 왕사직(王師職)을 사임(辭任)하고

대중(大衆)에게 부촉(咐囑)한 후 가부(跏趺)하고 입적(入寂)하니,

왕사백마(王賜白馬) 절사비곡(絶飼悲哭) 오색서운(五色瑞雲) 산정(山頂)덮다

회암사(檜巖寺)에 사리탑(舍利塔)을 신륵사(神勒寺)엔 정골봉안(頂骨奉安),

왕사적후(王師寂後) 632년(六三二年) 평화(平和)적인 남북통일(南北統一)

하루속히 이루도록 해마중의 영덕(盈德) 땅에,

사부대중(四部大衆) 뜻을 모아 이 정석(貞石)을 세우노니

동해(東海)바다 고갈(枯渴)하고 허공계(虛空界)가 다하도록,

비로자나(毘盧遮那) 진법신(眞法身)이 온 국민(國民)을 지켜지다[3]

佛紀二五五二年(2008)十月 二一日   불기 2552년(2008) 10월 21일

大韓佛教曹溪宗總務院 院長 伽山 智冠 謹撰   대한불교조계종총무원 원장 가산 지관 근찬

艸堂 李武鎬 謹書   초당 이무호 근서

※반송정에 가서 사적비의 내용을 메모하여 기록하였는데 「창수면지」에 위와 같은 내용이 실려 있었다. 2008년 10월 21일 반송유적지 일대에서 나옹왕사 사적비 제막 및 경축음악회를 봉행하였는데 당시 소승도 참석하여 참관하였다.

또한 2016년 10월 8일 토요일 오전 10시 반송정 일원에서 '제1회 나옹문화제 및 제9회 창수면민 체육대회'를 개최했다. 창수면이 주최하고 나옹문화제 추진위원회와 창수면체육회에서 주관하고 경상북도와 영덕군, 창수면 향우회, 나옹왕사기념사업회에서 후원하여 오늘에 이르고 있다.

---

3) 「창수면지」 「영덕문화원」 2009년 5월, p.336~339.

나옹문화제가 나옹왕사기념사업회나 영덕군에서 주최하지 않고 창수면에서 주최하여 규모면이나 내용면에서 아쉬운 점이 많았던 행사가 아닌가 생각된다. 내년에는 좀 더 나은 문화제를 기대하면서 아쉬움을 뒤로 하고 나옹왕사께서 쓰신 게송 한 편을 송(誦)해 본다.

혜선자(慧禪者)가 게송을 청하다
애정을 끊고 부모를 하직하고 각별히 집을 나왔으니
공부에 달라붙어 바로 의심 없애라
목숨이 딱 끊겨 하늘이 무너지면
오뉴월 뜨거운 하늘에 흰 눈이 날리리라[4]

4) 『韓國佛敎全書』 卷6, 「東國大學校出版部」 1984年, p.740中.
　 慧禪者求頌　割愛辭親特出來　工夫逼拶直無疑　命根頓斷虛空落　六月炎天白雪飛

서남사(西南寺)
나옹왕사 불적답사 출발 사찰

주소 경북 영덕군 영덕읍 미듬길 24

서남사의 기록은 『영덕폐사지 불적답사와 불교 현황』에 나타나 있어 그 기록을 옮겨 보자.

『영덕군향토사(盈德郡鄉土史)』에 의하면, 서남사는 주지 이복의(李福義), 신도수 약 200명, 건축연대 서기 1963년 3월 25일, 규모10평, 『대정장(大正藏)』의 『대비로자나성불신변가지경(大毘盧遮那成佛神變加持經)』 줄여서 『대일경(大日經)』에 의하면, "진언행자는 서남 방향에 주하라"는 내용에 근거하여 서남사(西南寺) 사명(寺名)을 지었다.

또한 『영덕군지(盈德郡誌)』 내 종교편에 1999년의 군내 불교사찰 현황에는 창건연대가 1962년으로 되어 있으며, 신도수는 200여 명으로 등록되어 있다. 서남사 전 주지스님인 영호스님과 노 보살님들의 말씀을 종합해 보면, 1961년에 창건한 숭덕사(崇德寺) 주지스님 황운경(黃雲耕)과 절에서 기도하던 최용서(崔龍瑞) 보살님이 덕흥사(德興寺)에서 정진 후 숭덕사로 온 영호스님을 보고 지금의 서남사 도량으로 모시고 1962년에 창건, 사찰불사 및 신도포교를 하였다고 한다.

현재 주지인 현담스님(속명: 진경찬(陳慶贊))은 불기2550(2006)년 음력 8월 초하루 서

남사에 주지 임명 받아 1여 년 동안 법당 증축 및 주지실 신축과 요사채 불사를 완공하였다. 2011년에 산신각 불사를 회향하고 오늘에 이르고 있다. 법당의 주불은 아미타불이며, 좌우협시보살은 관세음보살과 대세지보살이다. 전각은 극락전과 삼성각, 주지실 및 공양간 등이 있다. 본 주지는 현재 영덕불교사암연합회 회장 소임을 맡고 있다.[1]

나옹왕사의 깨달음과 전법도생의 원력행에 매진하며 왕사의 진영을 모시고 조석으로 예를 갖추고 있다.

※영덕불교사암연합회 회장 소임을 보면서 영덕불교의 활성화와 더 나은 불교발전을 위하여 고민하고 있다. 또 영덕불교문화발전연구원을 개원하여 지역 불교의 다양한 문화 사업을 구상하고 있다. 금번 나옹왕사의 구도행과 요익중생을 향한 정신을 알리고자 나옹왕사 불적답사를 발원하고 그 답사 내용을 정리하여 한 권의 책으로 묶어 왕사의 깨달음과 전법도생의 원력행을 전하고자 한다. 평소 자주 애송하는 채근담의 게송과 나옹왕사의 게송을 송(誦)하면서 답사의 시작을 알리고자 한다.

---

1) 현담 『영덕폐사지 불적답사와 불교 현황』 「영덕불교사암연합회」 해조음, 2014년, p.134~135.

我有一卷經 나에게는 한 권의 경전이 있는데
아 유 일 권 경
不因紙墨成 종이나 먹으로 이루어져 있지 않다.
불 인 지 묵 성
展開無一字 펼쳐보니 한 글자도 없지만
전 개 무 일 자
常放大光明 항상 광명의 빛을 발하고 있다.
상 방 대 광 명

일암(日菴)

금까마귀가 바닷문 동쪽에서 뛰어 나오매

조그만 암자의 높은 풍도를 누가 따르랴

이로부터 티끌 티끌마다가 밝고 역력하리니

여섯 창의 작용이 따로이 트이리라[2]

---

2) 『韓國佛敎全書』卷6, 「東國大學校出版部」1984年, P.736下.
　日菴　金烏突出海門東 小屋高風誰得同 從此塵塵明白了 六窓機用別然通

장육사(裝陸寺) 나옹왕사 창건사찰

주소 경북 영덕군 창수면 장육사1길172(갈천리 120) / 영덕군에서 32.3㎞, 39분

장육사는 대한불교조계종 제11교구 본사인 불국사의 말사이다.

1355년(공민왕 4)에 창수면 출신의 나옹(懶翁)이 창건하였으며, 많은 사람들이 찾아와서 대찰의 면모를 갖추었다. 그 뒤에도 이곳에서 수도를 하면 고승이 된다고 하여 많은 승려들이 운집하였으며, 수도도량으로서 면모를 갖추었다.

그러나 세종 때에 산불로 인하여 대웅전을 비롯한 모든 당우가 전소되었으며, 그 뒤 중창하였다. 장육사의 대웅전 공사에 관해서는 슬픈 이야기가 전해진다.

병든 어머니를 봉양하던 목수가 어머니의 쾌유를 기원하여 소문을 듣고 장육사 대웅전 공사를 자원하였다. 공사가 거의 끝나 마지막 기둥 네 개만을 남겨놓았을 때 어머니의 죽음을 전해들은 그 목수는 자신의 정성이 부족하여 어머니가 소생하지 못하였다 하며 종적을 감추었다. 그 뒤 다른 목수를 기용하여 남은 공사를 완공하였으나 기술의 부족으로 뱃머리 집으로 만들고 말았다고 한다.

그 뒤 임진왜란 때 폐허가 된 채 명맥만을 이어오던 것을 1900년에 이현규(李鉉圭)가 가산을 모두 바쳐 중수하였으며, 최근에는 주지 권성기가 폐찰이 된 평해 광암사의 유물을 옮겨와서 산신각과 금당을 지어 오늘에 이르고 있다.

현존하는 당우로는 조선 초기의 전설이 담긴 정면 3칸, 측면 3칸의 대웅전이 경상북도 유형문화재 제138호로 지정되어 있으며, 정면 5칸, 측면 2칸에 맞배지붕인 범종루, 산신각·금당·홍련암(紅蓮庵)·요사채 등이 있다. 대웅전 내에는 1395년(태조 4) 태조와 왕비를 송축하기 위하여 지방 관리들이 중심이 되어 조성한 건칠보살좌상(乾漆菩薩坐像)이 보물 제993호로 지정되어 있으며, 벽에는 매우 빼어난 벽화들이 그려져 있다.

대웅전에 모셔져 있던 건칠보살좌상(乾漆菩薩坐像)은 조선 초기의 건칠보살상으로 복장 안에서 이 불상을 조성한 경위를 밝힌 「복장발원문(腹藏發願文)」과 금칠을 새로 한 일을 기록해둔 「개금묵서기(改金墨書記)」가 발견되었다. 그에 따르면, 이 불상은 1395년에 백진(白瑨)을 비롯한 영해부의 관리들과 부민들이 시주하여 조성한 것으로, 위장사(葦長寺)[1] 선당(禪堂)에 모셔져 있다가 1407년에 개금되었다고 한다. 그 절이 폐하게 되자 이 불상을 이곳 장육사로 옮겨왔다.

머리에 쓴 금동관은 얇은 금동판을 삼각형으로 오린 위에 동판을 오려 만든 꽃무늬 장식을 달아 매우 화려하다. 이런 보관은 고려 말 조선 초 보살상들의 특징이기도 하나 고려 말엽 것보다는 좀 간략해진 편이다. 그 안의 머리 자체도 검은색으로 칠한 민머리로, 대개 상투를 틀었던 고려시대 보살상들과 다르다.

얼굴은 대체로 사각형 모양이나 볼께는 좀 갸름하다. 눈이 길게 치켜지고 콧날도 매우 우뚝해 강한 인상을 주는데, 입가에 미소는 없다. 상체를 앞으로 깊게 숙인 모습도, 매우 당당하게 정면을 보던 고려시대 상에서 머리를 앞으로 숙이는 조선시대 상으로의 변화를 보인다.

옷은 양 어깨에 다 걸친 통견의를 입고 있으며 가슴에는 14세기식의 가사고리장식과

---

1) 현담 『영덕폐사지 불적답사와 불교 현황』 『영덕불교사암연합회』 해조음, 2014년, p.40. 위장사는 일명 '우장사'라고 부르기도 한다. 창수면 신기리의 용두산 정상의 우물 옆에 있었던 사찰이다. 건립연대와 규모는 알 수 없으나 『조선왕조실록』의 태종7년(1407) 12월조에 "천태종인 영해의 우장사를 그 고을의 복을 빌던 절간으로 쓰게 되었다"는 기록으로 보아 천태종이 유행한 고려시대에 창건된 것으로 추정된다.

띠 매듭이 있다. 옷 위의 영락장식은 매우 화려하여 등 위나 팔에까지 치장되어 있다. 화려한 가운데 상체는 건장한 편이고, 오른손은 가슴께에 들어 올려진 상태이며, 왼손은 무릎 아래로 내려 엄지와 중지를 맞댄 하품중생인을 짓고 있다. 전체 높이는 86㎝이며 보물 제993호이다.

삼존불 뒤에 모셔져 있는 영산회상도 후불탱화(경상북도 유형문화재 373호)는 조선시대 영조 1764년에 만들어졌고, 지장탱화(경상북도 유형문화재 374호)도 같은 시기에 만들어진 것으로 예술적 가치와 미적 가치가 높은 것으로 평가되고 있다.

법당 우측에 칠성탱화와 신중탱화도 매우 아름답고 화려하다. 특히 법당 천장에 그려진 주악비천상과 좌우벽면의 문수보살벽화, 보현보살상벽화는 화려하면서 아름다워서 예술적 가치가 높은 것으로 평가되고 있다.

장육사 뒷산은 운서산(雲棲山, 520m)이며 장육사 주위 창수면은 주위에 칠보산(七寶山, 810m), 등운산(謄雲山, 767m), 독경산(讀經山, 683m), 형제봉(兄第峰, 704m) 등 높은 산들이 경계를 이루고 있다. 현재 장육사는 템플스테이 사찰로 지정되어 있다. 주지는 효상스님으로 가람불사와 신도포교에 매진하고 있다.

※소승이 영덕과 인연되어 온 지 벌써 25년의 세월이 흘렀다. 장육사와의 인연은 그 당시 주지스님이

신 입적하신 해산스님과 인연이 되어 장육사 부처님을 뵙게 되었다.

처음 영덕에 와서 축산면 기암 외진 곳에 밭을 매입하여 부처님을 모시고 정진할 때에, 노스님께서 공적인 자리에서 뵙고 인사를 드렸더니, 절에 한 번 다녀가라는 말씀이 있어 헤어진 후 얼마 지나지 않아 시간을 내어 스님을 찾아 뵈었다. 장육사에 도착하여 스님을 뵈오니 쌀을 한 말 주시며 손을 잡고 열심히 수행 정진하라는 말씀에 힘을 얻었다. 장육사 길을 내려오면서 그 당시의 기분은 한 수레의 곡식을 얻어오는 느낌이었다.

그때에 주지스님 계시던 방에 걸려 있던 나옹왕사의 선시(禪詩)인 '청산은 나를 보고'를 알게 되었다. 그 고마운 마음을 항상 가슴속에 간직하고 있다. 다시 한 번 해산스님의 극락왕생을 발원해 본다. 나옹왕사 불적답사길의 여정을 시작하면서 조용히 홀로 부처님을 참배하고 만인에게 회자되는 나옹왕사의 선시를 크게 한 번 읊어본다.

청산은 나를 보고 말 없이 살라하고
창공은 나를 보고 티 없이 살라하네
탐욕도 벗어놓고 성냄도 벗어놓고
물같이 바람같이 살다가 가라하네[2]

나옹왕사와 인연된 전국의 사찰을 답사하는 불사가 원만히 회향되기를 간절히 발원하면서 장육사 산문을 나섰다.

이후 전국의 나옹왕사 불적답사를 하면서 영덕불교사암연합회 집행부 스님과 장육사에 한 번 더 찾아갔다. 대웅전 부처님 참배와 홍련암 나옹왕사 영정에 삼배의 예를 갖추고 또한 창수면 주최 나옹문화제 추진위원회와 창수면 체육회에서 주관하는 '제1회 나옹문화제 및 제9회 창수면민 체육대회' 봉행 후 나옹왕사 불적답사의 회향에 즈음하여 다시 한 번 예를 갖추었다.

---

2) 靑山兮要我以無語 蒼空兮要我以無垢 聊無愛而無憎兮 如水如風而終我
  이 선시는 영덕군 창수면 반송정 유적지에 2008년 10월 21일 사적지 제막식을 봉행하여 모셔져 있다.

묘적암(妙寂庵) 1339년 나옹왕사 출가 사찰

주소 경북 문경시 산북면 전두리 산 8번지 / 영덕군에서 144㎞, 3시간 13분, 도보 10분

묘적암은 대한불교조계종 제8교구에 속하는 대승사(大乘寺)의 산내암자이다. 창건연대는 미상이나 신라 말기에 부설거사(浮雪居士)가 창건하였다고 하며, 고려 말기에 나옹(懶翁)이 출가하여 수행한 사찰로 유명하다.

나옹이 처음 이 절의 요연(了然)을 찾아 중이 되기를 청하였을 때, 요연은 "여기 온 것이 무슨 물건이냐?"고 물었다. 나옹이, "말하고 듣고 하는 것이 왔습니다마는, 보려 하여도 볼 수가 없고 찾으려 하여도 찾을 수 없습니다."고 한 뒤 어떻게 닦아야 하는가를 물었다. 요연은 자신도 알지 못하니 다른 고승을 찾아가 물어볼 것을 권하였다. 뒷날 나옹이 도를 깨닫고 다시 이 절로 돌아와서 회목 42그루를 심었으며, 그 뒤 나옹의 가르침을 받기 위해서 많은 사람들이 이 절에 찾아왔다.

나옹으로 인하여 이 절은 조선 후기까지 불교의 한 성지(聖地)로 부각되었다.

1668년(현종 9) 성일(性日)이 중건하였고, 1900년 취원(就圓)이 중수하여 오늘에 이르고 있다. 현존하는 당우로는 법당과 요사채가 있으며, 여러 기의 부도가 있다.

대승사 마애여래좌상은 경상북도 유형문화재 제239호이며 나옹화상 영정은 경상북도 유형문화재 제408호이다.

※영덕불교사암연합회 집행부 스님들과 함께 나옹왕사 출가 사찰인 묘적암을 동행 순례하기로 하였다. 나옹왕사 불적답사를 봉행하기로 서원을 세우고 영덕에서 벗어나 가는 첫 번째 사찰이다. 영덕에서 오전 8시에 출발하여 대승사까지 144㎞로서 3시간 이상 소요되었다. 대승사 부처님을 참배하고 묘적암을 향하였다.

윤필암 입구에서 약 400m 올라와서 주차를 하고 묘적암에 들렀다. 스님께서 정진하고 있어 조용히 관세음보살과 나옹화상 진영에 삼배를 하고 도량을 둘러보았다. 1862년(철종 13년) 기록한 나옹화상의 행적과 1900년(광무 4년)에 석두거사(石頭居士) 김병선(金炳先)이 기록한 묘적암 중수기를 살펴보았다. 또 전각 좌측에 건물 한 동이 있는데 '일묵여뢰(一默如雷)'[1]라는 글씨가 적혀 있어 자세히 살펴보니 서예가 은초(隱樵) 정명수(鄭命壽, 1909~1999)선생이 1977년에 쓰신 현판 글씨라 한다.

스님께서 정진하고 있어서 동행한 영덕불교사암연합회 집행부 스님들과 함께 묘적암 도량을 나왔다. 하산하는 길에 우물에서 물 한 잔 하고 마애여래좌상 전에 삼배를 드린 후, 전날 준비한 나옹왕사의 '고루가(枯髏歌)' 일부를 읽고 내려 왔다.

이 마른 해골이여,
지금 이것이 마른 해골임을 모르면 어느 겁에도 삼계를 벗어나지 못하리.
이 물건이 뜬 허공 같음을 알아야 하네.
몇 천 생이나 생사에 윤회하면서 잠깐도 머물지 않고
사생육도 쉼 없는 곳을 돌아왔다 다시 가면서 몇 번이나 몸을 받았나.
축생이나 인천으로 허망하게 허덕였던가. 먹이 구해 허덕이나 마음에 차지 않아
이기면 남을 해쳐 제 몸을 살찌우다가 엄연한 그 과보로 업을 따라 태어나네.
지금은 진흙 구덩이 속에 떨어져 있으니 내 뼈는 어디에 흩어져 있는가.

---

1) 『유마경』 「入不二法門品」에 유마거사께서 31부살들은 각자의 진리에 대한 견해를 밝히고 마지막을 문수보살에게 물으니 문수보살께서는 일체법에 不可言, 不可示, 不可識에 답을 함으로서 不二法門이 일체 문답을 떠나 있음을 설한 후에 유마거사에서 마직막으로 물어니 黙言無言하시니 뭇 보살들이 유마의 '침묵이 우레와 같다'(一默如雷)고 칭찬하신 말에서 나왔다.

이 세계나 다른 세계에 남김이 없이 오며 가며 흘으면서 그치지 않았으리.

반드시 전생에 마음 잘못 썼으리라 권하노니 그대는 머리 돌려 빨리 행을 닦아라.

전생의 과보가 모든 장애 되리오.

원명한 본바탕 성품바다는 맑으니라.[2]

본적(本寂)

겁겁(劫劫)에 당당하여 바탕 자체가 공(空)하건만

가만히 사물에 응하면 그 자리에서 통하네

원래 한 점도 찾을 곳이 없건만

온 세계도 옛 주인을 감추기 어려워라[3]

---

2) 『韓國佛敎全書』卷6, 「東國大學校出版部」 1984年, p.755中. 枯髏歌 這枯髏 不識如今讚(或云這)枯髏 劫劫無能 三界出 須知此物若虛浮 幾千生 生死輪回非暫停 六道四生無歇處 廻來復去幾般形 橫形竪像妄勞形 求食區區心未盈 勝則損他 添自己 堂堂果報業隨生 如今落在泥坑裏 我骨散之何處是 此界他方無有餘 散來散去又無止(第七張) 必是前生錯用情 勸君廻首早修行 前生果報何防礙 本地圓明性海淸

3) 『韓國佛敎全書』卷6, 「東國大學校出版部」 1984年, p.735上.
本寂 劫劫堂堂體自空 寥寥應物即能通 元來一點無尋處 徧界難藏舊主翁

윤필암(閏筆庵) 나옹왕사 수도 사찰

주소 경북 문경시 산북면 대승사길 183-42 / 영덕군에서 283km, 4시간 6분

    윤필암은 대한불교조계종 제8교구 직지사 말사인 대승사의 산내 암자이다.

    1380년 고려 우왕 6년 각관(覺關)이 창건했다. 창건 이후 참선도량으로 명맥을 유지해 왔다. 1645년 조선 인조 23년 서조(瑞祖)와 탁잠(卓岑)이, 1765년 영조 41년 야운(野雲)이, 1806년 순조 6년 취운 종백(醉雲 宗伯)이 각각 중건했다. 그 후 여러 차례 중건을 거쳐 1885년에 고종의 명으로 창명(滄溟)이 다시 중건하였으나 1980년대에 모든 전각을 새로 지어 비구니들이 수행하고 있다.

    윤필암의 명칭은 원효와 의상이 각각 사불산의 화장사와 미면사에서 수행할 때 의상의 이복동생인 윤필이 이곳에 머물렀다 하여 이름 지었다고 한다.

    건물로는 법당인 사불전(四佛殿), 선불장(選佛場), 승당(僧堂)과 산신각, 선원이 갖추어진 비교적 규모가 큰 암자이다. 사불전에는 불상이 없고 정면에 설치된 유리창을 통해 사불산 정상에 있는 사면석불을 향해 참배한다. 사면석불은 경상북도 유형문화재 제

403호로 지정되었다. 그 외에 경상북도 유형문화재 제300호인 목조 아미타여래좌상 및 지감(紙龕)과 경상북도 문화재자료 제348호로 지정된 후불탱화를 봉안하고 있으며, 사불전 뒤쪽의 암벽 위에는 신라시대 것으로 추정되는 삼층석탑이 있다. 경상북도 문경시 산북면 전두리 산12 번지에 있다.

※나옹왕사 불적답사길에 동행하게 된 영덕불교사암연합회 집행부 스님들과 함께 영덕에서 출발하여 3시간을 달려 대승사에 도착하였다. 대승사 부처님 참배 후 다같이 묘적암에 올라가서 왕사께서 삭발하고 정진한 곳에서 관세음보살님과 나옹왕사의 영정에 예를 갖추고 도량을 둘러보았다. 그런 다음 마애여래좌상에 삼배의 예를 갖추고 윤필암에 잠깐 들렀다가 하산하였다.

   윤필암의 창건연대는 1380년이라고 하는데 나옹왕사께서 묘적암으로 출가한 연도가 1339년이므로 윤필암에서 수도 정진하였다는 것은 맞지 않다. 하지만 묘적암에서 출가하여 정진하면서 사불산 아래인 윤필암 주위를 포행하고 행선(行禪)하였을 것으로 생각된다. 부처님께 참배하고 전각과 도량을 살펴보고 나옹왕사의 게송을 송(誦)하고 하산하였다.

옥림(玉林)
아주 깨끗해 티가 없는 신기한 보배는
뿌리와 싹이 사철따라 변하지 않네
집 안에 본래 있어 남에게서 얻는 것 아니거니
가지와 잎은 공겁(空劫) 전에 무성하였다[1]

---

1)『韓國佛敎全書』卷6,「東國大學校出版部」1984年, p.734上.
   玉林　永淨無瑕是異琛 根苗四節不隨遷 家中本有非他得 枝葉榮繁空劫先

南角山水淨寺

수정사(水淨寺) 나옹왕사 창건 사찰

주소 경북 청송군 파천면 송강길 268 / 영덕군에서 46㎞, 1시간 06분

　수정사는 청송군청에 기록된 자료에는 고려 보장왕(1352~1374) 때 나옹왕사가 창건하여 조선시대에 중건하였으며, 원래의 절터는 현재 위치한 곳으로부터 약 100m 떨어진 약 3,000여 평 되는 곳에 8~9동의 건물이 있었다고 전해진다. 그러나 약 300여 년 전 화재로 모두 소실되었고 현재의 사찰은 원 절의 산내 암자였다고 한다.

※새벽 3시 20분에 기상하여 쿰니 요가로 몸을 푼 뒤, 법당에 들어가 예불을 드리고 일찍 공양을 마친 후 6시경 1박 2일 일정으로 나옹왕사 관련 사찰 답사를 시작하였다.

　첫 번째 순례 사찰로는 청송 진보 수정사이다. 수정사는 몇 번 다녀온 사찰인 데다, 영덕에서도 꽤 가까운 곳이다. 날이 새지 않은 이른 시간이라 차들도 많지 않고 도로가 한적해 기분까지 상쾌하다. 진보로 가는 방향에서 절의 이정표가 도로에 표시되어 있다.

　'수정사 대웅전 문화재자료 제73호 1.8㎞'라는 간판이 보이고, 그곳을 지나니 절 입구 일주문이 보인다. 전에 없던 일주문인 것을 보면 최근에 불사를 한 듯하다. 이른 시간이라 조용히 부처님

께 참배하고 대웅전 앞에 적혀 있는 사찰내력을 읽어 보았다. 그 내용을 옮겨본다.

수정사 대웅전 경상북도 문화재 자료 제73호

　수정사는 고려 공민왕 때 나옹대사가 처음 건립하여 조선시대에 중건한 사찰로 경내에는 대웅전, 산신각 및 요사채가 건립되어 있다. 대웅전은 정면 3칸, 측면 2칸의 맞배 기와지붕으로 조선시대 양식의 단아한 건물이다. 후면·우측에는 정면 1칸, 측면 2칸의 산신각이 자리 잡고 있으며, 3단의 석축 아래 좌우엔 요사채가 위치하고 있다.

　수정사에 대한 안내는 전통사찰사전에는 보이지 않고 그 밖의 인터넷에도 자료가 빈약하다. 먼저 전각과 도량 사진을 찍고 이른 시간이라 조용히 나오려는데 주지스님께서 기다렸다는 듯이 나오셔서 차 한 잔 하자고 하신다.

오랜만에 뵈어서 기쁜 마음에 차담을 하다보니 시간이 많이 지체되어서 다음 답사 사찰의 갈 길이 멀어 주지스님께 양해를 구하고 다음을 기약하고 자리에서 일어났다.

수정사는 주지스님이 새로 부임하고 나서 도량 전체에 들꽃을 심어 사찰을 찾는 사람들에게 들꽃의 향기에 취하게 만들어 놓았다. 수정사 골짜기 맑은 공기를 폐까지 들이키면서 나옹왕사의 게송을 송(誦)하고 하산하다.

덕시자(德侍者)가 게송을 청하다
참선을 하려거든 장부의 마음을 내야 하나니
바짝 다가붙고 항상 가지면 도가 절로 열리리라
절벽에서 손을 놓고 목숨이 다하면
한 번 뒤엎고는 마음껏 웃고 돌아오리라[1]

---

1) 『韓國佛敎全書』卷6, 「東國大學校出版部」 1984年, p.739下.
  德侍者求偈 叅禪須發丈夫機 逼拶將來道自開 撒手懸崖窮性命 掀翻徹底笑歸來

선석사(禪石寺) 1361년 나옹왕사 이건(移建) 사찰

주소 경북 성주군 월항면 세종대왕자태실로616-33 / 영덕군에서 162㎞, 2시간 44분

선석사는 대한불교조계종 제9교구 본사인 동화사(桐華寺)의 말사이다.

692년(효소왕 1)에 의상(義湘)이 화엄십찰(華嚴十刹) 중 하나로 창건하여 신광사(神光寺)라 하였으나, 현재보다 서쪽에 위치하고 있었다.

1361년(공민왕 10)에는 나옹(懶翁)스님이 신광사 주지로 부임한 뒤, 절을 현재의 위치로 이건하였다. 그런데 당시 새 절터를 닦다가 큰 바위가 나왔다 하여 터 닦을 '선(禪)'자를 넣어 절 이름을 선석사라 하였다고 한다. 지금도 바위는 대웅전 앞뜰에 묻힌 채 머리 부분만 땅 위로 나와 있다.

임진왜란 때 전소된 뒤 1684년(숙종 10)에 혜묵(惠默)·나헌(懶軒) 등이 중창하였다. 1725년(영조 1)에 서쪽의 옛터로 이건하였다가 1804년(순조 4)에 서윤(瑞允)이 신도들의 도움을 얻어 지금의 자리로 이전하고 대웅전·명부전·칠성각·산왕각·어필각(御筆閣)·정법료(正法寮) 등의 당우를 갖추었다.

세종의 왕자 태실(胎室)이 있는 태봉(胎峰)에서 약 200m 거리에 위치하고 있었던 이 절은 왕자의 태실을 수호하는 사찰로 지정되었으므로 영조로부터 어필을 하사받기도

하였다. 이 어필을 보관했던 곳이 어필각이었으
나 그 뒤 화재로 소실되어 현재 영조 어필의 병
풍은 정법료에 보관되어 있다.

현존하는 당우로는 대웅전을 비롯하여 명부
전·칠성각·산신각·요사채 등이 있다. 이 중
대웅전은 정면 3칸의 맞배지붕 다포집이다. 이
절의 어필각 주위에는 바람이 불면 이상한 소리
를 내는 쌍곡죽(雙谷竹)이라는 대나무 숲이 있
었다고 한다.

이 대나무를 잘라 만든 피리는 그 소리의 맑고
깨끗하기가 다른 피리와 비길 바가 아니었으며,
이를 교방적(敎坊笛)이라고 하였다 한다. 그러
나 지금은 이 쌍곡죽이 남아 있지 않다. 성주지
방에서는 가장 큰 절이다.

※선석사는 이정표에 선석사와 함께 세종대왕자태
실(世宗大子王胎室)을 같이 표시해 두었다. 선석사
는 몇 년 전 인연 있는 스님과 함께 봉사단체 모임을
하고 있어 한 번 다녀간 적이 있는 곳이다. 그때는
나옹왕사와의 인연을 그냥 흘려 넘겼다. 세종대왕자
태실의 외호 사찰로서 선석사가 있는 것으로만 알고
있었다.

이번 답사 길은 영덕불교사암연합회 집행부 스님
들과 함께 하였다. 고속도로 성주 I.C로 내려서 시골
길을 한참 달려 선석사에 도착하였다.

나옹왕사가 신광사 주지로 부임한 뒤에 절을 현재
의 자리로 이건하였는데 이때 절을 옮기려 터를 닦

는데 큰 바위가 나와서 신광사에서 선석사로 사명을 개명하였다고 기록하고 있다. 일행 모두가 대웅전 부처님께 삼배의 예를 올리고 그 밖의 전각에 들러 예를 갖추고 나니, 부전스님께서 우리들을 안내해 주었다.

선석사 가까이 세종대왕 왕자 태실이 있는 관계로 사찰에서도 신도들을 위하여 대웅전 좌측 쪽에 태실법당의 전각이 새겨져 있다. 부전스님께서 사찰에서 태실법당이 있는 것은 전 세계에서 여기 밖에 없다는 말씀을 하신다. 태실법당에는 신도분 자녀의 태를 부처님 품 안에 모시고 기도하라는 안내 글귀가 보였다.

태실법당에서 기도하시는 스님의 목탁소리를 뒤로 하고 대웅전 뒤쪽에 모셔진 석조미륵불좌상에 예를 갖추고 소나무 아래에서 대웅전을 보면서 나옹왕사의 게송 한 편을 송(誦)하고 하산하다.

각자선인(覺自禪人)에게 주는 글
도를 배우려거든 부디 강철 같은 뜻을 세우고
공부를 하려면 언제나 바싹 달라붙어야 하리
갑자기 탁 터지는 그 한 소리에
대지와 허공이 모두 찢어지리라[1]

동행했던 스님들과 함께 나옹왕사께서 머물던 도량 곳곳을 살펴보고 세종대왕 왕자 태실이 있는 곳으로 이동하여 태실을 살펴보고 다음 목적지 사찰로 향하였다.

---

1) 『韓國佛敎全書』卷6, 「東國大學校出版部」 1984年, p.743上.
　　示覺自禪人　學道志須如鐵　用功當逼拶　驀然爆地一聲　大地虛空破裂

龍興寺

용흥사(龍興寺) 나옹왕사 중창 사찰

주소 경북 상주시 지천1길 223-35 / 영덕군에서 212㎞, 3시간 06분

용흥사 홈페이지에서 용흥사 연혁이 있어 여기에 싣는다.

경북 상주의 옛 지명은 상산(尙山)이며 상산지(尙山誌) 고적조(古蹟條)에는 상주 성 밖 사방에 큰 절이 있어 사장사(四長寺)라 하였다. 즉 남장, 북장, 갑장, 승장사를 가리키는 말이다. 연악산(淵嶽山)을 일명 갑장산(甲長山)이라 하기도 한다. 또한 상주는 삼악(三嶽)이 있어 산천이 아름답기로 유명하다. 즉 남쪽의 연악산, 서쪽의 노악산, 북쪽의 석악산이 그것이다. 이들은 모두 속리산의 지맥이며, 주봉에서 장장 백여 리를 뻗어내려 왔다.

용흥사는 연악산 중턱에 서향(西向)해 있으며, 신라 39년(문성왕 1)에 진감국사(眞鑑國師)가 창건하였다고 한다. 전설에 의하면, 절 앞에 큰 연못이 있었는데 그 물 속에서 용이 승천하여 올라간 이후로 용흥사(龍興寺)라 하였다고 전해져 내려오고 있다.

큰 법당인 극락보전은 1805년 지은 중수상량문에 따르면 고려시대에 폐허화된 것을 공민왕 때 나옹화상(懶翁和尙)이 중창하였다. 1647년(인조 25) 인화화상(印和和尙)이 중건, 1680년(숙종 6) 홍치대사(弘治大師)가 중수하였으며, 1707년 도인(道仁)이 중건하였

다. 1806년(순조 6) 정화(淨和)가 중수하였으며, 1967년 종덕 비구니 스님에 의하여 5중수, 이때에는 박정희 대통령의 자씨(姉氏) 박재희 청신녀의 신심으로 쓰러져가던 극락보전이 중창되었다. 1982년에는 1976년 극락보전 후불탱화의 복장(腹藏)에서 발견된 사리를 봉안하기 위하여 오층석탑을 세워 오늘에 이르고 있다.

1981년에는 비구니 선용(善用)스님에 의하여 육중수(六重修) 되었고, 선용스님이 재임기간 동안 극락보전 앞에 진신사리, 5층 석탑조성, 삼존불 개금불사, 30나한상 도분, 백운선원 건립, 요사채 건립, 진입로 확장을 하면서 용흥사는 새로운 모습으로 변모하여 오늘에 이르고 있다.

극락보전 내에는 괘불이 모셔져 있는데 2003년 4월 1일 국가지정문화재 제1374호로 지정되었다. 그 크기는 총 높이 1,003㎝, 총 폭 620㎝로 현재 남아 있는 조선시대 괘불 탱화 중 가장 잘 보존되어 있는 것으로 색채와 선이 선명하여 불교학계와 미술학, 역사학의 귀중한 자료가 되고 있다. 이 괘불 탱화는 오랜 가뭄이 들었을 때,

대중이 함께 모시고 기우제를 드리면 곧 비가 내리는 일이 여러 차례 있었다고 전해진다.

그리고 법당 중수 시에 신중탱화 틀 속에서 진신사리가 발견되었는데, 이 신중탱화는 1976년에 도난당했다가 3년 만에 세관에서 해외로 반출되는 것을 적발하여 다시 법당에 모시게 된 것이다. 이때 발견된 부처님의 진신사리를 재일교포 김철유 불자의 도움으로 5층 석탑으로 조성하게 되었으니 이는 득과 실이 둘이 아님을 보여주는 일이었다. 그런데 특이한 것은 진신사리가 모셔져 있는 5층 석탑의 가운데 부분은 비가 많이 내려도 젖

지 않아 보는 일들로 하여금 신비로움을 느끼게 하고 있다. 경내 극락보전 외의 전각으로는 나한전과 삼성각 및 백운선원 등이 있다.

나한전에는 석가모니불을 주불로 하여 30나한상이 모셔져 있는데, 보통 16나한을 모시는 것이 일반적인 관례인 것을 볼 때 30분이 모셔져 있는 것은 드문 일이라고 할 수 있다. 일설에는 용흥사 인근 사찰이 폐사되면서 그곳에 모셔졌던 나한님을 모셔올 때 두 분이 파불이 되어 모시지 못했다고도 하고, 또 다른 일설에는 6·25 사변 때에 두 분을 도난당했다고 한다.

또 다른 전각인 삼성각에는 칠성단과 독성단, 산신단이 모셔져 있고, 백운선원은 1983년에 건립하여 현재까지 수행자들의 정진이 끊임없이 이어지고 있다. 그 외 나한전 옆에 명부전이 있었다고 하는데 대구 서봉사로 이전되고, 남은 건물은 해체되어 지금은 터만 남아 있다.

절 옆으로 흐르는 계곡물은 일명 질구내라고 하는데 약수로 유명하여 예부터 나병 환자, 피부병 환자들이 이 물로 여러 번 씻으면 낫는 영

험을 보여 왔고, 용흥사 도량에서 기도 드린 수많은 사람들이 기도의 가피를 입고 소원 성취하여 왔다. 용흥사는 비록 세상에 널리 알려져 있지는 않으나, 영험이 많은 기도 도량으로 사바세계에서 괴로워하고 번민하는 수많은 중생들에게 편안한 안식처가 되고 시원한 청량수가 되고 있다.

※영덕불교사암연합회 집행부 스님들과 함께 용흥사에 도착하였다. 용흥사는 신라 진감선사가 창건하고 나옹왕사께서 중창한 사찰이다. 용흥사를 먼 발치에서 보니 연악산이 아담하게 자리

잡고 있다. 사찰 경내에 들어서기 전에 연악산 용흥사 사적비명이 큰 돌에 아름답게 새겨져 있어 눈길을 끈다.

차를 주차하고 내려서 몇 계단을 오르니 바로 사찰 경내가 보였다. 5층 석탑이 정면에 보이고 그 뒤로 극락보전이 위치하고 있다. 극락보전의 오른쪽에는 백운선원이, 왼쪽에는 요사채가 있다. 극락보전 좌측 뒤쪽에는 나한전과 삼성각이 위치해 있다. 전체적으로 도량이 편안하게 보이며 문턱이 크게 없어 누구라도 쉽게 참배할 수 있는 도량이라는 느낌이 든다.

먼저 극락보전 부처님 전에 참배를 하였다. 주불인 아미타불과 협시보살로서 관음·세지 양대 보살께서 좌정하고 계셨다. 나한전에서 석가모니불과 30나한상을 친견하였다. 나한 한 분께서 쥐를 잡고 계시는 모습이 특이했는데 나한님 치아가 꼭 쥐 이빨을 닮았다는 생각을 하게 되었다. 각 전각과 도량을 살펴보았지만 현재 나옹왕사와 관련된 유물과 진영은 보이지 않았다.

도량을 나오기 전에 극락보전 앞에서 게송을 송(誦)하고 다같이 하산하다.

참방 떠나는 징선자(澄禪者)를 보내면서
어머니가 낳아준 참 면목을 찾기 위하여
주장자를 세워 들고 앞길로 나아가네
단박에 진짜 사자를 후려치는 날에는
갑자기 몸을 뒤쳐 한 소리 터뜨리리[1]

---

1) 『韓國佛敎全書』卷6, 「東國大學校出版部」1984年, p.738下.
　　送澄禪者叅方　換却娘生眞面目 烏藤倒握進前程 驀然撞着眞師子 卒地翻身噀一聲

盤龍寺

반룡사(盤龍寺) 나옹왕사 중건 사찰

주소 경북 고령군 쌍림면 반룡사길 87 / 영덕군에서 173km, 2시간 41분

반룡사는 대한불교조계종 제9교구 본사인 동화사(桐華寺)의 말사이다.

802년(애장왕 3)에 해인사와 함께 창건된 절로서 고려 중기에 보조국사(普照國師)가 중창하였고, 고려 공민왕 때에 나옹(懶翁)왕사가 중건하였다.

또한, 『동국여지승람』에는 원나라 세조가 이 절에 내린 방문(榜文)의 전문이 기록되어 있다. 이 방문에 따르면 일본의 정벌을 위해서 경상도 땅에 왔던 원나라 군사들이 절을 짓밟고 시끄럽게 하는 것을 경계한 것으로, 만약 절을 짓밟거나 소란을 피우는 자는 법에 의해서 처벌할 것임을 밝히고 있다.

조선 초기에는 교종에 속하였으며, 임진왜란의 병화로 소진된 것을 사명(四溟)이 중건하였다. 그 뒤 화재로 인해 대웅전을 비롯한 육당(六堂)과 요사채가 전소되었으나, 1764년(영조 40)에 현감 윤심협(尹心協)이 대웅전과 동·서 요사채, 만세루(萬歲樓) 등을 중건하였으며, 1930년 경 중수하였고, 1996년 대적광전을 건립하여 오늘에 이르고 있다.

현존하는 당우로는 대적광전(大寂光殿)과 보광전(普光殿)을 비롯하여 칠성각·요사채 등이 있다. 이 중 대적광전에는 비로자나불과 좌우보처보살·목조지장보살상이 봉안되어 있다.

이 절의 문화재로는 석가여래사리탑이라고 전해지는 다층석탑 1기와 동종이 있다. 경상북도 유형문화재 제117호로 지정된 이 탑은 일명 수마노석탑(水瑪瑙石塔)이라고도 하며, 2단의 화강암지대석 위에 세워진 높이 2.4m 방형탑이다.

동종은 경상북도 유형문화재 제288호로 지정된 것으로서, 1753년(영조 29)의 제작연도와 '중종(中鍾)'이라는 명문, 그리고 육자진언(六字眞言)의 범어가 몸체에 새겨져 있어 중요한 자료가 되며 전체 높이는 50cm이다. 현재 수마노석탑과 반룡사 동종은 대가야박물관에 보관 전시되어 있다. 이 절의 뒤편에는 망향대·갑검릉(甲劍陵)·주마대(走馬臺)·연병장·장군수 등이 있는 미숭산성(美崇山城)이 있다.

※영덕불교사암연합회 집행부 스님들과 함께 반룡사를 찾았다. 반룡사는 대가야의 후손들이 신령스러운 용의 기운이 서려 있는 곳에 세웠다고 해서 반룡사라 이름 지어진 절이다. 나옹왕사와 반룡사의 관계는 보조국사가 중창하고 이후 나옹왕사께서 중건한 것으로 나와 있다.

도량에 들어서자 1996년 건립된 대적광전이 우리들을 압도하였다. 동행했던 스님들과 함께 대적광전 부처님께 참배하고 또한 반룡사 유래기를 적은 화강암이 이 도량에 있다는 것이 신기하게 보였다. 한 스님께서 신통으로 나옹왕사께서 다른 곳에 있는 돌을 들고 반룡사에 옮겨 놓은 것이 아닐까 라고 웃으면서 말씀하였다.

일행 모두 지장전에 지장보살을 친견하고 옆 전각인 약사전을 참배하고 현판을 보니 특이했다. 정면은 약사전이고 좌측 측면은 삼성각으로 되어 있다. 한 건물에 두 편액을 걸어 놓고 전각 안에는 약사여래부처님과 산신님 그리고 나반존자님을 모시고 있다. 삼성각의 칠성이 빠지고 약사여래부처님을 삼성(三聖)으로 모신 것이다. 이 도량만의 이유가 있으리라 생각하면서 약사전 앞쪽을 보니 이름 모를 부도들이 눈에 띄었다. 반룡사 역사의 흔적을 고스란히 느낄 수 있었다. 시공을 초월하여 나옹왕사께서 쓰신 게송 한 편을 송(誦)하고 하산(下山)하다.

엄선자(儼禪者)가 게송을 청하다
참선하고 도를 배우는 것 다른 길 없고
용맹스레 공부해야 비로소 성취하리
단박에 허공을 가루 만들면
돌사람의 뼛속에 땀이 흐르리[1]

---

1) 『韓國佛敎全書』 卷6, 「東國大學校出版部」 1984年, p.739中.
儼禪者求偈 叅禪學道別無由 勇猛工夫始到頭 忽地虛空成粉碎 石人徹骨汗通流

대곡사(大谷寺) 1368년 나옹왕사 창건 사찰

주소 경북 의성군 다인면 대곡사길 80 / 영덕군에서 125㎞, 2시간 56분

　대곡사는 대한불교조계종 제16교구 본사인 고운사(孤雲寺)의 말사이다.

　비봉산은 고려 이전에는 태행산(太行山), 조선에서는 자미산(紫薇山)이라고 하였다. 1368년(공민왕 17) 인도승 지공(指空)과 나옹혜근(懶翁慧勤)이 창건하여 대국사(大國寺)라 하였는데, 이는 지공이 원나라와 고려의 양 대국을 다니면서 불법을 편 것을 기념하기 위하여 붙여진 이름이라고 한다. 창건 당시에는 태행산(太行山) 대국사(大國寺)라 하였고, 적조암을 비롯하여 9개의 암자가 있었다.

　정유재란 때 대곡사와 암자의 대부분이 소실되어 적조암만 남았다. 1605년(선조 38) 탄우(坦祐)가 대웅전을 중창하였고, 1623년(인조 1)에 향적전, 1650년(효종 1)에 범종각, 1656년에 명부전을 중창하였다. 그리고 1687년(숙종 13)에 태전(太顚)을 중건하면서 사찰의 이름을 비봉산 대곡사로 바꾸었다. 1856년(철종 7)에 정이조 화상이 53불전, 16나한전, 산신각, 요사채를 지방민에게 매각했으나 최인찬 스님이 53불전의 불상 중 13위

를 찾아 대웅전에 봉안하였다. 1990년에 법의
(法義)가 나한전, 산신각, 일주문을 신축하였다.

그 뒤 조선 세종 때는 교종(教宗)에 속하였고,
1605년(선조 38) 탄우(坦祐)가 중창하였으며,
1687년(숙종 13) 태전선자(太顚禪子)가 중건하
여 오늘에 이르고 있다. 현존하는 당우로는 대
웅전·명부전(冥府殿)·범종루(梵鐘樓)·산신
각·일주문·요사채 등이 있다.

이 중 경상북도 유형문화재 제160호로 지정
된 대웅전은 정면 3칸, 측면 2칸의 팔작지붕으
로서 내부에는 석가여래삼존불과 후불탱화, 신
중탱화(神衆幀畫) 등이 봉안되어 있다. 범종각
은 경상북도 유형문화재 제161호로 지정되어 있
으며, 정면과 측면이 모두 3칸이고 팔작지붕의
2층 건물이다.

명부전은 정면 5칸, 측면 2칸의 맞배지붕 건
물이며, 전각 안에는 지장보살(地藏菩薩)과 명
부시왕(冥府十王) 등이 봉안되어 있다. 이 밖의
문화재로는 고려 말기에 건립된 것으로 추정되
는 13층 청석탑(靑石塔)과 하대석·간석(竿石)
만 남아 있는 석등대석(石燈臺石)이 있다. 대곡
사에서 약 1km 산 위쪽에 근래에 중수된 진영각
(眞影閣)이라는 암자가 있는데, 이곳이 바로 대
곡사가 창건된 자리라고도 한다.

이곳에는 지공(指空)·나옹(懶翁)·무학(無
學)·서산(西山)·사명(四溟) 등 10여 명의 고승
진영을 봉안하고 있다.

※대곡사는 지공화상과 나옹왕사께서 원나라와 고려를 다니면서 불법을 펼친 것을 기념하기 위해 지은 절이다. 원래 이름은 대국사라 붙여졌다고 한다. 대곡사는 국도에서 4.5㎞를 더 들어간 자리에 위치해 있다. 낙동강 옆을 지나 굽이굽이 돌아가서야 절에까지 도착할 수가 있었다. 뒷산도 높지 않고 절도 평지에서 조금 높은 곳에 있었다.

먼저 일주문과 세심교를 지나 2층 누각을 올려다 보니, 독수리가 날개를 펼친 듯한 지붕모양에 순간적으로 압도당하는 느낌을 받게 되었다. 누각을 지을 당시에는 많은 신도들이 절에 기거하고 왕래하여 기도객들이 끊이지 않았으리라 생각되었다. 앞면, 옆면 모두 3칸 규모를 가진 2층 범종각(경상북도 유형문화재 제161호)의 지붕은 팔작지붕으로 지붕처마를 받치기 위해 기둥 윗부분에 장식하여 만든 공포는 기둥 위와 기둥과 기둥 사이에도 있다. 다포양식으로 되어 있다. 종각의 원래 있던 종은 용문사로 가져갔다고 기록되어 있다.

대웅전 앞쪽에는 다층석탑(문화재 자료 제405호)이 화강암으로 조성되어 있는 것을 살펴보았다. 모든 전각들이 소독 중이라 자세히 볼 수는 없었고 대웅전(보물 1831호) 부처님을 참배하였다. 일하는 분들에게 방해가 될까봐 서둘러 도량을 살펴보고 나옹왕사의 게송을 송(誦)하고 하산하다.

해선자(海禪者)가 게송을 청하다
참선을 하거든 그 근원을 알아내야 하나니
무(無) 가운데서 묘한 도리를 구하지 말라
단박에 온몸을 던져 버리면
공겁 이전 소식이 눈앞에 나타나리[1]

---

1) 『韓國佛敎全書』卷6, 「東國大學校出版部」 1984年, p.739中.
海禪者求偈 叅禪識得根源去 莫向無中覓妙玄 忽地全身都放却 劫空消息在於前

유석사

유석사(留石寺) 1368년 나옹왕사 중창 사찰

주소 경북 영주시 풍기읍 창락리 산36 / 영덕군에서 138km, 2시간 19분

유석사는 유석암(留石庵)이라고도 불린다. 경상북도 영주시 풍기읍 창락리 소백산에 있다. 대한불교조계종 제16교구 본사인 고운사의 말사이다.

694년 신라 효소왕 3년 해동진언종의 초조인 혜통이 창건했다. 1368년 고려 공민왕 17년 나옹혜근(懶翁慧勤)이 중창했으며, 1387년 우왕 13년 구곡(龜谷)이 중수했다. 그 뒤 조선시대 후기까지의 연혁은 전하지 않는다. 1876년 고종 13년 불이 나서 낙암(樂巖)과 계홍(戒洪)이 중건 했으며, 1928년에는 주지 이제봉(李霽峰)이 중건했다. 건물로는 대웅전과 요사채가 있다. 유물로는 고려시대의 철불이 있었으나, 1970년대에 도난당했다고 한다.

유석사 전설

유석사(留石寺) 이름에 얽힌 이야기는 두 가지가 전해지고 있다. 신라 의상조사가 이

절 앞에 있던 느티나무 아래 반석에서 묵고 간 일이 있다고 하여 유석사(留石寺)라고 불리는 것과, 인근에 자리한 희방사를 희사한 경주의 호장(戶長) 유석(兪碩)이 두운조사와의 인연을 길이 기념하기 위하여 세운 절이라는 뜻으로 유석사(兪碩寺)라고 붙여졌다고도 한다. 현재는 전자의 뜻으로 절 이름이 불리고 있다.

유석사는 신라시대에 지어진 천년 고찰로 소백산 남쪽자락 영주와 풍기 시내가 한 눈에 들어오는 곳에 터를 잡고 있다. 천년의 세월 동안 오직 불도를 닦는 스님들의 공덕이 산 아래 중생들에게 스며들지 않았을까 짐작할 만하다. 경주에 사는 유석(兪碩)이 400리나 되는 경북 북부지역까지 올라와 첩첩산중 소백산 자락에 절을 지었다.

신라의 호장 유석이 스님과의 인연을 내세까지 이어가기 위해 불심을 쌓기 위함이 중생이 부처님과의 인연으로 극락세계에 들고자 한 그 마음과 같을 것이다. 불도를 닦는 스님들이 중생들을 내려다보며 그 고통을 들기 위해 밤낮으로 불공을 드리는 것과 중생이 부처님의 뜻을 따르기 위해 절을 우러러 봄이 이곳 소백산 유석사에 고스란히 묻어 있다.

유석사는 또 희방사 설화와 밀접한 관련을 가지고 있다. 「영주군지」, 「희방지사」, 「국사대사전」 등에 전해오는 이야기에 따르면, 신라 선덕여왕 12년(643년) 두운조사(杜雲組師)는 태백산 심원암이란 암자에서 수도를 하다가, 지금의 풍기읍 희방사가 있는 소백산으로 자리를 옮겨 초막을 짓고 수도를 계속하였다고 한다.

어느 눈보라 치는 겨울날, 오직 수도에 여념이 없는 조사 앞에 암범 한 마리가 찾아와 괴로워하는 눈치를 보였다.

조사가 자세히 살펴보니, 산기(産氣)가 임박해 있으므로 부엌에 검불을 깔아 새끼를 낳게 해 주었더니 범은 새끼 두 마리를 낳았다. 그 후 조사가 어린애처럼 알뜰히 거두어 준 것이 인연이 되어 범이 은혜를 갚고자 몇 번이고 찾아오게 된다.

어느 날 범이 찾아와서는 조사의 장삼을 물고 당기므로 따라가 보았더니 앞산 큰 바위 밑에 혼수상태에 빠진 한 처녀가 누워 있었다. 조사는 급히 처녀를 움막으로 옮긴 뒤 물을 끓여 먹이고 정신을 차리게 한 후 이렇게 된 연유를 물으니 "저는 경주 계림에 사는 호장(戶長) 유석(兪碩)의 무남독녀로서 오늘 결혼식을 치른 후 저녁에 막 신방에 들어가려는 찰나, 불덩이 같은 것이 몸에 부딪히더니 몸이 공중으로 떠오르는 것을 느낀 후에는 어떻게 되는지 모르겠습니다."하고 말하였다.

"너희 집에서 얼마나 걱정하겠느냐? 며칠 쉬었다가 곧 돌아가도록 하여라."

그 뒤 조사는 그 여자에게 남복을 입혀 총각처럼 꾸며 경주로 데리고 갔다. 딸의 이야기를 들은 유호장은 조사에게 감사의 뜻을 표하면서 "이런 말씀을 드리기는 죄송하오나 조사님은 딸의 죽은 목숨을 살려 주신 은인이니 불민한 것이오나 거두어 인연을 맺게 해 주실 수 없겠습니까?"하고 은근히 사위 되기를 간청했다.

그러나 조사는 "나는 이미 속세와 인연을 끊고 산중에 들어가 수도하는 몸이요, 이미 따님과는 남매의 인연을 맺었으니 그런 당치도 않는 말씀은 하지 말아 주시오."하고 완강히 거절했다.

유호장은 조사의 수도생활에 대하여 이야기를 듣고 조사에게 큰 절을 지어 주기로 결심하였다. 유호장은 조사가 경주에서 한 3개월 순례하며 쉬었다갈 것을 청하고, 풍기읍(豊基邑)에서 소백산 연화봉으로 가는 길은 새로 닦아 큰 길을 만들었고, 동구 앞 여울에는 쇠다리까지 놓아졌다. 그 뿐만 아니라 조사가 살던 초막은 없어지고 단청도 새로운 큰 법당을 비롯하여 많은 건물이 즐비하였다. 그제야 유호장은 사람을 보내어 3개월 동안 절을 지어 놓았다는 것을 알려 주었다.

그리고 "전 가족에게 기쁨을 주었기에 희방사(喜方寺)라 절 이름을 지었고, 저 아래 다리는 수철교(水鐵橋), 풍기 서문 밖에 놓은 다리는 유(兪)다리라고 이름하였다."고 했다.

또 유호장은 조사와 인연을 길이 기념하고 조사가 머물고 있는 곳 가까이에서 법문을 들으며 수도하기 위하여 도솔봉 아래 조그마한 암자를 지어 살았는데, 그곳이 바로 유석사(兪碩寺)가 되었다고 한다.

※풍기 I.C를 빠져나와 희방사 방향으로 7㎞쯤 가다보면 창락리가 나오는데 창락리 입구에 들어서면 유석사라는 표지가 보인다. 사찰 이정표에 3㎞라고 적혀 있는데 막상 가보니 5㎞ 남짓 되는 것 같다.

사찰이 위치해 있는 곳이 해발 800m 정도 위치에 있어 차량으로 초행길에 올라가는데 도로폭도 좁은 편이며 경사도가 심하여 혼자 올라가면서 큰 애를 먹었다. 15분 정도 올라가니 유석사

법당이 보인다. 대웅전 부처님께 참배하고 약숫물을 한 컵 마시고 나서 아래 영주시를 내려다보니 얼마나 높이 올라왔는지 알 것 같다.

유석사는 범종각 옆 소나무가 일품이고, 요사채 앞쪽 느티나무가 좀 오래되어 그 역사를 말해주는 듯하다. 이 높은 산에 올라 왔건만, 대중 누구 한 사람 나와 보지 않는다. 사람을 만나기 위해 이 높은 산을 올라오진 않았지만, 원래 '오는 사람 막지 않고 가는 사람 잡지 않는다'는 불가의 말처럼 좋은 뜻으로 해석하여 정진하는데 세속의 정을 끊어 양극단에 치우치지 않는 중도실상의 도리를 자각하라는 선인들의 뜻이 담겨 있으리라 생각한다.

다시 한 번 영주 시내를 보면서 나옹왕사께서 이 높은 곳에서 정진하였다고 생각하니 그러한 서운한 마음은 달아났다. 오히려 '부모미생전 본래면목'의 화두를 참구하면서 나옹왕사의 게송을 송(誦)하고 조심조심 하산하였다.

현선자(玄禪者)가 게송을 청하다
참선에는 무엇보다도 신심이 으뜸이니
씩씩하게 공부하되 채찍을 더하라
어느 결에 의심덩어리가 가루가 되면
진흙소가 겁초(劫初)의 밭을 갈리라[1]

1) 『韓國佛敎全書』 卷6, 「東國大學校出版部」 1984年, p.739中.
   玄禪者求偈　叅禪須要信爲先 快做工夫更着鞭 不覺疑團成粉碎 泥牛耕破劫初田

갑장사(甲長寺)
1373년 나옹왕사 창건 사찰
주소 경북 상주시 지천동 산5 / 영덕군에서 211㎞, 3시간 05분, 도보 40분

갑장사는 대한불교조계종 제8교구 본사인 직지사(直指寺)의 말사이다.

1373년(공민왕 22) 나옹(懶翁)이 창건하였으며, 1797년(정조 21) 연파(蓮坡)가 중수하였다. 현존하는 당우로는 법당과 산신각·요사채 등이 있다. 1990년 초 법당이 전소되었으나 곧이어 중건하였다. 원래의 법당은 현 위치의 동쪽 공터에 있었으며, 현 법당 안에는 금동 관세음보살좌상이 봉안되어 있다.

이 불상은 복장기(腹藏記)에 의해서 1689년(숙종 15)에 조성하였음이 확인되었으나, 조각수법으로 볼 때는 고려시대의 불상양식을 띠고 있다.

이 밖에도 이 절에는 경상북도 문화재자료 제125호로 지정된 삼층석탑 1기와 부도 3기가 있다. 석탑은 단층 기단에 고려시대의 양식을 띠고 있으며, 부도는 조선 후기의 전형적인 석종형 부도이나 누구의 것인지는 알 수 없다.

※영덕불교사암연합회 집행부 스님들과 함께 갑장사를 찾았다. 도로 입구에서 절 간판에 3㎞라고 쓰여 있어 주차장에 차를 세우고 일행 스님들과 함께 걸어서 출발하려는데 동행한 비구니 스님 두 분께서 몸이 불편하여 도저히 절에까지는 갈 수 없다고 한다. 하는 수 없이 비구니 스님 두 분은 주차장에서 기다리기로 하고 다른 스님들과 출발하였다. 갑장산 (806m) 중턱에 위치한 갑장사는 경사가 가파르고 오르는 길에 마침 계단 공사 불사 중이었다.

중장비를 동원해서 신심을 가지고 공사를 열심히 하기에 인부들에게 노고와 격려를 하고 산길을 올랐다. 갑장사 오르는 길이 경사가 제법 가파르다고 생각되었지만, 주위의 경치가 좋고 상쾌한 공기가 폐에까지 전달되어 차로 이동한 피로가 말끔히 씻기는 기분이 들었다. 갑장사 주차장에서 경내까지는 약 350m라는데 오르는 데는 25분 정도가 소요 되었다.

법당에 이르기 전에 부도 한 기가 보이는데 세웅스님이라는 글씨가 쓰여져 있다. 극락왕생을 발원하면서 머리 숙여 합장의 예를 갖추고 부도의 주인공을 메모하여 절에 와서 살펴 보니, 1990년 소실된 갑장사를 중창하신 분으로 법납 54세, 세수 84세로 2009년에 입적하신 것으로 되어 있다.

도량에 도착하니 높이 2m의 고려 중기 석탑(경북 문화재 자료 제 25호)이 있어서 보고 갑장사 주 법당을 참배하였다.

원래 전각에는 안에 모셔져 있는 부처님에 따라 현판을 쓰는데 이곳 갑장사는 절 이름을 현판으로 걸어둔 점이 특이하다. 현판 글씨는 여초거사라고 되어 있는데 서예가 여초(如初) 김응현(金膺顯, 1927~2007) 선생의 글씨이다.

법당 안에는 금동 관세음보살좌상이 홀로 주불로 모셔져 있는데 복장 유물이 숙종 15년(1689)에 조성되었다고 한다. 법당 참배를 마치고 삼성각에 들러 예를 갖추었다. 현판이 없는 용왕전으로 보이는 건물이 있고, 그 옆에 조립식으로 지은 건물에 맑은 물을 떠먹을 수 있도록 해 놓아 청정수 한 컵을 마셨다. 절 마당에서 좌측으로 산등성이를 보면 이상한 바위가 있는데 나옹바위라고 부른다고 한다. 아쉽게도 보지 못하고 하산함은 주차장에 비구니 스님 두 분께서 기다리고 있어서 다음 기회에 다시 오기로 하고 나옹왕사의 게송을 송(誦)한 다음 서둘러 하산하다.

참방 떠나는 박선자(珀禪者)를 보내면서
평생의 시끄러운 세상일을 다 쓸어버린 뒤에
주장자를 세워 들고 산하를 두루 돌아다니네
갑자기 물속의 달을 한 번 밟을 때에는
한 걸음도 떼지 않고 집에 돌아가리라[1]

---

1) 『韓國佛敎全書』 卷6, 「東國大學校出版部」 1984年, p.738下.
　　送珀禪者叅方 掃盡平生塵鬧事 烏藤倒握歷山河 忽然蹋着波中月 一步非移便到家

最頂山南地藏寺

남지장사(南地藏寺) 비로자나불(보광전) 마애불상 조성

주소 대구광역시 달성군 가창면 남지장사길95 / 영덕군에서 150㎞, 2시간 20분

남지장사는 대한불교조계종 제9교구 본사인 동화사(棟華寺)의 말사이다.

남지장사(南地藏寺)는 684년(통일신라 신문왕 4) 양개조사(良介祖師)가 왕명을 받아 창건했다. 창건 당시에는 대웅전, 극락전, 명부전, 만세루, 사천왕문과 8동의 암자가 있어 규모가 컸다고 전한다. 고려시대 1263년(원종 4)에 일연(一然)이 중창하였으며, 충숙왕 때인 1333년 왕사인 보각국사가 중수했다. 조선시대에는 고승 무학대사가 이곳에 와 수도하기도 했다.

임진왜란 때 사명대사는 이곳을 승병 훈련장으로 사용했으며, 대사가 거느린 승병과 의병들은 우록동 계곡에서 일본군과 전투를 벌였다. 다수의 승병, 의병들이 이때 전사했다.

사찰 건물은 임진왜란 때 불에 타 폐허가 된 것을 1653년(효종 4) 인혜대사가 세웠으나, 1767년(영조 43) 모계(慕溪)가 중창한 뒤 팔공산 내의 북지장사와 서로 대칭되는 곳에 위치한 절이라 하여 남지장사라 하였다. 1806년(순조 6)에 또 화재가 발생하여 2년

뒤에 다시 건립했다.

현존 당우는 대웅전·명부전·누각·요사채 등이 있으며, 영조 이래의 건물로서 조선시대에 흔히 볼 수 있는 가람배치를 형성하고 있다. 즉, 북쪽 정면의 대웅전을 중심으로 그 전면에 누각을 두고 다시 대웅전과 누각 좌우에 요사를 배치하고 있다. 법당은 3칸의 맞배지붕 형식으로 구성되었으며, 기둥에는 배흘림 수법이 나타나 있다.

전면의 문창살에는 격자문의 조각을 부착하였다. 대웅전의 축대는 잘 다듬은 고식을 유지하였으며 그 전방에는 석재들이 흩어져 있다.

누각에는 이 절의 대웅전과 명부전 등 각 요사의 중수기와 청련암 상량문, 남지장사 경자갑계 유공록(庚子甲楔有功錄)을 비롯, 전우소화중수기(殿宇塑畵重修記) 등의 현판이 즐비하다. 동구에는 조선시대에 제작된 전형적인 석종형(石鐘型) 부도 여러 기가 있다.

※남지장사는 임진왜란 때 사명대사께서 승병들을 훈련시킨 훈련장으로 사용하였던 절이다. 대사가 거느린 승병과 의병들은 우록동 계곡에서 일본군과 치열한 전투를 벌여 많은 승병과 의병들이 전사하였다고 한다. 그분들의 극락왕생을 발원하면서 마음을 가다듬고 법당으로 향하였다. 광명루 현판과 한글로 된 주련을 한 번 읽고 대웅전 부처님 전에 참배하고 극락보전과 다른 전각을 돌아보았다.

황인규 교수가 2008년 나옹왕사 세미나에서 발표한 내용을 보면 "나옹왕사께서 보광전 비로자나불을 직접 조성하였으며, 1694년(숙종 20) 승려 승민(勝敏)이 신륵사에 가서 지공, 나옹, 무학 등 삼 화상의 영정을 모사(模寫)하여 이곳에 봉안하고 나옹이 공민왕으로부터 받은 발우와 지공이 받은 향완 등을 가져와 함께 봉안하고 승려 풍흡(豊洽)이 화주가 되어 삼존상을 도금하였다." 고 『조선사찰사료』, 남지장사 『인악집』에 기록되어 있다고 한다.[1]

지금은 남지장사에서는 나옹왕사의 흔적을 찾아볼 수 없고 기록만 남아 있다. 만추(晩秋)의 신선한 공기를 마시고 무상함을 자각하면서 나옹왕사의 게송을 송(誦)하고 하산하다.

무실(無失)
형상을 떠난 그 자체, 원래 공하여
부딪치는 사물마다 그 작용 끝이 없다
또렷하고 분명하나 자취 끊겼다
언제나 역력하여 절로 서로 통한다[2]

---

1) 황인규 『나옹혜근의 불교계 행적과 유물·유적』 「나옹왕사 재조명 세미나」, 영덕군, 2008, p.47.

2) 『韓國佛教全書』 卷6, 「東國大學校出版部」 1984年, p.735下.
　　無失　離形離相體元空 妙觸頭頭用莫窮 了了分明蹤跡絶 時時歷歷自相通

통도사(通度寺) 삼성각에 나옹왕사와 함께 삼화상 봉안 사찰

주소 경남 양산시 하북면 통도사로 108 / 영덕군에서 120km, 2시간 19분

통도사는 우리나라 삼보사찰 가운데 하나인 불보(佛寶) 사찰이며, 대한불교조계종 제15교구 본사이다. 646년(선덕여왕 15)에 자장율사(慈藏律師)가 창건하였다. 산 이름을 영축산이라 한 것은 산의 모양이 인도의 영축산과 모양이 매우 비슷하기 때문이라고 하나, 그 옛 이름은 축서산(鷲棲山)이다.

절 이름을 통도사라 한 까닭은 다음과 같은 뜻이 있다.

첫째는 전국의 승려는 이곳의 금강계단(金剛戒壇)에서 득도(得度)한다는 뜻이 있다.

둘째는 만법을 통달하여 일체 중생을 제도한다는 뜻이 있다.

셋째는 산형이 인도의 영축산과 통한다는 뜻 등이 있다.

창건주 자장율사가 643년에 당나라에서 귀국할 때 가지고 온 불사리와 가사(袈裟), 그리고 대장경 400여 함(函)을 봉안하고 창건함으로써 초창 당시부터 매우 중요한 사찰로 부각되었다. 특히 불사리와 가사뿐 아니라 우리나라 역사상 최초로 대장경을 봉안한 사찰이기 때문이다.

이와 같은 역사 기록은 통도사의 사격(寺格)을 단적으로 설명해 주는 매우 중요한 기록임에 틀림없다. 그리고 이 절을 창건한 자장율사는 계단(戒壇)을 쌓고 사방에서 오는 사람들을 맞아 득도시켰다. 이에 통도사는 신라 불교의 계율 근본도량(根本道場)이 되었다.

창건 당시에는 오늘날과 같은 대찰이 아니고 후에 금강계단이라고 불려진 계단을 중심으로 몇몇 법당이 존재하였을 것으로 짐작하고 있다. 그 뒤 고려 초에는 사세가 더욱 확장되어 절을 중심으로 사지석표(四至石標), 즉 국장생석표(國長生石標)를 둘 만큼 대규모로 증축되었다. 특히 현존하는 중요 석조물이 고려 초기 선종 대에 조성되었으므로, 가람의 정비는 이때 중점적으로 이루어졌음을 추정할 수 있다.

그 당시의 중요한 석조 조형으로는 금강계단 상부의 석종형부도(石鐘形浮屠)를 비롯하여 극락전 앞의 삼층석탑, 배례석(拜禮石), 봉발대(奉鉢臺), 그리고 국장생석표 등을 들 수 있다. 이들은 모두 고려시대에 속하는 유물이고 그 밖에 현존하는 목조건물들은 모두 임진왜란 이후에 건립되었다.

물론 조형상으로 가장 앞서는 석조물로는 영산전(靈山殿)에서 마주 보이는 남산 위의 폐탑재를 들 수 있으나, 이는 이미 파괴된 채 기단부의 사리공(舍利孔)만이 주목되고 있다. 이 석탑이 어떻게 하여 파괴되었는지 또는 최초에 건립된 사원과 어떤 연관이 있는지 아직 밝혀지지 않았다.

통도사의 가람배치는 신라 이래의 전통 법식에서 벗어나 냇물을 따라 동서로 길게 향하였는데. 서쪽에서부터 가람의 중심이 되는 상로전(上爐殿)과 중로전(中爐殿)·하로전(下爐殿)으로 이어진다. 또, 그 서쪽 끝에 보광선원(普光禪院)이 자리 잡고 있다. 본래 이 절터에는 큰 못이 있었고 이 못에는 아홉 마리 용이 살고 있었으나 창건주 자장율사가 이들을 제도하고, 한 마리 용을 이곳에 남겨 사찰을 수호하게 하였다는 전설이 있다. 현재도 금강계단 옆에는 구룡신지(九龍神池)의 자그마한 상징적 못이 있다.

먼저 동쪽에서부터 일주문(一柱門)·천왕문(天王門)·불이문(不二門)의 세 문을 통과하면 금강계단에 이르게 된다. 금강계단 앞의 목조건물인 대웅전은 임진왜란 때 불탄 것을 1645년(인조 23) 우운(友雲)이 중건하여 오늘에 이르고 있다. 건물 상부의 기본 형

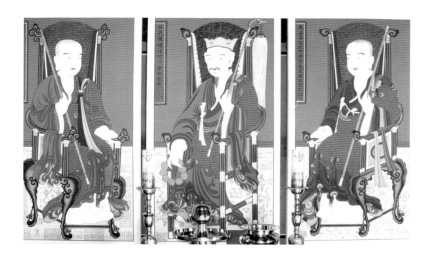

태는 丁자형의 특이한 구조를 나타내고 있으며, 그 정면격인 남쪽에는 금강계단, 동쪽은 대웅전, 서쪽은 대방광전(大方廣殿), 북쪽은 적멸보궁(寂滅寶宮)의 편액(扁額)이 걸려 있다.

그러므로 이 건물을 대웅전이라고 하지만 남쪽 정면의 금강계단이 그 정전이라 할 수 있다. 즉, 이 건물의 바로 뒤쪽에는 통도사의 중심이 되는 금강계단 불사리탑(佛舍利塔)이 있다. 이는 자장율사가 당나라에서 가지고 온 불사리를 세 곳에 나누어 황룡사탑·태화사탑, 그리고 통도사 계단에 봉안하였다고 하는 바로 불사리 계단이다. 통도사의 특징은 이 불사리 계단에 있으며 또 이로 인하여 불보사찰의 칭호를 얻게 된 것이다.

부처님의 신골(身骨)인 사리를 봉안하였으므로 대웅전 내부에는 불상을 봉안하지 않았으며, 내부에는 불상 대신 거대하고 화려한 불단(佛壇)이 조각되어 있을 뿐이다. 이와 같은 근본적 의미는 계단에 부처의 사리를 봉안하고 있다는 신앙 때문이다. 그리고 금강계단 목조건물의 천장에 새겨진 국화와 모란꽃의 문양 또는 불단에 새겨진 조각은 주목되는 작품이다.

※영취산 통도사 일주문 편액 밑에 주련 형식의 글씨에 '불지종가 국지대찰(佛之宗家 國之大刹)'이라고 씌여있다. 부처님의 집안에서 으뜸이요, 나라에서 제일가는 사찰이라는 뜻이다. 통도사는 대한민국 국민들이라면 불자가 아니라도 일생 중에 한 번쯤 와보게 되는 사찰이다. 학창시절에는 문화유적 답사지로써, 또는 수학여행 코스로써, 사회생활을 하다보면 또 다른 인연으로 와

보게 되는 사찰이다. 불자라면 몇 번씩 순례지로 정하여 다녀오게 되는 사찰이다.

통도사는 도량이 넓고 전각과 문화재가 많다. 불교의 팔만대장경을 보는 것 같아 도량 전체를 다 꿰뚫기는 쉽지 않다. 상황에 맞추어 사찰 순례나 답사에 필요한 부분만을 볼 수밖에 없다.

이번 나옹왕사 관련 사찰로 나옹왕사께서 통도사에서 수행 정진하셨다는 기록은 찾을 길이 없다. 다만 통도사 삼성각에 삼 화상을 모시고 있어 참배하기 위해 찾았다.

먼저 일주문을 거쳐 대웅전에 들러 법신사리가 모셔져 있는 곳을 향하여 예를 갖추고 바로 삼성각으로 향했다.

통도사 삼성각은 1870년 고종 7년 영인대사(靈印大師)에 의해 전각이 지어지고 현재의 건물은 1935년 경봉선사(鏡峰禪師)가 중건한 것이라 한다. 건물형식은 정면 3칸, 측면 1칸이다.

보통 삼성각은 치성광 여래와 독성과 산신을 모신다. 통도사 삼성각은 독성님께서 중앙에 계시고 우측에 치성광 여래님과 좌측에 삼 화상인 지공화상 · 나옹왕사 · 무학대사가 모셔져 있다.

특별한 이유가 있는 것인지는 모르겠지만 나옹왕사와 두 분 선사께 삼배씩 올리고, 특별히 나옹왕사께 이번 나옹왕사 관련사찰 답사가 원만 회향 되기를 발원하며 스님의 게송을 송(誦)하고 전각에서 나왔다.

스승을 뵈러 가는 환암장로를 보내면서
남은 의심 풀려고 스승 뵈오러 가나니
주장자 세워 들고 용같이 활발하네
철저히 파헤쳐 분명히 안 뒤에는
모래수 만큼의 대천세계에 맑은 바람 일어나리[1]

삼성각에서 나와서 구룡지 우측을 살펴보니 산령각(山靈閣)의 전각이 보인다. 삼성각에 모시지 못한 산신님을 옆 전각에 따로 모셔져 있었다. 밖에서 예를 갖추고 왔던 길로 돌아 나왔다. 시장하여 주차장 옆 다정한식당에서 아침 떡국공양을 맛있게 먹고 도량을 하산하다.

---

1) 『韓國佛敎全書』卷6, 「東國大學校出版部」1984年, p.738上.
　　送幻菴長老謁師翁　餘疑要決謁師翁　倒握烏藤活似龍　徹底掀飜明白後　大千沙界起淸風

원효암(元曉庵) 나옹왕사께서 무학대사에게 불자(拂子)를 전해준 사찰

주소 경남 양산시 상북면 천성산길 727-82 / 영덕군에서 136㎞, 2시간 34분

원효암은 대한불교조계종 제15교구에 속하는 내원사(內院寺)의 부속암자로 전통사찰 제76호로 지정되어 있다.

원효암은 646년(선덕여왕 15)에 원효(元曉)가 창건했으며, 1905년에 효은(曉隱)이 중창했다고 한다. 이곳 양산 천성산에 있는 원효암은 전국에 있는 10여 개의 원효암이라는 이름의 암자 가운데 가장 으뜸으로 꼽힌다. 원효암은 원효를 비롯한 많은 고승들이 머물면서 수행했던 유서 깊은 사찰이다. 이곳에는 원효가 중국에서 화엄교학(華嚴敎學)을 배우러 온 1,000명의 수행자들을 가르쳐 도를 깨치게 했다는 설화가 전해진다.

현재 원효암이라는 편액이 걸려 있는 중심 법당을 비롯하여 미륵전·산령각·범종각 등이 있다. 중심 법당은 공포가 없이 둥글게 깎은 도리를 얹은 굴도리식으로 겹처마 팔작지붕 건물임에도 불구하고 단순하고 소박하다.

좌 · 우 퇴칸은 심우실(尋牛室) 등 생활공간으로 이용되고 있으며, 어칸과 좌 · 우 협칸 3칸은 예배 공간으로 석조약사여래좌상이 봉안되어 있다. 이 불상은 근래에 발견된 불상조성기에 의해 1648년(인조 26)에 조성된 것으로 밝혀졌다. 최근에는 범종을 안치했으며, 종명(鐘銘)은 경봉(鏡峯)이 썼다. 법당 동편의 석벽에는 마애아미타삼존불이 새겨져 있다. 마애아미타삼존불은 경상남도 유형문화재 제431호로 지정되어 있다.

원효암은 마애아미타삼존불과 석조약사여래좌상을 통해 이 지역에 뿌리 깊게 자리 잡은 아미타신앙과 약사신앙을 이해할 수 있는 유적이다. 원효암이 위치한 곳은 바위가 주위를 병풍처럼 감싸고 있고, 청명한 날에는 바다는 물론 멀리 대마도까지 보이는 천혜의 경관을 간직하고 있는 도량이다.

※원효암 가는 길은 이번에 두 갈래 길이 있음을 알 수 있었다. 하나의 길은 등산인데, 양산시에서 상북면 방향으로 가서 오른편에 있는 홍룡사로 들어가는 도로를 따라 가다 갈림길에서 천성산(千聖山, 922m) 정상 방향으로 향해 가는 길이다. 또 하나의 길은 통신시설과 군부대에서 군사시설용으로 천성산 주차장까지 닦아 놓은 길이다.

나옹스님 수도도량인 천성산 원효암을 가기 위해 영덕에서 일찍 출발하였다. 얼마 전에 개통된 포항 남I.C에서 울산 고속도로로 향하여 가니 도로도 막히지 않고 수월하게 갈 수 있었다.

원효암으로 설정한 네비게이션에 의지하여 가는데 등산길을 안내해 주었다. 다시 돌아서 천성산 아래의 도로 쪽으로 가니 원효암 가는 8km의 이정표가 보여 천천히 천성산 길을 차로 몰아 올라갔다. 토요일이고 단풍철이라서 차들이 많이 올라올 것이라 생각했는데 이른 시간이라 차들이 보이지 않고 쉽게 찾아갈 수 있었다.

주차장에서 차를 세워 놓고 약 200m 정도 걸어서 도량에 들어섰다. 경내가 조용하다. 원효암의 내력을 다시 읽어보고 법당에 들어가서 부처님께 참배 후 도량을 살펴보고 법당 앞에서 아래를 내려다보았다. 이른 시간이라 그런지 안개가 아직 남아 있어 시야가 밝지 않았다.

이 원효암 도량에서 나옹왕사께서는 정진하시던 중 무학대사에게 불자(拂子)를 전해 주었다고 한다. 그때를 회상하면서 메모하여 간 나옹왕사의 게송을 송(誦)하였다.

무학(無學)

억겁토록 분명하여 허공 같은데

무엇하러 만 리에 밝은 스승 찾는가

제 집의 보물도 찾기가 어려운데

골수를 얻어 가사를 전하는 것, 가지 위의 가지다[1]

무학(無學)을 보내면서

주머니 속에 별천지 있음을 이미 믿었거니

어디로 가든지 마음대로 삼현(三玄)을 쓰라

어떤 이가 그대에게 참방하는 뜻을 묻거든

코빼기를 때려 부수고 다시는 말하지 말라[2]

원효암에서 나오면서 천성산 주차장에서 천성산 억새밭을 보았다. 여기 원효암이 위치한 천성산은 '1,000명의 대중이 득도하여 성인(聖人)이 되었다'고 하여 붙여진 이름이다. 원효스님은 중국 당나라에서 신라까지 원효대사를 찾아온 대중들에게 화엄경을 가르쳤다. 산 정상의 사자봉에 방석 모양의 바위가 있다는데 이곳 일대를 화엄벌이라 부른다. 다음에 조용할 때 한 번 찾기로 하고 하산하다.

---

1) 『韓國佛敎全書』卷6, 「東國大學校出版部」1984年, p.737中.
　無學　歷劫分明若大虛 何勞萬里問明師 自家財寶猶難覓 得髓傳衣枝上枝
2) 『韓國佛敎全書』卷6, 「東國大學校出版部」1984年, p.738上.
　送無學　已信囊中別有天 東西一任用三玄 有人問你叅方意 打倒面門更莫言

용궁사(龍宮寺)
나옹왕사 창건 사찰
주소 부산시 기장군 기장읍 용궁길86 / 영덕군에서 160㎞, 2시간 34분

　용궁사는 1376년 공민왕(恭民王)의 왕사(王師)였던 나옹대사(懶翁大師)의 창건으로 한국 삼대관음성지(三大觀音聖地)의 한 곳이며, 바다와 용과 관음대불이 조화를 이루어 그 어느 곳보다 신앙의 깊은 뜻을 담고 있으며, 진심으로 기도를 하면 누구나 꼭 현몽을 받고 한 가지 소원을 이루는 영험한 곳으로 유명하다.

　고려 말의 선승인 나옹 혜근선사가 경주 분황사에서 주석하며 수도할 때 나라에 큰 가뭄이 들어 들에는 곡식과 풀이 말라 죽고 인심이 흉흉하였다. 어느 날 혜근의 꿈에 용왕이 나타나 말하기를, "봉래산 끝자락에 절을 짓고 기도하면 비가 내리고 국태민안(國泰民安)할 것이다."라고 하였다. 이에 혜근이 이곳에 와서 지세를 살펴보니 뒤는 산이고 앞은 푸른 바다가 있어 아침에 불공을 드리면 저녁 때 복을 받을 곳이라 하여 절을 짓고 산 이름을 봉래산, 절 이름을 보문사(普門寺)라 하였다.

　임진왜란을 맞아 사찰 건물이 모두 불탔는데, 1930년대 초 근 300여 년 만에 통도사 운강화상이 보문사를 중창한 이후 여러 승려를 거쳐 1974년 승려 정암이 부임하여 관음

도량으로 복원할 것을 발원하고 절의 이름을 해동 용궁사(海東 龍宮寺)로 바꾸었다.

해동 용궁사는 대개의 사찰이 산중 깊숙이 있는 것과는 달리 발아래 바닷물이 보이는 수상법당(水上法堂)이다. 우리나라의 관음 신앙이 주로 해안이나 섬에 형성되어 있는데, 강원도 양양군 강현면 전진리의 낙산사, 경상남도 남해군 상주면 상주리의 보리암, 부산광역시 기장군 기장읍 시랑리의 해동 용궁사, 이 세 절이 한국의 3대 관음 성지이다. 특히 해동 용궁사는 바다와 용과 관음 대불이 조화를 이루어 그 어느 곳보다도 깊은 신앙심을 자아내게 한다.

해동 용궁사에서는 연중 법회와 기도 행사가 열린다. 동지 기도, 해맞이 철야 기도, 설날 합동 제사, 정초 신장 7일 기도, 삼재 예방 불공, 용왕 대제 법회, 부처님 오신 날 봉축 대법회, 백중 영가 천도 대제, 추석 합동 제사, 중앙절 합동 제사 등이 개최되는데, 바닷가에 위치한 사찰의 입지적 특성으로 용왕 대제가 열리는 것이 다른 절과의 차이점이다.

해동 용궁사는 부산광역시 기장군 기장읍 시랑리 동해 바닷가의 절경에 가람이 형성되어 있으며, 인근에는 시랑대, 오랑대와 같은 명승지가 있다. 최근 조성된 가람의 배치를 살펴보면 석재로 만든 중문이 절의 북쪽에 있으며, 대웅전과 용궁단 등 전각은 동쪽을 향하여 세워졌다.

대웅전은 정면 3칸, 측면 3칸의 다포식 겹처마 팔작지붕 기와집이며, 남쪽 옆에는 석조여래좌상을 모신 감실과 용궁단이 배치되어 있다. 용궁단은 바닷가에 면한 사찰의 특성상 용왕을 모신 제단의 역할을 하며 정면 한 칸, 측면 한 칸의 팔작지붕 기와집이다.

용궁단의 맞은편에 현대식 요사채가 있고, 바로 옆의 약간 높은 대지에는 해수관음입상을 조성하였다.

문화재로 지정된 것은 없다. 대웅전 옆 감실에 모셔진 석조 여래 좌상은 조선 후기의 불상을 본떠 만든 근래의 작품인데 머리카락은 두툼한 나발(螺髮)로 표현하였으나 육계는 소발(素髮)로 표현하여 일반적인 불상 머리 형식을 따르고 있지 않다. 법의는 오른쪽 어깨를 드러낸 우견편단 형식이며 수인(手印)은 항마촉지인(降魔觸地印)인데 항마인(降魔印)의 왼손은 보주를 받치고 있다. 그러므로 이 불상은 약사여래상임을 알 수 있다.

※용궁사는 1376년에 나옹왕사가 창건하였다고 하나 그 해는 회암사 중창불사 후 우왕의 어명에 의하여 신륵사에서 열반불사를 펼친 해이다. 정확한 연대가 맞지 않는다. 용궁사 홈페이지와 인터넷 포털사이트(nate, naver, daum) 백과사전에는 수정을 할 필요가 있는 것 같다.

해동 용궁사는 관광지 사찰이라 낮에는 관광객과 불자들이 많다고 하여 일찍 부처님을 참배하려고 길을 나섰다. 서남사 절에서 새벽예불 후 출발하여 해동 용궁사에는 6시 30분에 도착하였다. 용궁사 현판에 '한 가지 소원은 꼭 이루게 해 주는 용궁사'라고 적혀 있는데 저 문구가 꼭 필요한가? 입구에는 12지상을 일렬로 모셔 놓았다. 용궁사 사적비를 지나니 일주문이 보이고 일주문 앞에 교통 안전탑이 적혀 있다. 들어오면서 여타 사찰에 없는 것들이 있는 것을 보니 이런 장엄물이 중생들에게 사찰 안으로 끌어들이게 하는 한 가지 방편인가?

일주문에 '해동제일관음성지(海東第一觀音聖地)'라고 쓰여 있다. 대웅전을 향해 내려가니 학업

성취불, 득남불과 바위 위에 지장좌불상이 있고 황금돼지, 동자상, 포대화상 등이 즐비하다. 경상도 말로 '억수로 볼끼 많네'라는 말이 절로 튀어나온다. 이러한 장엄이 현시대 방편불사에는 도움 되지 않을까 생각되지만 한편으로는 겉으로 보이는 것만으로 전체 불교를 바라보지는 않았으면 하는 우려가 생긴다.

현재 용궁사에는 문화재가 없다. 세월이 흘러 후손들이 문화재로 인정할 수 있을 만한 수준 있는 고급 불교장엄물도 필요하리라는 생각을 해본다. 이런 저런 망상을 뒤로 하고, 좌측에 있는 확 트인 동해바다를 바라보았다.

우측에는 대웅보전이 웅장하게 동해바다를 바라다보고 있다. 잘 모르긴 해도 대웅보전은 자리를 잘 잡은 것 같다. 도량을 한 번 돌아보고 바닷가로 향하여 나옹왕사의 게송을 송(誦)하고 절에서 하산하다.

동해의 보타굴(寶陀窟)에 제(題)함
원통(圓通)의 그 경계를 뉘라서 알건가
예나 이제나 처음부터 끊일 틈 없이
큰 바다의 조수가 뒤치며 밀려와 굴에 가득 차나니
범음(梵音)은 현묘한 그 기틀을 열어 보이네[1]

---

1) 『韓國佛敎全書』卷6, 「東國大學校出版部」1984年, p.745上.
   題東海寶陀窟 圓通境界孰能知 今古初無間斷時 大海潮翻來滿洞 梵音開發妙玄機

전통사찰제23호 대한불교조계종
다솔사
多率寺
Dasolsa 1.5km

다솔사(多率寺) 나옹왕사 중수 사찰

주소 경남 사천시 곤명면 다솔사길 417 / 영덕군에서 278㎞, 3시간 53분

다솔사는 대한불교조계종 제14교구 본사인 범어사(梵魚寺)의 말사이다.

봉명산은 이명산이라고도 한다. 사찰이 자리한 일대는 봉명산 군립공원으로 지정되어 있다.

511년(지증왕 12) 연기조사(緣起祖師)가 창건하여 '영악사(靈嶽寺)'라 하였고, 636년 (선덕여왕 5) 건물 2동을 신축하고 다솔사로 개칭하였다. 676년(문무왕 16) 의상(義湘)대 사가 다시 '영봉사(靈鳳寺)'라고 고쳐 부른 뒤, 신라 말기 도선(道詵)국사가 중건하고 다 솔사라고 하였다.

1326년(충숙왕 13) 나옹(懶翁)이 중수하였고, 조선 초기에 영일·효익 등이 중수하였 으며, 임진왜란의 병화로 소실되어 폐허가 되었던 것을 1686년(숙종 12) 복원하였다. 1748년(영조 24) 당우 대부분이 소실되었으나, 1758년 명부전·사왕문·대양루 등을 중 건하였다. 현재의 건물은 대양루를 제외하고 1914년의 화재로 소실된 것을 이듬해 재건 한 것이다.

현존하는 당우로는 경상남도 유형문화재 제83호로 지정된 대양루(大陽樓)를 비롯하여, 경상남도 문화재자료 제148호인 극락전과 경상남도 문화재자료 제149호인 응진전, 대웅전·나한전(羅漢殿)·천왕전(天王殿)·요사채 등 10여 동의 건물이 있다.

대양루는 1749년(영조 25) 건립된 2층 맞배집으로서, 건평 106평의 큰 건물이다. 1658년에 중건하고, 1986년에 수리하였으며, 2000년 1월에 다시 보수를 마쳤다.

1978년 2월 8일에 있었던 대웅전 삼존불상 개금불사(改金佛事) 때 후불탱화 속에서 108개의 사리가 발견됨에 따라, 이 절에서는 익산 미륵사지 석탑을 본뜬 높이 23m, 30평 정도의 성보법당(聖寶法堂)을 탑 안에 설치하여 적멸보궁사리탑(寂滅寶宮舍利塔)을 건립하였다.

이밖에도 통일신라시대의 작품으로 추정되는 마멸이 심한 마애불(磨崖佛)과 경상남도 유형문화재 제39호인 보안암 석굴(普安庵石窟), 부도군(浮屠群) 등이 있다.

보안암 석굴은 고려 말에 창건되었다고 전하여지며, 경주 석굴암의 형태와 비슷하다. 석굴 안의 본존불인 석가모니불은 코 부분이 깨어져 있으며, 본존불을 중심으로 하여 1.3m 내외의 석불좌상 16구가 안치되어 있는데, 조각수법으로 보아 조선시대 작품으로 추정된다. 부도군에는 도명(道明)·낙화(樂華)·성진(聖眞)·풍운(風雲)·세진(洗塵) 등 5인의 부도가 있다.

이 절은 일제 때 한용운(韓龍雲)이 머물러 수도하던 곳이며, 소설가 김동리(金東里)가 『등신불(等身佛)』을 쓴 곳이기도 하다. 이밖에도 절 주위에서 재배되는 죽로차(竹露茶)는 반야로(般若露)라는 이름으로 널리 알려져 있는 명차이다.

※다솔사의 연혁에 "1326년(충숙왕 13) 나옹이 중수하였다."라고 기록하고 있는데 나옹왕사께서 태어나신 해가 1320년이라 연대의 착오가 있는 것 같다. 나옹왕사 불적답사길에 각 사찰의 연혁에 나옹왕사와의 기록이 상식선에서 맞지 않는 곳이 보이지만 그대로 기록하고자 한다.

절 이정표에 '전통사찰 제23호 대한불교조계종 다솔사 1.5km' 간판이 보인다. 평일인데도 등산객과 절을 찾는 불자들이 제법 눈에 띈다. 봉명산이 군립공원으로 지정되어 있어 산을 찾는 것인지 절이 좋아 다솔사를 찾는 것인지는 몰라도 조용한 절간처럼 보이지 않는다. 삼사 순례지로 몇 번 왔던 사찰이라 그다지 낯설지는 않았다.

사찰 주차장에 차를 주차하고 계단을 오르니 대양루(大陽樓)가 보인다. 대양루를 거쳐 주 법당인 적멸보궁에 참배하였다. 원래는 대웅전이라 하였는데 탱화 뒤에서 108사리가 발견되어 사리를 모시면서 적멸보궁으로 바뀌었다고 하는데 보통 적멸보궁은 불상을 모시지 않는데 비해 이곳에는 와불이 모셔져 있다. 적멸보궁을 참배하고 도량을 둘러보니 보궁 우측에 죽로차(竹露茶)와 안심료(安心寮) 건물이 보인다. 노년의 만해 한용운스님과 등신불의 작가 김동리선생이 각각 이곳에 머물렀다. 이곳에서 한용운스님은 「독립선언서」를 작성하고 김동리선생은 「등신불」을 집필한 유서 깊은 곳이다.

　　다솔사는 효당 최범술 주지스님께서 우리나라 최초의 다도(茶道) 개론서인 『한국의 다도』를 저술한 곳이기도 하다. 여기 다솔사가 차(茶)맛이 일품이라는데 오늘은 볼일만 보고 차 맛은 다음을 기약하였다.

　　내려오는 길에 '남기고 가는 발자국 가지고 가는 추억'이라는 글귀가 눈에 띈다. 글을 보면서 중생의 업은 참회로서 내려놓고 중도실상의 도리를 자각하여 지혜와 자비의 보현행을 서원하자고 마음속으로 염하면서 나옹왕사의 게송을 송(誦)하고 하산하였다.

　　의선자(義禪者)가 게송을 청하다
　　모름지기 장부의 용맹내기를 기약하고
　　공부에 달라붙어 힘써야 하리
　　하루 아침에 마음이 끊어지고 정情이 없어지면
　　무딘 쇠나 굳은 구리쇠도 눈이 활짝 열리리라[1]

---

1) 『韓國佛敎全書』卷6, 「東國大學校出版部」1984年, p.743上.
　　義禪者求偈　須發丈夫勇猛期　工夫拶着做將來　一朝心絶情忘去　鈍鐵頑銅眼豁開

응석사(凝石寺) 지공 · 나옹 · 무학 수도(修道) 사찰

주소 경남 진주시 집현면 응석로 435 / 영덕군에서 230㎞, 3시간 50분

　응석사는 대한불교조계종 제12교구 본사인 해인사의 말사이다. 554년(진흥왕 15)에 창건되었다고 하며, 하나의 설은 662년(신라 문무왕 2)에 의상대사가 응석사에서 강원(講院)을 열었다고 하나, 당시 의상은 당나라에 유학 중이었으므로 이 이야기는 신빙성이 없다. 고려 말에 지공(指空) · 나옹(懶翁) · 무학(無學) 등이 머물렀다고 한다. 그 뒤 1736년(영조 12)과 1899년에 중수하여 오늘에 이르고 있다. 또한 조선시대에는 사명당 유정(1544~1610)과 진묵 일옥(1562~1663)이 머물러 수도하면서 화엄도량으로 명성을 떨쳤다.

　전해오는 이야기에 따르면 응석사에는 대웅전을 비롯하여 관음전, 문수전, 극락전, 영산전, 나한전과 163개의 방이 있었는데, 1592년(선조 25) 임진왜란 때 왜군이 침입해 불상 밑에 숨겨둔 무기를 발견하고 사찰을 불살랐다고 한다. 그 뒤 1736년(영조 12)과 1899년(광무 3)에 중수하여 오늘에 이르고 있다.

　근대의 고승 구산(九山, 1909~1983)이 1950년에 응석사에 머물며 수도한 바 있다. 현

존하는 당우로는 대웅전을 비롯, 산신각·일주
문·요사채 등이 있다. 이 중 대웅전은 경상남
도유형문화재 제141호로 지정되어 있다. 팔작
지붕 기와집이며 주심포(柱心包) 계통을 따르고
있는 정면 3칸의 건물로서 활주를 받쳐 보강하
고 있다. 이건 때 규모가 축소된 것으로 추정되
며, 그 연대는 병자호란 이전으로 추정된다. 경
내 뒤편에는 경상남도기념물 제96호로 지정된
무화과나무가 있다. 이 나무는 신라 말에 도선
국사가 심었다고 하는데, 실제로는 수령 약 250
년으로 추정되며, 높이는 15m에 달한다.

현존하는 건물로는 대웅전을 비롯해 관음전,
나한전, 산신각, 독성각, 요사채 2동과 일주문,
종루 등이 있다. 경상남도 유형문화재 제141호
로 지정된 대웅전은 옮겨 지을 때 규모가 축소
된 것으로 추정되며, 그 시기는 1636년(인조 14)
병자호란 이전으로 추정된다. 또한 대웅전 안에
봉안된 목조석가여래삼불좌상은 진묵 일옥이
직접 조각한 것이라고 전한다.

경내에는 수명이 300년인 은행나무 보호수 한
그루가 있다. 또한 관음전 뒤로는 무환자 나무가 군락을 이루고 있으며, 무환자 나무는
1990년 1월 16일 경상남도 기념물 제96호로 지정되었다. 응석사는 1998년 11월 13일에
전통사찰 제61호로 지정되었다.

※응석사 가는 길은 진주 방면에서 국도 33호선을 따라 합천 방향으로 가다가 우회전하니, 이정
표에 약 4.5km라고 씌여 있다. 절에 가까이 다가와서일까. 뒷산이 집현산(572.2m)이라는데 찾는
이를 편안하게 한다. 조금 더 들어가니 직선으로 길게 펼쳐져 있고 수면이 잔잔한 저수지가 보인

다. 도량에 들어서니 입구부터 사찰이 무척 깔끔하
다는 인상을 받았다.

　일주문을 지나 2층으로 된 전각 밑에는 사천왕이
보이고, 위에는 종각이 있다. 대웅전이 보이는 곳에
서니 편백인지 삼나무인지 모를 두 그루의 나무가
당간지주(幢竿支柱)처럼 중심을 잡고 있다. 300년이
되었다는 보호수인 은행나무 또한 세월의 연륜이 느
껴진다. 이천 영원암과 여주 흥왕사의 은행나무에는
못 미치지만 힘이 있어 보인다.

　법당에는 스님 한 분께서 사시불공을 하고 계시고,
종무소 밖에는 신도분과 주지스님께서 차담을 나누
고 계셨다. 먼저 인사를 드리고 찾아온 용무를 말씀
드렸더니 부처님 참배하고 점심공양을 하고 가라신
다.

　대웅전 부처님께 참배하였다. 여기 모신 삼존불
은 목조석가여래삼존불상으로 주불은 석가여래, 좌
협시는 아미타여래, 우협시는 약사여래로서 보물 제
1687호로 지정되어 있다. 법당을 나와 각 전각에 들
어가 참배하고 도량을 둘러보았다.

　응석사는 지공 · 나옹 · 무학 세 도인이 머물러 정
진하였다고 한다. 사찰 규모가 그리 크지는 않았지만 갖추어야 할 전각은 다 있는 듯하다. 그렇
게 깊은 골짜기는 아니어도 아늑하고 포근한 정감 있는 사찰이다. 이 도량에 있으면 삼재팔난이
비켜갈 것 같은 느낌이 든다.

　볼일을 다 마친 뒤, 오늘 일정상 주지스님께 인사 드리고 바로 출발하려는데 점심공양은 못할
지언정 차라도 한 잔 하고 가라고 하신다. 종무소에 들어가 주지스님께 인사드리고 앉아 이런저
런 말씀을 나누었다. 응석사 주지스님과 마주앉고 보니 어디서 많이 뵌 분 같아 가만히 생각하니
금강산 신계사 복원불사 도감을 맡아 2004년 11월부터 2007년 12월까지 4년 동안 금강산 신계사

에 계시면서 복원불사를 원만히 회향한 제정스님이셨다.

　주지스님과의 차담을 통하여, 불교전반에 관한 해박한 지식을 듣고 첫 만남에 깊은 인상을 받았다. 아쉬움을 뒤로 하고, 다음 답사지 사찰로 이동하며 나옹왕사의 게송을 송(誦)하면서 하산하였다.

연상인(衍上人)에게 주는 글
참선은 제 마음을 참구해 갖는 것이니
부디 다른 물건 따라 밖에서 찾지 말라
적적(寂寂)하면 다시는 사념(邪念) 일지 않고
성성(星星)한데 어떻게 화두가 어두우랴

등골뼈는 바로 한 가닥의 쇠이며
터럭은 만 냥 금을 녹여내니
60년을 그저 이렇게 나아갈 때는
총림을 압도하지 못할까 근심하지 않게 되리[1]

1)『韓國佛敎全書』卷6,「東國大學校出版部」1984年, p.743上.
　　衍上人　參禪參取自家心 切忌隨他外憶尋 寂寂更無邪念起 惺惺那有話頭沉
　　　　脊梁便是一條鐵 毫髮能消萬兩金 三二十年如此去 不愁不到壓叢林

영원사지(瑩源寺址) 1376년 우왕(禑王) 왕명에 의하여 부임(赴任) 이석(移錫)사찰, 현재 폐사지

주소 경남 밀양시 활성동 112 / 영덕군에서 171km, 2시간 21분

영원사에 관한 창건과 폐사는 정확히 전하지 않으나, 가장 빠른 기록은 893년 수철화상보월탑비이다. 이 기록에 따르면, 경문왕이 수철화상(817~893)에게 심원산사 주지로 명하였으며 심원산사가 영원사라고 한다. 즉 영원사는 경문왕 재위 시에 향화를 피웠음을 알 수 있다. 그 이후는 고려후기에 집중적으로 나타난다.

익제 이재현[1]이 유원고려국조계종자씨산영원사보감국사비문병서, 박전지의 용봉산 용암사중창기에 무외 스님이 왕명으로 1310~1315년 주지로 주석하면서 금당, 낭무(廊廡)를 개수한 기록이 있다. 그리고 이곡(1298~1351)의 가정집에 고려사천태불은사중건기, 경사보은광교사기, 조정숙공사단기 등에 1330~1340년 경 의선스님이 주지로 있었던 자료가 있다.

이후 1376년 나옹선사가 왕명을 받아 양주 회암사에서 이곳으로 오다가 여주 신륵사

---

1) 『밀양읍지』에 보감국사의 비문은 이제현李齊賢이 지었다고 기록되어 있다. 이제현에 따르면 보감국사의 속명은 김혼구金混丘(1250~1322) 『삼국유사』를 지은 보각국사는 일연一然의 제자였다고 한다.

에서 입적하였다. 또한 이문화(1358~1414)가 지은 영원사의 선조루 시가 신동국여지승람에 남아 있어 영원사는 조선초기까지도 사찰이 존속되고 있었다. 하지만 범우고 여지도서 경상도읍지 등에는 폐사의 기록만 남아 있어 16세기 이전에 영원사는 향화가 끊겼을 것으로 추정한다. (방방곡곡을 헤맨 횡설수설 우리문화유산답사기 옛님의 숨결, 그 정취를 찾아'에서 인용함)

※나옹왕사께서 여주 신륵사에서 입적하셨지만, 우왕의 어명으로 부임 이석하고자 한 영원사지의 답사기록은 현장을 찾아 아래와 같이 기록을 옮겨 놓는 것으로 대신한다.

영원사지 보감국사부도(瑩源寺址寶鑑國師浮屠)

경상남도 유형문화재 제12호로 영원사터라고 전하는 곳에 각 부분이 흩어져 있던 것을, 1974년 11월 현재의 자리로 옮겨 세운 것으로, 고려시대 승려인 보감국사의 부도로 추정된다.

8각의 평면을 기본형으로 하고 있으며 탑신의 몸돌이 없어진 채, 기단(基壇)과 지붕돌만이 남아 있다. 기단은 안상(眼象), 소용돌이치는 구름무늬, 연꽃무늬를 새겨 화려하게 장식하였다. 지붕돌은 목조 건축을 모방하여 기와골과 막새기와까지 표현해 놓았다. 전체적으로 화려하고 복잡한 장식을 하고 있으며, 통일신라 후기의 양식을 계승하고 있다.

영원사지 보감국사묘응탑비(瑩源寺址寶鑑國師妙應塔碑)

경상남도 유형문화재 제13호 영원사터에 남아 있는 보감국사의 탑비로, 주변에 흩어져 있던 여러 부재를 수습해 놓은 것이다. 보감국사(1251~1322)는 고려 일연스님의 제자로 충렬왕 때 대선사가 되었고 충숙왕 때 왕사가 되었다. 몇 년 후 은퇴하여 영원사에 머무르다가 말년에 송림사로 옮겨 입적하였다. 국사로 추증되었고, '보감'은 그의 시호이며, 탑이름은 '묘응'이다.

비는 거북모양의 받침돌이 비 몸을 잃어버린 채 머릿돌을 받치고 있다. 거북의 머리는 힘찬 형태로 생동감 있게 표현 되었으며, 입에는 여의주를 물고 있다. 등에는 벌집모양의 육각형이 가득 새겨져 있고, 중앙에 마련된 비 몸을 꽂아두는 네모난 홈 주변에는 연꽃을 새겨 장식하였다.

나옹왕사의 게송을 송(誦)하다. (출처: 문화재청 홈페이지)

영원사지는 그 옛날 대가람의 자취는 흔적도 없고 농가 가운데 유적을 모아 보전하고 있어 세월의 무상함이 느껴진다. 나옹왕사가 어명을 받고 이곳에 당도하였다면 어찌 되었을까? 폐사지의 흔적 속에서 나옹왕사의 마지막 모습을 그리며 게송을 송(誦)하다.

고산(杲山)

금까마귀 날아올라 새벽하늘 밝았나니
온 땅의 묏부리들 푸른빛이 역력하다
번쩍이는 그 광명에 항하사 세계가 깨끗한데
전령(顚嶺)에서 우는 원숭이 소리는 무생(無生)을 연설한다[2]

2) 『韓國佛敎全書』 卷6, 「東國大學校出版部」 1984年, p.735下.
　杲山　金烏飛起曉天明 大地峯巒歷歷靑 赫赫光輝沙界淨 猿啼顚嶺演無生

전라도

천은사(泉隱寺)	대원사(大院寺)
상선암(上禪庵)	나옹암(懶翁庵)
나옹사지(懶翁寺址)	금당사(金堂寺)
규봉암(圭峰庵)	봉서사(鳳棲寺)
송광사(松廣寺)	은적사(隱寂寺)
위봉사(威鳳寺)	상주사(上柱寺)
태조암(太祖庵)	보천사(寶泉寺)
학림사(鶴林寺)	

천은사(泉隱寺)

나옹왕사 원불금동불감(보물 제1546호) 봉안 사찰

주소 전남 구례군 광의면 노고단로 209 / 영덕군에서 305㎞, 4시간 13분

천은사(泉隱寺)는 남방제일선찰(南方第一禪刹)로서 구례군 광의면 방광리 70번지 지리산의 서남쪽에 위치하고 있으며, 대한불교조계종 제19교구 본사 화엄사의 말사이다.

화엄사, 쌍계사와 함께 지리산 3대사찰 중의 하나로 꼽히고 있다. 절은 지리산 가운데서도 특히 밝고 따뜻한 곳에 자리하고 있는데, 지리산의 높고 깊은 계곡에서 흐르는 맑은 물이 절 옆으로 펼쳐지고 우람한 봉우리가 가람을 포근히 둘러싸고 있다.

얼마 전까지만 해도 워낙 광대한 지리산 자락이라 교통이 불편하였으나 지금은 노고단에 이르는 지방도로가 절 앞까지 이어져 있고 화엄사까지 직통하는 도로가 놓여 있어 어렵지 않게 절을 찾을 수 있다. 산문과 일주문을 지나 독특하고 운치 가득한 수홍문을 건너 절을 찾는 즐거움은 아주 특별하다. 지리산의 빼어난 산수와 풍광 그리고 그 속에서 불법의 진리를 만나는 것은 더 없는 보람일 것이다.

천은사는 신라 때 창건된 고찰이다. 신라 중기인 828년(흥덕왕 3)에 인도의 덕운(德雲) 스님이 중국을 통해 우리나라에 들어와 명산을 두루 살피던 중 지리산에 들어와 천은사를 창건했다고 알려져 있었다. 그러나 조선시대 천은사 중건 당시 지어진 극락보전 상량문에 의하면 창건과 관련하여 다음과 같이 기록되어 있다.

"당 희종 건부 2년(875년)에 연기(도선국사)가 가람을 창건하였고 후에 덕운이 증수하였다.(唐 僖宗 乾符二載 緣起相形而建設 德雲因勢而增修……)"

그런데 일제시대에 간행된 「구례읍지」에는 이 기록에서 창건주 연기는 도선국사(道詵國師, 827~898)의 별호인데 이것을 유래로 잘못 해석하여 도선국사 이후의 스님인 덕운을 창건주로 왜곡하여 전해지고 있었다. 우리나라의 많은 사찰들이 도선국사가 창건주로 되어 있는데, 이는 중국 유학 시 일행선사로부터 3천 8백 비보사찰을 중건 혹은 창건토록 하라는 가르침에 따라 신라 조정에 긴밀히 모의하여 신라 국토 곳곳에 사찰과 탑을 건립하였던 점을 생각하면 천은사도 바로 이러한 경우일 것으로 짐작된다. 이렇게 볼 때 인근 화엄사의 창건연대(544년)와 비교하여 도선국사가 창건했다기보다는 중창하였을 것으로 짐작된다. 따라서 창건주에 대한 기록은 밝혀진 바 없어 그 시기와 유래를 지금으로서는 알 수가 없다.

고려시대에 들어와서는 절은 더욱 번성하여 충렬왕(1275~1308) 때에는 '남방제일선원(南方第一禪院)'으로 지정되었다. 그 후 계속해서 많은 수도자가 진리의 광명을 터득하는 수행처로서의 역할을 이어나갔다. 그러나 아쉽게도 절의 역사 가운데 많은 부분이 공백으로 남아 있고, 더욱이 조선시대에 들어와서는 임진왜란 등의 병화를 겪으면서 대부분 소실되는 등 점차 쇠퇴의 길로 접어들었다.

이후 다시 역사에 등장하는 것은 1610년(광해군 2)의 일이다. 당시 절의 주지 혜정선사(惠淨禪師)가 소실된 가람을 중창하고 선찰로서의 명맥을 이끌어 나갔다. 뒤이어 1679년(숙종 5)에도 단유선사(袒裕禪師)가 절을 크게 중수했는데, 이로부터 절 이름을 감로사에서 천은사로 바꾸었다.

1715년(숙종 41)에는 팔상전에 영산회상도를 조성하였고, 1749년(영조 25)에는 칠성탱화를 조성하였다. 1774년(영조 50) 5월에는 혜암선사(惠庵禪師)가 그 전 해에 화재로 소실되었던 전각을 중수하면서 절을 새롭게 중창하였다. 혜암선사는 수도암(修道庵)에 주석하고 있었는데 당시 남원부사 이경륜(李敬倫)에게 도움을 구하고 산내 여러 사찰과 힘을 합쳐 2년간에 걸친 중창불사를 원만히 이루어냈다. 지금의 가람은 대부분 이때 이루어진 모습이니 혜암선사의 중창은 사찰의 역사에 있어서 매우 큰 비중을 차지하고 있

다. 현재 절 일원이 전라남도 문화재자료 제35호로 지정되어 있다.

천은사 설화와 전설

절 이름이 바뀐 데에는 다음과 같은 전설이 전한다.

단유선사가 절을 중수할 무렵 절의 샘가에 큰 구렁이가 자주 나타나 사람들을 무서움에 떨게 하였으므로 이에 한 스님이 용기를 내어 잡아 죽였으나 그 이후로는 샘에서 물이 솟지 않았다.

그래서 '샘이 숨었다'는 뜻으로 천은사라는 이름이 붙여졌다고 한다. 그런데 절 이름을 바꾸고 가람을 크게 중창은 했지만 절에는 여러 차례 화재가 발생하는 등의 불상사가 끊임없이 일어났다.

마을 사람들은 입을 모아 절의 수기(水氣)를 지켜주던 이무기가 죽은 탓이라 하였다. 얼마 뒤 조선의 4대 명필가의 한 사람인 원교 이광사(李匡師, 1705~1777)가 절에 들렀다가 이런 이야기를 들었다.

그러자 이광사는 마치 물이 흘러 떨어질 듯한 필체[水體]로 '지리산 천은사'라는 글씨를 써 주면서 이 글씨를 현판으로 일주문에 걸면 다시는 화재가 생기지 않을 것이라 하였다. 사람들은 의아해 하면서도 그대로 따랐더니 신기하게도 이후로는 화재가 일지 않았다고 한다.

※천은사와 나옹왕사의 관계는, 천은사 뒤편 노고단 중턱에 위치한 상선암에서 왕사께서 수행정진하시면서 지니고 있던 원불불감(보물 제1546호)이 지금까지 천은사에 전해진다고 한다. 이 원불불감에 관하여 천은사에 기록되어 있는 내용을 정리하여 살펴보았다.

천은사 금동불감

이 금동불감은 43.3㎝ 높이의 초가집 형태의 전각(우진각형)으로 고려 말 조선 초의 대표적인 불감(佛龕)이다.

안에는 금동삼신불(법신불·보신불·응신불) 상이 모셔져 있고, 뒤 벽면에는 법신불인 비로자나삼신상과 10명의 제자상, 좌우 벽면에는 화려한 꽃무늬를, 입구 문에는 불법의 수호신인 칼을 든 인왕을 새겼다.

삼신불을 받치고 있는 대좌의 연꽃 모양과 연꽃을 엎어놓은 모양 무늬는 14세기말 내지 15세기 경의 불상 양식과 같은 것이다.

벽면에 새겨진 불상의 얼굴 형태와 옷 주름의 선이 부드럽고 무늬가 화려할 뿐 아니라 인왕의 힘차고 발랄한 표현 등은 수준 높은 작품의 불감임을 보여준다.

불감 뒷면에는 불감을 만든 이와 시주자가 새겨져 있고 당대의 우진각형 건축 양식의 일면을 보여주고 귀중한 건축 자료로서도 가치가 크다.

이 금동불감은 팔작지붕 형태를 갖추고 있고 전면으로 문을 여닫게 되어 있으며, 총 높이는 40㎝, 폭34㎝, 두께 약 18㎝이다.

불감 앞에서 문을 열었을 때 왼쪽 문에는 양각한 인왕상이 힘차고 강건한 모습으로 보이며 생동감 넘치는 신체의 구도, 근육 등 인왕이 지닌 강렬한 힘을 그대로 나타낸다. 불감 뒷면 기록에 의하면 불상은 신승스님, 불감은 김치(金致)와 박어산 등이 조성하였으며, 이 불사에는 박씨 부부가 시주하고 신음, 신선, 허옥 등 네 분 스님이 참여하셨다고 한다. 노스님 말씀으로는 공민왕이 나옹화상에게 드렸다고 한다. 마땅한 절에 머무르시지 못하고 행각하시면서 예불하기가 어려워 어디에서나 예불드릴 수 있도록 배려 하셨다고 한다. ('지리산 천은사 동백나무' 블로그 인용)

천은사에 도착하니 해가 서산으로 넘어가고 있었다. 천은사 부처님을 참배하고 일정을 마무리

하려고 했는데 문득 생각하길, 나옹왕사께서 민족의 영산인 지리산에 와서 천은사에서 정진하였으면 이 주위 어딘가 수행 정진한 곳이 또 있을 것이라 생각되었다. 검색을 하니 나옹왕사께서 상선암에서 수도 정진하셨다는 내용을 발견했다. 천은사 산내 암자인 상선암까지 답사를 하고 마무리해야겠다고 생각하니 마음이 바빴다.

오늘 가는 이 불적답사의 길도 구경에는 자신의 본래면목을 보기 위함이라는 생각에 다시 마음을 가다듬었다. 천은사 부처님을 참배하고 맑은 감로수 한 잔으로 심기일전하였다. 늦은 시간이라 나옹왕사께서 평소 지닌 금동불감에 관한 내용을 살펴보고 천은사 답사를 마무리 하면서 나옹왕사의 게송을 송(誦)하고 상선암으로 발길을 돌렸다.

난선자(蘭禪者)가 게송을 청하다
도를 배우고 참선함에는 용맹이 있어야 하나니
화두를 들되 혼침(昏沈)에 빠지지 말라
의심덩이를 쳐부수고 허공을 굴리면
한 줄기 차가운 빛이 고금을 녹이리라[1]

---

1) 『韓國佛敎全書』卷6,「東國大學校出版部」1984年, p.740中.
　蘭禪者求頌 學道叅禪須勇猛 話頭提起莫昏沉 疑團打破虛空轉 一道寒光爍古今

상선암(上禪庵) 나옹왕사께서 원불금동불감(보물 제1546호)을 모시고 수도 사찰

주소 전남 구례군 광의면 방광리 / 영덕군에서 320㎞, 4시간 30분, 도보 30분

상선암(上禪庵)에 대한 기록은 천은사 홈페이지나 한국불교사찰사전 그 밖에 자료를 찾아보았지만 찾을 수가 없었다. 원래 나옹왕사 사찰 답사기에 상선암은 모르고 있다가 천은사에 와서야 상선암에서 수도 정진한 것을 알았다.

상선암은 지리산의 서쪽 종석대 아래 해발 780m 고지에 있는 것으로 나와 있다. 상선암은 천은사의 산내암자로 나옹스님이 세운 것으로 전해진다. 지금의 건물은 한국 전쟁이 끝난 뒤에 세운 것이다. 상선암은 그 옛날 우번조사뿐만 아니라 경허, 수월, 진응, 용성, 용하, 호음 등 수 많은 선승들이 수행하던 곳이었다고 전하고 있다.

※나옹왕사께서 상선암에서 정진하였다는 것을 알게되어 천은사 대중에게 상선암에 대하여 여쭈어 보았지만 위치를 잘 모르고 있었다. 천은사 매표소 직원들에게 물어 보니 위치는 알려주어 메모를 하는 중에 마침 상선암에서 몇 년 정진하셨으며 지금은 수도암 주지스님으로 계시는 철우스님께서 차로 앞장 서 상선암 올라가는 도로 앞까지 길을 안내해 주었다. 해가 지고 있는 시

간이라 스님께 암자까지 동행해 주기를 간청했지만 저녁 예불을 하여야 한다고 길을 자세히 알려 주고는 돌아서 가버리셨다.

치악산 상원사 답사 초행길에 고생을 하도 많이 해서 오늘도 해는 지고 있는 시간인 지라 간단하게 준비하여 일러준 대로 출발하였다. 수도암 주지스님께서 20여 분 가면 도착한다고 하였는데 30분이 지나도 절이 보이지 않았다. 이대로 가다간 길을 잃어버리는 것이 아닌가 하는 불안한 생각이 들었다. 길가에는 방금 멧돼지가 땅을 후벼 판 흔적이 있어서 머리가 쭈뼛거리며 초조하였다.

급할수록 돌아가라는 말을 새기며 바위에 잠시 걸터앉아 한 생각 돌이켜 보았다. 아직도 수행이 많이 부족함을 느끼고 평상심을 유지하고 집중하면서 걸어가니 산 쪽에 연기가 모락모락 피어오르는 것이 보였다. 서남사에서도 난방은 모두 아궁이가 있고 구들로 되어 있어 매일 불을 넣어 연기를 피운다. 하지만 똑같이 보는 연기인데 오늘 보는 연기는 매일 보는 그 연기가 아니고 다르게 보였다. 그렇게 반가울 수가 없었다.

흘린 땀을 닦고 처음 뵙는 스님께 인사드리고 부처님께 참배하고 내려와 다시 스님께 인사드렸다. 양해를 구하고 어두워지기 전에 전각과 도량 사진을 찍었다. 용무를 말씀드리고 나니 심운 주지스님께서 따뜻한 차 한 잔을 내어 주시고 20여 분 동안 담소(談笑)를 나누었다. 해가 지고 어두워져서 부처님께 참배를 드리고 내려오는데 꼭 다음에 올 때는 상선암에서 정진하고 가라 하시면서 배웅해 주셨다. 하산하면서 나옹왕사의 게송을 송(誦)하였다.

당(唐) 지전선자(智全禪者)가 게송을 청하다
참선하고 도를 배움에는 신심이 뿌리 되나니
신심이 눈 푸른 오랑캐 중(달마)을 뛰어 넘으면
마음대로 완전히 죽이고 살리리니
그로부터 악명이 강호(江湖)에 가득하리[1]

---

1) 『韓國佛敎全書』卷6, 「東國大學校出版部」1984年, p.740中.
　唐智全禪者求頌　叅禪學道信爲根　信得能超碧眼胡　自在從橫全煞活　惡名從此滿江湖

나옹사지(懶翁寺址)

나옹암(마애불) 제자들이 추모하면서 조성한 도량

주소 전남 장성군 장성읍 유탕리 하청산 / 영덕군에서 322㎞, 4시간 09분, 도보 1시간 30분

나옹암 마애불은 전라남도 장성군 장성읍 유탕리 하청산(山) 중턱 나옹암(懶翁庵) 터 뒤쪽 석벽에 새겨진 불상이다. 일명 나옹대사 석불이라고도 한다. 고려 말기의 고승인 나옹대사의 제자들이 스승을 추모하기 위하여 조성하였다고 전해진다.

거대한 자연 암벽에 입상으로 조각되었는데 석태가 많이 끼어 있어 정확히 형체를 파악하기는 어렵다. 후덕한 상호를 지녔고, 다른 부분에 비해 머리 부분이 깊게 음각되어 있다. 목에는 삼도(三道, 세 개의 주름)가 표현되어 있으며, 법의와 수인의 형태는 알아보기 힘들다.

불태산 주봉의 북편 8부 능선에 위치하고 니머리 북쪽 나옹암터 뒤 석벽에 있다. 본래 이곳에 고려 말 공민왕의 왕사였던 나옹화상이 창건했다는 나옹암이 있었던 것으로 전하며 나옹화상의 제자들이 스승을 추모하기 위해 나옹암 뒤편 암벽에 조각한 것이라 전언하고 있다는 설도 있고, 나옹화상이 이곳을 떠나면서 손가락으로 자기의 화상을 그리고 "이 화상이 없어지면 내가 없으며 다시 나타나면 내가 다시 태어난 줄 알아라."고 하였다고도 전해오고 있다. 서향을 하고 있는 이 마애불은 거대한 암벽을 이용하여 음각

한 입상이다.

현재는 석태가 끼어 자세히 알 수는 없으나 전체적인 상호는 비만형이며 다른 부분에 비해 머리 부분이 깊게 음각되어 있으며 초승달 같은 눈에 형식화된 코와 입을 음각하고 귀는 목 부분까지 길게 늘어뜨려져 있다.

머리 부분은 소발로 얼굴 전체를 뒤덮고 있는데 다른 부분에 비해 깊게 음각되어 있다. 그 외면으로는 두광을 조식하였고 목에는 삼도가 표시되어 있다.

현재 급경사의 계곡을 계단식으로 축조한 2단 기단석축이 남아 있고 정리된 마애불 주변에는 기와편이 산재하여 나옹암지임을 추정케 한다.

※나옹사지에 관해 답사하기 전에 장성 문화관광과 담당자에게 문의하니 나옹암을 잘 모르고 있었다. 유탕리 이장님이나 연세 드신 분에게 여쭈어 본다고 하였으나 잘 아는 분이 없었다. 결국 나옹암까지 갈 분이 없다고 하여 직접 가서 찾아보기로 하고 답사길에 올랐다.

나옹사지에 있는 마애불을 참배하기 위해 아침 7시 30분에 유탕 3리에 도착하였다. 안개가 너무 많이 자욱해서 동네 마을과 뒷산도 보이지 않아 차에서 기다리다가 8시 넘어서 동네에 들렀다. 사람 소리가 가장 많이 나는 집을 무작정 찾아가서 여쭈어 보았다.

마침 찾아간 집 현관 앞에 절 달력이 걸려 있어 편안한 마음에 나옹사지에 관해 여쭈어 보니 5년 전에 한 비구니 스님께서 그곳을 찾아 안내해 준 적이 있다고 한다. 그렇지만 지금은 바쁘고 몸도 안 좋아 갈 수가 없다고 하신다. 그럼 혹 안내해 줄 다른 분은 없겠느냐고 여쭈니, 세 사람이 위치를 알고 있는데 다른 분들은 산에 갈 기력이 없다고 하신다. 사례를 한다고 하였지만 마음을 잘 내지 않아 기다리고 있으니, 한 분이 "나도 절에 다니고 그래도 스님이 찾아오셨으니 할 수 없다."고 하시면서 서둘러 아침공양을 드시고 함께 출발하였다.

한편으로 미안하였지만 이번 기회가 아니면 다음에는 허락지 않을 것 같아 나옹사지를 향해 서둘러 올라갔다. 동행하게 된 강현수 거사님께서는 82세이지만 농사일도 하시고 건강관리를 잘 하셨는지 1시간 20여분을 걸쳐 가시면서 10여 번 정도 잠깐씩 휴식을 취하면서 마침내 나옹암 터에 도착하였다. 잡초가 우거져 있고 여기저기 기와조각이 그대로 드러나 보여서 절 터임을 짐작할 수 있었다.

암벽에 조각된 부처님께 긴 호흡을 하면서 마음을 가다듬고 삼배를 하였다. 나무아미타불을 호흡이 고를 때 까지 염송하면서 두 손을 합장한 채로 폐사지 주위를 둘러 보았다.

폐사지 주위를 둘러 보니 눈에 띄는 것들이 보인다. 곡식이나 나물을 갈아 먹을 수 있게 한 것 같은 큰 돌에 30㎝ 정도의 원 둘레로 하여 깊이가 15㎝ 정도 되는 모양의 흔적과 마애불 우측 위쪽에 여기저

기 있는 기와 조각으로 보아 산신각을 지었던 자리 같다. 50m 정도 내려가니 우물터가 있었다. 물은 맑은데 낙엽이 많아 먹을 수는 없었다.

동행하였던 강현수 거사님 말씀으로는, 6·25 전쟁 이후 박정희 전 대통령의 무허가 사찰 철거 지시로 그때 암자 건물이 철거되어 현재 마을 앞 건너 편 참나무 숲속 근처에 절을 이건(移建)하였으나 얼마 지나지 않아 폐사 되었다고 한다. 또한 하청산 폭포 근처에 큰 절이 존재하여 위의 나옹암에서 수행하는데 도움을 주었다는 이야기를 돌아가신 동네 어른들에게 전해 들었다고 하였다.

불태봉 정상의 높이가 해발 720m라는데 여기 나옹암 터의 위치는 해발 600m 정도는 되지 않을까 생각된다. 마애불은 정 서쪽을 보고 있고 마애불의 모습을 볼 때 아미타불이 아닌가 여겨진다. 바위 위에 올라서 보니 10㎝ 정도 홈을 파 놓아 빗물이 바로 마애불의 앞쪽으로 흐르지 않게 조각을 해 놓았는데 조성하신 분의 지혜가 엿보인다.

다시 내려와서 메모해 간 나옹왕사 어록 중 한 게송을 송(誦)하고 어르신께서 앞장서서 가는 길을 뒤따라 하산하다.

고선자(孤禪者)가 게송을 청하다
지팡이에 해와 달을 메고서 산천으로 다니나니
당당한 그 의지가 저절로 굳세어지고
갑자기 짚신의 날이 끊어지는 때
한번 밟은 참다운 경계 오묘하고 오묘하네[1]

원래 산을 올라갈 때보다 내려올 때가 조심스럽고 힘든 법이다. 거사님께서 편안하고 안정되게 내려오셔서 오늘의 나옹왕사 답사길을 무사히 회향할 수 있었다.

자료를 정리하면서 장성 우리군민신문에서 여순 반란 향화를 밝혀주는 기사 중에 "1948년 1월 12일경 여순사건 이후 숨어 지내던 지리산 부대원들이 나옹암에 비밀리에 기거하면서 장성경찰서를 습격하려 한다는 정보를 입수한 군인들이 새벽녘에 출동해 교전을 벌여 나옹암에 거주하던 보살 1명과 빨치산 11명, 군인 1명이 사망했다."라고 기록되어 있는 기사를 보았다.

위와 같은 기록을 볼 때 폐사지에 동행하였던 강현수 거사님의 말씀처럼 1960년도까지 암자가 존재하지 않았나 생각된다.

---

1) 『韓國佛敎全書』 卷6, 「東國大學校出版部」 1984年, p.741上.
　孤禪者求頌　杖挑日月歷山川 志意堂堂得自堅 忽地草鞋根斷絕 踏翻實地又玄玄

규봉암(圭峰庵) 나옹왕사 수도 사찰

주소 전남 화순군 이서면 영평리 / 영덕군에서 337km, 4시간 20분, 도보 1시간 40분

규봉암은 전라남도 화순군 이서면 영평리 무등산 광석대에 있는 절로서 대한불교 조계종 제21교구 본사인 송광사 말사이다.

규봉암의 창건연대가 확실하게 전하는 문헌이 없고 다만 신라시대에 의상대사가 창건하고 798년(신라 원성왕 14년) 해인사를 창건한 순응대사가 중창했다고 전해진다. 혹은 고려 초 도선국사, 보조국사가 창건하였다고 한다. 「광주읍지(光州邑誌)」에는 신라 말 도선국사가 이곳 은신대에 앉아 조계산의 산세를 살펴 송광사의 절터를 잡았다는 기록이 있으며 고려 후기의 보조국사 지눌, 진각국사 혜심은 절 주변의 삼존석과 십이대에서 수도하여 득도했다고 한다. 또한 고려 말의 나옹선사 혜근도 이곳에서 수도했던 것으로 전한다고 한다.

전하는 설화에는 의상대사가 바위틈에서 흐르는 물이 아무리 가물어도 마르지 않음을 기이하게 여겨 절을 지었다고 한다. 이 절에 신라의 명필 김생(711~791)이 쓴 규봉암의 현판이 전해 오다가 절취 당했다고 기록이 전해오고 있다. 고려 말에 왜적들과 전투를 벌였던 격전의 현장이기도 한데 이성계가 전북 황산대첩에 나가 왜적과 싸우다가, 규봉

암으로 도망친 왜군 패잔병 12명을 생포했다는 기록도 있다. 1739년 3월 20일에 쓴 규봉암 상량문이 발견되어 당시에 규봉암을 재건하였던 것으로 보인다. 그러나 여지도서(1759)에 의하면 폐찰된 것으로 기록하고 있는데 이로 보면 규봉암이 그리 크게 증축되지 않았거나 다시 폐찰되었을 가능성이 있다.

이후에 6 · 25 동란으로 사찰이 불에 타 10여년 간 폐허가 되었다. 1957년 관음전과 요사채를 지어 복구하면서 명맥을 유지하고 있다.

※규봉암 가는 길을 화순 문화관광과와 무등산(1186.8m) 국립공원에도 문의를 하였지만 여러 갈래라고 말한다. 종합하건데, 초행길에는 화순 '너와 나' 목장에서 출발하는 것이 가장 안전하고 생각되었다. 차를 달려 '너와 나' 목장에 도착하여 국립공원관리소에 다시 한 번 문의하였다.

전화로 문의할 때는 왕복 2시간이면 된다고 했는데 막상 관리소 직원에게 물어 보니 아무리 빨라도 왕복 3시간은 걸린다고 해서 망설였다. 시간이 벌써 오후 3시이고 2시간 남짓이면 해가 진다는데 어떻게 할까 고민하다가 그냥 출발하기로 마음먹었다.

규봉암에는 전화가 없고 대중이 얼마나 되는지 또 주지스님께서는 계신지 알 수가 없어 걱정이 되었지만 그래도 튼튼한 다리만 믿고 산을 올랐다.

혹시 오늘 못 내려오면 하룻밤 지낼 요량으로 갈아입을 승복과 기타 잡다한 것들을 배낭에 넣고 보니 산을 타는 전문가 같이 보였다. 멧돼지의 공격에 대비해서 혼자 다닐 때 요긴하게 쓸 생각으로 우산도 하나 준비하였다.

이정표에 장불재 1.6㎞를 보고 오르는데 보기보다 무등산이 경사가 심하고 급한 마음에 보폭을 넓혀서 계속 걸어가니 호흡이 제대로 되지 않았다. 뒤에 천천히 따라오는 낯모르는 등산객 보살님들에게도 추월당하고 땀은 비오듯이 흘러내린다.

앞서 가는 분들 따라갈 생각을 포기하고 늦어도 내게 맞는 보폭을 유지해야 되겠다는 생각을 하고 체력에 맞게 걸어 올라갔다. 1시간 정도 소요되어 장불재에 도착하니 많은 등산객들이 모여 있었다. 마침 오늘이 무등산 서석재를 개방하는 날이라고 하였다.

그런데 장불재는 등산객뿐만 아니라 119 응급구조차와 소방차 등이 주차해 있고 무등산 관리소 직원들도 대기해 있었다. 알고 보니 규봉암 법회 때나 무등산을 관리하는 직원들은 차를 여기까지 운행한단다. 미리 알았더라면 차를 몰고 올 걸 하는 생각이 잠시 들었다. 하지만 이내 생각을 바꿔 이 좋은 곳에 오면서 가을 바람과 풍광을 보면서 나옹왕사께서 걸어서 정진하셨던 그 길을 따라 간다는 것이 의미가 있지 않을까 생각하고 규봉암 이정표를 보면서 서둘러 절을 향해 출발했다.

등산객들과 직원들은 하산할 준비를 하는데 혼자 규봉암으로 간다는 것이 마음에 걸렸지만 상황에 맞게 대처하자는 마음에 보폭을 넓고 빠르게 움직였다.

지공너덜(指空)

25분 정도 갔을까. 등산복을 입은 한 거사님께서 규봉암 쪽에서 걸어오셔서 인사를 하고 "규봉암이 얼마 남았는가요?"하고 여쭈어 보니 "5분 정도 가면 나옵니다."라고 대답하면서 걸음을 멈춘다.

"거사님!(유춘기 64세) 제가 규봉암에 부처님 참배하고 다시 돌아가야 하는데 동행하실랍니까?"하니 선뜻 "그러죠"하면서 오던 길을 앞장 서 다시 규봉암으로 향하며 안내해 주었다.

덕분에 규봉암 참배를 잘하고 나옹왕사와 지공화상께서 수행하신 지공너덜 자리도 보고 잠깐 앉아도 보았다. 불 땔 수 있게 구들도 놓아서 좌선하기는 그만인 것 같다.

그 수행처에서 나옹왕사께서 지공화상이 입적하신 날에 대한 왕사의 마음을 드러낸 부분을 송(誦)하고 가던 길을 다시 서둘러 이동하였다.

날 때는 한 가닥 맑은 바람이 일고
죽어 가매 맑은 못에 달그림자 잠겼다
나고 죽고 가고 옴에 걸림이 없어
중생에게 보인 몸에 참마음 있다
참마음이 있으니 묻어버리지 말아라
이때를 놓쳐버리면 또 어디 가서 찾으리[1]

장불재를 돌아서 처음 출발지인 '너와 나' 목장에 무사히 도착, 회향한 것은 뜻깊게 오래도록 기억될 것이다. 규봉암 입구에서 만난 고마운 유춘기 거사님은 무등산을 비롯하여 많은 산을 등산하셨으며, 마침 오대산 북대 미륵암 주지스님과도 인연이 있어서 저녁공양을 같이 하면서 많은 법담을 나누고 헤어졌다.

---

1) 『韓國佛敎全書』 卷6, 「東國大學校出版部」 1984年, p.717上.
　生時一陳淸風起 滅去澄潭月影沉 生滅去來無罣礙 示衆生體有眞心 有眞心休埋沒 此時蹉過更何尋

송광사(松廣寺) 1371년 공민왕께서 왕사로 봉한 사찰(封爲王師…謂松廣寺)

주소 전남 순천시 송광면 송광사안길 100 / 영덕군에서 325㎞, 4시간 49분

송광사는 사적 제506호이며 대한불교조계종 제21교구의 본사이다.

이전에는 대길상사(大吉祥寺)·수선사(修禪寺)라고 했다. 한국 선종의 대 수도도량으로서 유서 깊은 승보사찰(僧寶寺刹)이며, 통도사·해인사와 함께 우리나라 3대사찰로 꼽히는 절이다. 송광사 창건에 대한 정확한 자료는 없으나 「송광사사적비(松廣寺事蹟碑)」·「보조국사비명(普照國師碑銘)」·「승평속지(昇平續誌)」에 의하면 신라말 체징(體澄)이 길상사라는 소규모 절을 지은 것에서 비롯되었다고 한다.

고려 인종 이후 거의 폐허화되었는데, 1200년 보조국사가 수행결사(修行結社)인 정혜사(定慧社)를 지리산 상무주암(上無住庵)에서 길상사로 옮긴 다음부터 대규모 수도도량으로 발전했다. 고려 희종은 정혜사의 이전과 때를 같이하여 송광산 길상사를 조계산 수선사(修禪寺)로 개명하라는 제방(題榜)을 내렸고, 이후 조선 초에 이르기까지 180여 년 간 진각(眞覺)·각엄(覺儼)·태고(太古)·나옹(懶翁)·환암(幻庵)·찬영(燦英)·각운(覺雲)·무학(無學) 등 15명의 국사를 배출하는 소위 수선사시대를 열게 되었다.

1395년(태조 4)에 고봉화상(高峰和尙)이 전당을 중건했고, 그의 뒤를 이은 중인(中印)

이 1420년(세종 2)에 당우를 증축하는 한편 절의 지위를 높이기 위해 정종의 윤지(綸旨)로 설립된 수륙사(水陸寺)를 폐지하고 선종사찰로 복귀했다.

그후 수선사가 언제 송광사로 바뀌었는지는 알 수 없으며, 임진왜란과 정유재란으로 폐사 직전에 놓인 송광사는 응선(應善)과 부휴(浮休) 등의 노력에 힘입어 명맥을 유지했다. 1842년의 화재와 6·25전쟁 등으로 많은 전각들이 소실되거나 파괴되고 다시 중건되는 우여곡절을 겪었지만 현재 한국 선종을 이끄는 중심사찰의 역할을 하고 있다.

6·25전쟁 전의 가람배치는 의상(義湘)의 법계도(法界圖)와 같았다고 하며, 현존 당우로는 대웅전(大雄殿)·국사전(國師殿, 국보 제56호)·하사당(下舍堂, 보물 제263호)·약사전(藥師殿, 보물 제302호)·영산전(靈山殿, 보물 제303호)·청량각(淸凉閣)·척주각(滌珠閣)·우화각(羽化閣)·천왕문(天王門)·해탈문(解脫門)·대장전(大藏殿) 등 50여 동이 있어 대가람의 면모를 짐작하게 해준다.

송광사에 있는 중요문화재로는 목조삼존불감(국보 제42호)·혜심고신제서(惠諶告身制書, 국보 제43호)·고려고문서(高麗古文書, 보물 제572호)·경패(經牌, 보물 제175호)·금동요령(金銅搖鈴, 보물 제176호) 등이 있으며, 1093년 간행된 대승아비달마잡집론소(大乘阿毘達磨雜集論疏, 보물 제205호), 1095년에 간행된 묘법연화경찬술(妙法蓮華經讚述, 보물 제206호)과 금강반야경소개현초(보물 제207호), 대반열반경소(보물 제90호), 묘법연화경관세음보살보문품삼현원찬과문(보물 제204호), 영산전목불좌상 등이 있다.

※송광사는 회암사와 함께 나옹왕사께는 큰 의미가 있는 사찰이다. 행장에 의하면, 1371년 8월 26일(공민왕 20)에 공민왕은 공부상서(工部尙書) 장자온(張子溫)을 보내 편지와 도장을 주고, 또 금란가사와 법복과 바루를 하사하시며 '왕사(王師) 대조계종사(大曹溪宗師) 선교도총섭근수본지(禪敎都摠攝勤脩本智) 중흥조풍복국우세(重興祖風福國祐世) 보제존자(普濟尊者)'로 봉하시며 송광사에 주석하라는 어명을 내린다.[1]

또한 나옹왕사께서 임자년(1372) 9월 26일 지공스님의 영골과 사리를 가져다 회암사의 북쪽 봉우리에 탑을 세우고 나서 다시 계축년(1373) 정월에는 여러 절을 다시 일으키고 그 해 8월 송광사로 다시 돌아오게 된다.[2] 횟수로 송광사에서 주석하신 말년 3년이 소중했으리라 생각된다.

송광사 방문은 진주 응석사를 들러 다솔사에서 출발하여 예정 시간보다 늦게 도착하였다. 송광사 입구가 도로 공사 중이고 일주문도 불사한 지 얼마 되지 않아 보였다.

'승보종찰 송광사 불일문(僧寶宗刹 松廣寺 佛日門)' 글씨가 눈에 선명하다. 어느 분의 글씨인지 아름답고 풍성하고 멋진 글씨로다. 주차장에 주차하고 20여 분을 걸어서 올라갔다. 차를 경내까지 운전해서 가기보다 포행도 할 겸 걸어서 천천히 집중(sati)하면서 대웅보전과 그 밖의 전각들을 둘러 보았다. 시공을 초월하여 나옹왕사의 숨결을 느끼면서 준비한 메모를 꺼내어 본다.

왕사가 봉숭(封崇)되던 날 설법한 어록 내용을 그대로 옮기고자 한다.

---

1) 『韓國佛敎全書』卷6,「東國大學校出版部」1984年, p.707中. 辛亥八月二 十六日 遣工部尙書張子溫 賫書降 印幷賜金襴袈裟內外法服鉢盂 封爲 王師大曹溪宗師禪敎都摠攝勤脩本 智重興祖風福國祐世普濟尊者 太后 亦獻金襴袈裟 謂松廣寺 爲東方第 道場 乃命居之遣內侍李 士渭爲輔行 二十八日發檜巖 九月二十七日到松廣 壬子秋 師偶念

2) 위의 책, 壬子秋 師偶念 指空三山兩水之記 請移錫檜巖 上 又遣李士渭 迎來檜嵓 九月二十六日 將指空靈骨舍利 安塔于寺之 北峯癸丑正月 遊於瑞雲吉祥 復興 諸山 八月還松廣

왕사(王師)로 봉숭(封崇)되는 날 설법하다. 신해년 8월 26일

스님께서 법좌에 올라 불자를 들고 한참을 잠자코 있다가 말씀하셨다.

"그대들은 이 산승의 깊고 깊은 뜻을 아는가. 그저 이대로 흩어져 버린다 해도 그것은 많은 일을 만드는 것인데, 거기다가 이 산승이 입을 열어 이러쿵저러쿵 지껄이기를 기다린다면 흰 구름이 만 리에 뻗치는 격이 될 것이다. 그러므로 말로는 사실을 그대로 표현할 수 없고 글로는 기연에 투합할 수 없다고 한 것이니, 말을 그대로 받아들이는 이는 뜻을 잃고 글귀에 얽매이는 이는 어둡다. 또한 마음으로 헤아리면 곧 어긋나고 생각을 움직이면 곧 어긋나며, 헤아리지 않고 움직이지도 않으면 물에 잠긴 돌과 같을 것이다.

그러므로 우리 조사 문하에서는 길에서 갑자기 만나면 그대들이 몸을 돌릴 곳이 없고 영(令)을 받들어 행하면 그대들이 입을 열 곳이 없으며, 한 걸음 떼려면 은산철벽(銀山鐵壁)이요, 눈으로 바라보면 전광석화(電光石火)인 것이다. 3세의 부처님도 나와서는 그저 벼랑만 바라보고 물러섰고, 역대의 조사님 네도 나왔다가는 그저 항복하고 몸을 감추었다. 만일 쇠로 된 사람이라면 무심코 몸을 날려 허공을 스쳐 바로 남산의 자라코 독사를 만나고, 동해의 잉어와 섬주(陝州)의 무쇠소[3]를 삼킬 것이며 가주(嘉州)의 대상(大像)[4]을 넘어뜨릴 것이니, 3계도 그를 얽맬 수 없고 천분 성인도 그를 가두어둘 수 없다. 지금까지의 천차만별이 당장 그대로 칠통팔달이 되어, 하나하나가 다 완전하고 낱낱이 다 밝고 묘해질 것이다.

과연 그렇게 될 수 있겠는가. 그렇게 된다면 임금님의 은혜와 부처님의 은혜를 한꺼번에 갚을 수 있을 것이다."

주장자를 들고 "그렇지 못하다면 이 주장자 밑의 잔소리를 들으라."하고 내던지셨다.[5]

송광사 가는 길은 각자가 인생의 길에서 해답을 모를 때 이 길에서 송광사 16국사가 나라를 위

---

3) 섬주의 무쇠소: 중국 섬주(지금의 하남성)에 있는 상징물, 황하를 수호하는 신으로서 머리는 하남에 있고 꼬리는 하북에 있다.

4) 가주의 대상: 당나라 현종 때에 사문 해통海通이 가주의 큰 강가에 높이 360척의 미륵불 석상을 만들었다.

5) 『韓國佛敎全書』卷6, 「東國大學校出版部」1984年, p.722下~723上. 王師封崇日普說辛亥八月二十六日
師陞座拈拂子良久云 汝等諸人 遇會 山僧深深意旨麼 只恁麼散去 已是多 事在 更待山僧 開兩片皮 說黃道黑 白雲萬里所以云 言無展事 句不投 機 承言者喪 滯句者迷 擬心即差 動 念即乖 不擬不動 水沉石 頭 故我祖師門下 驀路相逢 無你轉 身處 擧令而行 無你開口處 跨一步 去 鐵壁銀山 眨得眼來 電光石火 三 世諸佛出現 也只是望崖而退 歷代祖 師出頭 也只是屈伏藏身 若是生鐵鑄 就底漢 等閑擲 抹過大虛 直得南 山鼈鼻 吞却東海鯉魚 陝府鐵牛 撞 倒嘉州大像 三界拘繫不 得 千里羅籠 不住 從前萬別千差 當下七通八達 圓成 明妙 還有這般底麼 若果如此 王恩佛恩一時報足 拈柱 杖云 其或未然 且聽杖子下个註脚 便擲下

해 해답을 내놓듯이, 세간의 행복인 유한한 행복을 성취하고 나아가 출세간의 무한한 행복인 중도실상 성불의 길을 인도하는 길이 아닐까 생각했다. 대웅보전을 비롯한 전각을 참배하고 나옹왕사께서 정진하셨던 그 불적답사의 길을 묵묵히 걸어가고자 한다.

곡천(谷泉)
만 골짝 천 바위와 소나무 잣나무 사이에
신령한 근원은 깨끗하고 바탕은 편하고 한가하네
깊고 깊은 골 속에서 항상 흘러나오나니
마시는 이 온몸 뼛속까지 차가워라[6]

6) 『韓國佛敎全書』卷6, 「東國大學校出版部」 1984年, p.733上.
   谷泉 萬壑千嵓松檜閒 靈源皎潔體安閑 深深洞裏常流出 飮者通身徹骨寒

위봉사(威鳳寺) 1359년 나옹왕사 중건, 삼성석탑 조성 및 수도 사찰

주소 전북 완주군 소양면 위봉길 53 / 영덕군에서 309㎞, 4시간 18분

위봉사는 대한불교조계종 제17교구 본사인 금산사(金山寺)의 말사이다.

이 절은 604년(무왕 5)에 서암대사(瑞巖大師)가 창건하였다고 전한다. 하지만 1868년 (고종 5)에 보련(布蓮)이 쓴 「극락전중건기(極樂殿重建記)」에 의하면 창건연대는 분명하지 않다고 전제한 다음, 신라 말기에 최용각(崔龍角)이라는 사람이 이곳에 와서 보니 세 마리의 봉황새가 절터를 에워싸고 싸움을 하므로 위봉사(威鳳寺)라 하였다고 전한다.

1359년(공민왕 8)에는 나옹(懶翁)이 이 절의 주위가 처음 보는 경승지임을 알고 크게 중창하였는데, 당시의 규모는 28동이었고 암자도 10동이나 되는 대가람이었다. 1911년 에는 선교31본산(禪敎三十一本山)의 하나로 전라북도 일원의 46개 사찰을 관할하였으나, 여러 번의 화재로 인하여 지금은 그 규모가 매우 축소되었다.

1990년에 위봉선원을 짓고 삼성각을 보수하였다. 1991년에는 나한전을 중건하고 일주 문을 세웠다. 1994년에는 극락전을 건립하여 아미타여래상을 봉안하였으며, 2000년에는 범종각을 지었다.

현존하는 당우로는 법당인 보광명전(普光明殿)과 극락전·관음전·나한전·삼성각·위봉선원·나월당(羅月堂)·일주문·요사채가 있다. 세조 때 포효대사가 지은 「보광명전현판기」에는 이 절의 당우 수가 32였다고 기록하고 있다. 현존하는 건물 중 보광명전은 보물 제608호로서, 내부에는 중앙에 개금(改金)한 석가여래좌상이 안치되어 있고 좌우에 여러 구의 입불(立佛)이 있는데, 이 중에는 육환장을 든 지장보살이 있다.

보광명전 내부의 천개(天蓋)가 정교하고, 거대한 후불탱화가 있으며, 뒷벽에는 문이 장치되어 있는데 열어보면 높이 3m 정도의 인자하고 아름다운 백의관음상(白衣觀音像)이 있다. 이는 다른 곳에서는 보기 어려운 의장(意匠)이다. 또한, 전라북도 유형문화재 제69호로 지정된 요사채는 조선말에 건축한 것으로 익공식아자형(翼工式亞字形)이다. 이 밖에도 나옹이 중건할 때 축조한 삼층석탑이 있고, 절에서 위봉폭포로 가는 300m 지점에 벽허당(碧虛堂) 등의 부도(浮屠) 4기가 있다.

※나옹왕사께서 크게 중창한 위봉사는 국도에서 300m 정도 들어서니 '추줄산(嶀崒山) 위봉사(威鳳寺)'란 산 이름과 사명이 보인다. 사찰에 들어서니 높은 하늘을 받들고 있는 듯한 일주문의 위용이 보는

사람을 압도하고 있었다. 일주문이 마치 산성을 둘러싸고 있는 가장 중심을 드러내고 있는 듯하다. 일주문의 글씨는 전주에 사시는 한학자인 서예가 강암(剛庵) 송성용(宋成鏞)선생의 글씨란다.

살펴본 바에 의하면, 위봉사는 나옹왕사께서 이 절의 주위 경관이 빼어남을 알고 크게 중창하였다고 한다. 왕사께서는 전각 28동을 지었고 암자도 10동이나 되는 대가람으로 만들었다고 한다. 주차장과 일대를 둘러보니 대가람인 위봉사가 1911년에는 선교31본산(禪敎三十一本山)의 하나로 전라북도 일원의 46개 사찰을 관리하는 본사였다는 것이 짐작이 간다.

사천왕문과 봉서루를 지나 보광명전 앞에 서서 정면을 바라보니 한 편의 풍경화를 보는 듯하다. 이렇게 아름답고 잡초 한 포기 없는 깨끗하고 포근한 도량을 보니 '티끌 번뇌 망상이 사라진 마음이 중도실상의 표현이 바로 이것이 아닌가'라는 망상을 하게 되었다. 그림으로 그려도 이렇게 그리지는 못할 것 같다.

도량의 500년 된 소나무가 중심을 잘 잡고 터 주신을 누르고 있는 느낌이랄까? 보광명전 부처님 전에 예배하고 여타 전각을 살펴보고 도량을 둘러보고 돌아서는데, 올라올 때 보았던 봉서루 건물이 지장전으로 되어 있는 것이다. 한 건물에 두 가지 용도로 사용되고 있음을 볼 수 있다. 다른 사찰에서 볼 수 없는 구조이다.

1400여년의 역사를 지닌 위봉사가 현대적인 감각과 함께 한 치의 번뇌 망상에 물들지 않는 꽉 차면서도 텅 빈 듯한 중도실상(中道實相)의 깨달음 도량으로 화현해 놓은 것을 보니 환희심이 일었다. 나옹왕사의 게송을 송(誦)하고 하산하다.

위복(威福) 상공(相公)에게 주는 글
원래 텅 비어 한 물건도 없는데
사람들은 밖을 향해 부질없이 허덕이네
전해 받은 일정한 법 없거니
무엇하러 신광(혜가)은 눈 속에 서서 구했던가[1]

---

1) 『韓國佛敎全書』 卷6, 「東國大學校出版部」 1984年, p.742中.
　　示威福相公　本地虛然一物無　人人向外妄區區　也無定法傳持得　何事神光立雪求

태조암(太祖庵) 나옹왕사 창건 사찰

주소 전북 완주군 소양면 송광수만로 705-102 / 영덕군에서 312km, 4시간 50분

태조암은 대한불교조계종 제17교구 금산사의 말사인 위봉사의 부속암자이다.

1359년(공민왕 8년) 나옹혜근이 원나라에서 귀국한 후 포교하고 다닐 때 위봉폭포의 절경을 보고 이곳에 머물러 전각과 10여 개의 암자를 지어 창건했다는 기록이 있다. 또한 구전에 의하면, 조선 태조 이성계가 개국하기 전 이 인근에서 기도를 했으며, 1392년 태조 1년 왕위에 오른 후에 이를 기념하여 창건했다고 전한다.

그러나 1675년 숙종 1년 위봉산성의 축조 후에 유사시 전주 경기전(慶基殿)에 봉안된 태조의 영정을 안전하게 대피하기 위해 창건했다고도 하는데, 1985년 중수 중에 '숭정(崇禎) 3년 1630년'과 '강희(康熙) 36년 1677년' 등의 명문 기와 4점이 나옴으로써 이 창건설도 신빙성이 약하다.

1866년 고종 3년 남화(南華)가 중창했으며, 1873년 고종 10년 도봉(道峰)이 중창했다. 이어 1985년에 중수했다. 현존하는 건물로는 인법당이 있다. 유물로는 아미타 후불탱화

가 있는데, 1879년 고종 16년에 조성된 것으로 현재 위봉사에 보관 중인 이 절의 만불탱
화의 주불탱화로 추정된다.

※태조암 가는 길은 위봉산성에서 2㎞를 비포장도로로 들어가면 있다고 하여 차를 몰고 가니 주
차장이 나왔다. 이정표가 좌측 태조암 0.1㎞, 정상 쪽 되실봉 0.9㎞로 표시되어 있어서 태조암 방
향으로 가려는데 쇠사슬로 들어가지 못하게 막아 놓았다. 절로 가는 길을 설마 이렇게 막지는 않
겠지 하고 위쪽 정상 쪽 되실봉으로 20여 분 걸어갔다.

　절은 보이지 않고 멧돼지가 먹이를 먹기 위해 주둥이로 파 놓은 길가 주위 흔적들만 보이고 해
서 잘못하면 멧돼지 밥이 되지 않을까 하는 생각이 미치니 머리카락이 쭈빗 선다. 절에 전화를
했는데 웬 할머니께서 전라도 사투리 말씨를 쓰면서 절 전화가 아니란다. 할 수 없어 조금 전에
답사한 위봉사 종무소에 전화를 하니 상세하게 태조암 전화번호를 가르쳐 준다. 그 번호로 태조
암에 전화 했더니 쇠사슬을 풀어서 차를 가지고 들어오면 된다고 하여 절까지 갈 수 있었다.

　한 번 판단을 잘못하여 길을 헤매고 다시 돌아왔지만 이정표가 제대로 되어 있는데 섣부른 주
관적인 판단으로 하마터면 멧돼지 밥이 될 뻔했다고 생각하니 서둘지 말고 집중하며 평상심을
유지해야겠다고 마음을 다잡았다. 차를 주차하고 도량으로 들어갔다.

　절 입구에 서 있는 수령을 알 수 없지만 수 백 년은 족히 되어 보이는 느티나무가 사천왕 같다
는 느낌이 들었다. 도량에 스님은 안보이고 불러도 대답이 없어 법당에 들어가서 부처님 전에 참
배 드리고 조금 전 황망한 마음을 진정시켰다. 한 숨 돌리고 절 아래를 내려다보니 가슴이 확 트
임을 느꼈다. 나옹왕사의 게송을 송(誦)하면서 가슴을 활짝 펴 심호흡을 크게 하였다.

　당(唐) 도원(道元)이 게송을 청하다
　참선은 다만 의심덩이를 일으키는 데 있나니
　끊임없이 의심하여 불덩이처럼 되면
　모르는 사이에 온몸을 모두 놓아 버리고
　항하수 모래 같은 대천세계가 한 터럭 끝만 하리라[1]

---

1) 『韓國佛敎全書』 卷6, 「東國大學校出版部」 1984年, p.739下.
　唐道元求偈　叅禪只在起疑團 疑去疑來似火團 不覺全身都放下 大千沙界一毫端

게송을 읽고 잠시 생각을 정리하고 있는데 인기척이 나서 돌아보니 비구니 스님께서 반갑게 맞아 주신다. 태조암에 온 이유를 말씀드리고 영덕에서 왔다고 하니 그 먼 데를 어떻게 왔냐고 하시면서 따뜻한 차 한 잔과 당신께서 드시던 사과즙, 포도, 쑥떡 등 깊은 산속 절에 왔다고 인심을 내 보이신다.

　스님께서는 태조암의 역사를 말씀해 주시고 이런저런 수행에 관해 법담을 해 주셨다. 가려고 하니 비닐 백에 많은 것을 넣어 주신다. 불적답사 다니면서 먹으라고 하신다. 건강하시고 여여하시라고 인사드리고 돌아서니 조심해서 다니라고 하신다. 그 마음 담아 가벼운 마음으로 하산하다.

![寺林鶴](학림사 현판)

학림사(鶴林寺) 나옹왕사 중창 사찰

주소 전북 완주군 봉동읍 추동로 231 / 영덕군에서 331㎞, 4시간 31분

학림사는 대한불교조계종 제17교구 본사인 금산사(金山寺)의 말사이다.

신라 말에 혜명(惠明)이 창건하였고, 고려 말에 나옹(懶翁)이 중창하여 꾸준히 명맥을 이어왔다.

현존하는 당우로는 15×6m의 큰 인법당(因法堂)과 칠성각(七星閣)·요사채 등이 있으며, 특기할 만한 문화재는 없으나 인법당 마루에는 학림팔경(鶴林八景) 등의 시가와 시주질(施主秩) 등의 현판이 많이 걸려 있다.

학림사에 관한 내용이 빈약하여 인터넷을 살펴보니 '이한칠의 완주전통사찰 기행'의 내용이 있어 언급하면 아래와 같다.

근대에 들어와서는 1881년 칠성각을 중건했으며 1915년에도 중건된 일이 있다고 한다. 현대에서는 1992년 새로이 중창불사가 이루어지고 있으며 법현스님이 1990년 학림사에 왔을 때 학림사는 매우 초라하고 쇠퇴해 있었다고 한다. 1992년에 법당을 헐고 인법당으로 복원했으며 인법당에 있던 석가모니불을 산사의 박물관으로 보냈고, 현재의

불상은 1992년에 새로 조성한 것이라 한다.

인법당 안에 보관되어 있는 1915년에 조성한 신중탱화와 1895년에 조성한 지장탱화가 모셔져 있다. 지장탱화는 고종 32년 1895년 화기를 통해 금어 문성(文性), 만총(萬總), 재윤(在允), 상오(尙午)스님의 이름을 알 수 있는데, 문성스님은 지안 천황사 후불탱화를 출초한 스님으로 등장하고 있다. 신중탱화는 1915년 11월에 봉안된 것으로서 확인은 지장탱화 때 금어였던 재윤스님이 담당하고 금어로는 재명(再明), 명진(明眞), 상전(相全)스님이 참여하였음을 화기를 통해 알 수가 있다고 한다.

삼성각은 앞면 2칸 옆면 1칸 맞배지붕으로써 전에 있던 칠성각, 산신각을 헐고 여기에서 나온 부재를 일부 사용하여 새로 지은 전각이 삼성각이라 한다. 전각 전면에 다른 데서 보아왔던 주련은 걸려 있지 않고 삼성각이라는 편액만 걸려 있었다고 한다.

※학림사는 큰 길로부터 1㎞ 들어가 해발 400m 정도에 위치한 사찰이다. 조선 영조시대 전라감찰사 이서구가 봉동면에 와서 "저 산이 무슨 산인고?"하고 물으니 아전들이 "봉실산이라 부릅니다."하고 대답하였다. "우뚝 솟은 산세가 멋지다."라고 하면서 "앞으로 이 산 아래에서 만인이 살 곳이며 만인의 은덕을 베풀 곳이고, 만인을 구제할 약초가 자생할 것이니 이 산을 만덕산이라 부르라."고 하여 지금은 만덕

산이라 부르게 되었다고 한다.

　사찰에 도착하여 보니, 만덕산 아래 학림사가 편안하고 조용한 사찰임을 느낄 수 있다. 대웅전 부처님 참배 후, 학림사에서 내려다보니 읍내가 그대로 드러나 보여 전망도 좋았다. 사찰에서 운영하는 요양원이 있는데 요양하시는 분들이 앞을 내려다보기에 좋을 듯하다. 도량에 잠시 머물다 나옹왕사의 게송을 송(誦)하고 하산하다.

　이소경(李少卿)에게 주는 글
　　헛이름을 잘못 듣고 멀리까지 왔거니
　　정성이 지극한 곳에 윤회를 면하리라
　　승속과 남녀를 막론하고
　　한번 몸을 던져 뒤집으면 바른 눈이 열리리라[1]

1) 『韓國佛敎全書』卷6,「東國大學校出版部」1984年, p.742中〜下.
　示李少卿　誤聽虛名遠遠來　誠心極處免輪廻　莫分僧俗與男女　一擲翻身正眼開

대원사(大院寺) 1374년 나옹왕사 중창 사찰

주소 전북 완주군 구이면 모악산길 243 / 영덕군에서 321km, 4시간 40분, 도보 30분

대원사는 대한불교조계종 제17교구 본사인 금산사(金山寺)의 말사이다.

고구려에서 백제로 귀화한 열반종(涅槃宗)의 개산조인 보덕(普德)의 제자 일승(一乘)·심정(心正)·대원(大原) 등이 670년(문무왕 10)에 창건한 사찰이다. 이들은 열반종의 교리를 배운 뒤 스승이 있는 경복사(景福寺)를 바라볼 수 있는 위치에 이 절을 창건하였다고 한다.

그 뒤 1066년(문종 20) 원명(圓明)이 중창하였고, 1374년(공민왕 23) 나옹(懶翁)이 중창하였으며, 1612년(광해군 4) 진묵(震默)이 중창하였고, 1733년(영조 9) 천조(千照)가 중창하였다. 그리고 1886년(고종 23) 금곡(錦谷)이 중창하여 오늘에 이르고 있다.

현존하는 당우로는 대웅전을 비롯하여 명부전·산신각·승방·객실 등이 있다. 이 가운데 대웅전은 정면 3칸, 측면 3칸의 맞배집이며, 전내에는 중앙에 석가여래삼존불이 있고, 불상 뒷면에 후불탱화(後佛幀畫)와 나한탱화(羅漢幀畫)가 있으며, 삼존불상 앞에는 괴목(槐木)으로 만든 목각사자상(木刻獅子像)이 있다.

전라북도 민속자료 제9호로 지정된 이 목각사자상은 높이 90cm, 길이 135cm이며, 진묵이 축생들을 천상으로 천도하기 위해서 이 목각사자상을 만든 뒤 그 위에 북을 올려놓고 쳤다고 한다. 승방 안에는 진묵의 영정과 제왕탱화(帝王幀畵)가 봉안되어 있어 이채롭다.

이밖에도 문화재로는 대웅전 뒤쪽에 있는 오층석탑과 9기의 부도(浮屠)가 있다. 석탑은 상륜부가 없으며 전체적으로 무겁고 둔탁한 느낌을 주나, 비교적 균형이 잘 잡혀 있어 고려 후기의 작품으로 추정되고 있다.

부도 9기 중에는 전라북도 유형문화재 제71호로 지정된 높이 187㎝의 용각부도(龍刻浮屠)가 있다. 이 부도의 옥개석 아랫부분에는 대모양의 무늬 위에 겹잎으로 된 18개의 연꽃이 조각되어 있다. 윗부분에는 구름무늬를 조각하였으며, 가운데 부분은 두 마리의 큰 용이 서로 휘어 감으면서 여의주를 취하려는 모습을 하고 있다. 생동감 있는 조각수법으로 보아 고려 중기의 작품으로 추정된다.

이밖에 8기의 부도는 조선 중기에서 말기의 평범한 것이다. 다만, 절의 남서쪽 입구 옆에 있는 부도 하나에 '李氏姓蓮花(이씨성연화)'라고 새겨져 있어, 어느 재가 여신도의 부도로 추정되고 있다.

※대원사는 행정구역은 완주이나, 가는 길은 전주 시내를 거쳐야만 했기 때문에 1시간 이상 더 소요되었다. 네비게이션에 위치를 지정하여 도착하니, 대원사에 관한 이정표가 보이지 않는다. 잘못 온 것이 아닌가 하여 주위 분들에게 여쭈어 보니 이곳 모악산 중턱에 대원사가 있다고 한다.

대원사는 완주 모악산 동쪽 기슭 해발 420m에 자리잡고 있으며, 걸어서 30여 분 정도 가야 한다고 한다. 차를 후미진 곳에 주차하고 걸어서 입구를 찾았다. 많은 분들이 산행을 하는데 어디를 향해 가는지 모르겠다. 여기 모악산 전체가 관광단지라서 그런지, 평일임에도 불구하고 등산객들의 행렬이 계속 이어지고 있었다. 대원사 간판을 절에서 따로 설치하지는 않았으며, 모악산 전체 지도가 입간판 형식으로 보였다.

자세히 살펴보고 등산을 시작하였다. 30여 분 걸어서 1㎞ 정도 계곡을 따라 올라가니 '모악산 대원사'라는 간판이 보이고, 바로 대원사의 연혁이 보였다. 앞서 답사한 봉서사와 마찬가지로 나옹왕사와 진묵대사가 관련이 있는 사찰임을 알 수 있는 진묵대사에 관한 입간판 또한 보인다.

대웅전에 들러 부처님께 참배하고 좌측을 살펴보니 진묵대사의 진영과 문수스님의 진영이 나란히 있었다. 문수스님은 이명박 대통령의 4대강 사업 중지와 부정부패 척결, 재벌과 부자가 아닌 서민이 잘 살 수 있는 세상을 발원하면서, 2010년 5월 31일 소신공양한 스님으로 알고 있다. 또한 대원사와의 인연이 있음을 알 수 있었다. 스님의 극락왕생을 발원하고, 소신공양하시면서 발원하셨던 '모두가 행복한 세상, 차별 없는 세상을 위하여'라고 서원하였다. 나옹왕사가 출가하면서 발원하셨던 '삼계를 벗어나 중생을 이롭게 하기 위해서'라는 말씀이 대원사를 중창하셨던 이유이고, 대원사가 이곳에 서 있는 이유일 것이다.

대웅전에서 나와 도량을 살펴보고, 등산객들이 법당을 가로질러 마당으로 다니는 것이 보인다. 사찰에서 경계를 허물고 등산객들이 쉽게 다닐 수 있게 만든 것을 보아하니, 대원사의 넉넉한 인심을 알 수 있었다.

사찰 뒤쪽 부도에 참배하고, 그곳에서 나옹왕사의 게송을 송(誦)하고 하산하였다.

심수좌(心首座)에게 주는 글
참마음은 본래부터 빈 것임을 깨달으면
어디로 오가든지 다니는 자취 없으리라
자취 없는 그 자리를 확실히 알면
하늘땅을 뒤집어 바른 눈이 열리리라[1]

---

1) 『韓國佛敎全書』卷6, 「東國大學校出版部」 1984年, p.742下~743上.
　示心首座 覺得眞心本自空 東西往返絕行蹤 沒蹤跡處知端的 覆地翻天正眼通

나옹암(懶翁庵) 나옹왕사 수도 사찰

주소 전북 진안군 마령면 동촌리 / 영덕군에서 285km, 3시간 50분, 도보 30분

고금당(古金塘) 나옹암에 관한 자료는 금당사에 적혀 있는데 그 내용은 아래와 같다.

"650년(의자왕 10)에 고구려에서 백제로 건너온 보덕(普德)의 11제자 중 한 사람인 무상(無上)이 그의 제자인 금취(金趣)와 함께 세웠다고 한다. 당시 위치는 지금보다 약 1.5km 떨어진 곳이었으며, 그래서 예전 자리를 고금당(古金塘), 혹은 자연동굴을 법당으로 삼았으므로 혈암사(穴巖寺) 또는 금동사(金洞寺)로 불렀다고 한다."

※고금당 나옹암 들어가는 입구에 차를 주차하고 걸었다. 한참 도로 확장 중이라 평지로 된 비포장도로를 10여 분 걸은 후로도, 산을 오르는 데에는 20여 분이 지나고서야 도착하였다. 나옹암에 들어가는 입구에 계곡물이 흐르고 있어 한 잔 마신 뒤, 자연동굴을 법당으로 삼았다는 곳에 들어가서 참배하였다.

이른 시간이라 절 내에 대중은 아무도 보이지 않고, 흰 개 한 마리가 계속 짖어 댄다. '개야! 눈치도 없이 너는 밥값도 못하는 개다. 언제 몸 벗어 사람으로 태어나 수행자가 되는 복을 받겠나?' 하고 속으로 생각했다. 고금당 법당에 참배하고 주위를 둘러보았다. 현재는 마이산 하면 탑사에

집중하지만, 여기서 내려다보니 금당사와 그 밖에 마이산 전체가 한 눈에 들어와 세상을 품을 수 있는 그런 도량이라는 느낌이 들었다. 절에서 키우는 개가 하도 짖는 바람에, 더 이상 있을 수가 없어 금당사 밑을 내려다보면서 나옹왕사의 게송을 송(誦)하고 하산하다.

변선인(卞禪人)에게 주는 글
도를 배우려면 반드시 끝내기를 기약하며
스승을 찾고 벗을 가려 맞부딪쳐 가야 한다
절벽에서 손을 놓고 몸을 뒤집어 버리면
바닥에서 하늘까지 눈이 활짝 열리리[1]

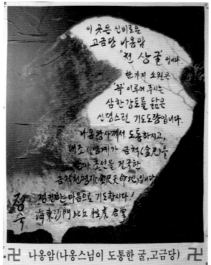

나옹암(나옹스님이 도통한 굴,고금당)

---

1) 『韓國佛教全書』 卷6, 「東國大學校出版部」 1984年, p.742下.
　示卞禪人　學道須當決定期 尋師擇友拶將來 懸崖撒手翻身轉 徹底通天眼豁開

금당사(金堂寺)

나옹왕사 수도 사찰

주소 전북 진안군 마령면 마이산남로 217 / 영덕군에서 278km, 3시간 53분

금당사(金堂寺)는 대한불교조계종 제17교구 본사인 금산사(金山寺)의 말사이다.

절의 창건에 대해서는 두 가지 설이 있다.

하나는 650년(의자왕 10) 고구려에서 백제로 건너온 보덕(普德)의 11제자 중 한 사람인 무상(無上)이 그의 제자인 금취(金趣)와 함께 세웠다고 한다. 당시 위치는 지금보다 약 1.5km 떨어진 곳이었으며, 그래서 예전 자리를 고금당(古金塘), 혹은 자연동굴을 법당으로 삼았으므로 혈암사(穴巖寺) 또는 금동사(金洞寺)로 불렀다고 한다. 지금의 자리로 옮긴 것은 1675년(숙종 1)의 일이다.

다른 하나의 창건설은 814년(헌덕왕 6) 중국 승 혜감(慧鑑)이 창건하였다고 한다. 한때 대찰의 면모를 갖추었고 여러 차례의 중건 및 중수를 거쳤는데, 한때 고려의 고승 혜근(惠勤, 1320~1376)도 이곳에 머물며 수도하였다고 한다.

임진왜란과 병자호란으로 쇠락하였으나 1675년 지금의 자리로 옮겨 중창하였다. 그 뒤 1978년에는 명부전, 1987년에는 산신각, 1990년에는 극락전을 새로 지어 오늘에 이른다. 현존하는 당우로는 극락전 · 지장전 · 삼성각 · 대방(大房) 등이 있다.

대웅전은 약 300여 년 전에 건립한 정면 3칸, 측면 2칸의 맞배지붕 건물이다. 나한전에 봉안된 6척의 목불좌상(木佛坐像)은 동구나무로 만든 것으로 전라북도 유형문화재 제18호로 지정되어 있고, 너비 5m, 길이 9m의 괘불(掛佛)은 보물 제1266호로 지정되어 있다.

그 밖에도 대웅전 앞에는 고려 말 조선 초의 작품으로 추정되는 석탑 1기가 있는데 전라북도 문화재자료 제122호로 지정되어 있다. 이 절에서 멀지 않은 곳에는 마이탑사(馬耳塔寺)와 단군을 받드는 이산묘(駬山廟)가 있다

※영덕에서 새벽 3시에 예불을 드리고 바로 출발하니 금당사에 오전 7시 조금 넘어서 도착하였다. 입구에 큰 화강암 기둥으로 '환영 대한불교조계종 영산 마이산 백제고찰 금당사'란 푯말이 쓰여 있었다. 신도 분들과 삼사순례지로 마이산 탑사에는 와 보았지만, 금당사를 지나치고 마이산 탑사와 그 위의 사찰인 은수사에 몇 번 다녀간 것으로 기억하고 있다.

이른 시간이라 금당사는 조용하였다. 차를 주차하고 내려서 법당에 가려는데 나옹왕사의 선시 '청산은 나를 보고'가 적혀 있었다. 나옹왕사의 선시를 여기서 보니 반갑다.

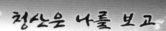

대웅보전 부처님께 인사드리고 조용한 도량을 조금 거닐다가 나옹왕사의 게송을 송(誦)하였다.

뇌선자(雷禪者)가 게송을 청하다
각(覺)의 성품에는 미혹도 없고 깨침도 없어
그 자리를 떠나지 않고 활짝 열려 있나니
여기서 다시 묘한 도리를 구하려 하면
어느 겁에는 법의 천둥 떨치지 못하리라[1]

나옹암으로 이동하려는데 처사님과 보살님께서 나와서 이른 시간에 어떻게 오셨는지 물어 본다. 혹 나옹왕사에 관한 흔적이 사찰에 있는지 물어보니 아무것도 없다고 하시기에 도량을 살펴보고 하산하다.

---

1) 『韓國佛敎全書』 卷6, 「東國大學校出版部」 1984年, p.739下.
   雷禪者求偈　覺性無迷亦無悟　不離當處豁然開　於斯更欲求玄妙　劫劫無能振法雷

봉서사(鳳棲寺)
나옹왕사 중창 사찰

주소 전북 완주군 용진읍 봉서안길 313 / 영덕군에서 315㎞, 4시간 26분

봉서사는 한국불교태고종 종찰이다.

727년(성덕왕 26)에 창건하였으며 고려 공민왕 때 나옹(懶翁)이 중창하였다. 조선시대 선조 때에는 진묵(震默)이 중창하고 이곳에 머물면서 전국승려대조사(全國僧侶大祖師)로 추앙받으며 중생을 교화하였던 유서 깊은 절이다. 1945년 전까지는 지방 굴지의 대찰이었으나 6·25 때 대웅전을 비롯한 건물들이 완전히 소실되어 폐사가 되었다. 그 후 호산(湖山)이 1963년에 대웅전과 요사채를 중건하고 1975년에 삼성각(三聖閣)을 신축하여 오늘에 이르고 있다.

현존하는 당우로는 대웅전·관음전·칠성각·진묵전(震默殿)·요사채 등이 있으며, 6·25 전쟁 전에는 이밖에도 명부전·나한전·삼성루(三聖樓)·천왕각(天王閣)·동루(東樓)·서전(西殿)·일주문(一柱門)·상운암(上雲庵) 등이 있었다. 문화재로는 전라북도 유형문화재 제108호인 진묵대사부도를 비롯한 몇 기의 부도가 있으며, 1979년에 세운 일붕선시비(一鵬禪詩碑)가 있다.

이 절에는 진묵대사와 해인사 대장경에 얽힌 설화가 전하고 있다. 이 절에서 수도하던 진묵은 자주 해인사를 내왕하면서 대장경을 모두 암송하였다고 한다. 하루는 진묵이 제자를 데리고 급히 해인사로 갔는데, 그날 밤 대장경각 옆에서 불이 났으나 도저히 끌 수 없게끔 되었다. 이때 진묵이 솔잎에 물을 적셔 불길이 번지는 곳에 몇 번 뿌리자 갑자기 폭우가 내려 불길을 잡음으로써 대장경 판의 위기를 구하였다는 일화가 있다.

※봉서사는 도로에서 2.5㎞나 들어가는 깊은 골짜기에 위치한 사찰로 나옹왕사께서 중창하셨다.

6·25 때 대웅전을 비롯한 전각들이 불타고, 지금의 대웅전은 1963년에 지어진 것으로 알고 있다. 대웅전 현판 글씨는 멀리서도 알 수 있는 일붕 서경보스님의 필체이다. 영덕 장사상륙작전전몰용사 위령비문도 서경보스님께서 쓰신 것을 알고 있기 때문에, 스님의 글씨는 멀리서도 알아볼 수가 있었다.

대웅전을 참배하는데 오늘이 49재일인가 보다. 불전과 영전에 과일을 비롯한 공양물이 올려져 있었으며, 49재 번들이 법당 안팎으로 걸려 있었다. 다른 전각을 참배하고 도량 여기저기를 돌아보는 중, 어산 소리와 바라 소리가 들려 벌써 천도재를 봉행하는가 싶다.

봉서사는 한국불교태고종 종찰이라 알려져 있는데, 컨테이너 건물에 '봉서사 전라북도 지정 무형문화재 제18호 영산작법 보존회 전수관'과 '봉서사 영산대재보존회'가 있다는 것을 알리는 현판이 붙어 있다. 이 깊은 산골짜기에 있는 사찰을 운영하자면 방편불사라도 해야 명맥을 유지할 수 있지 않을까 하는 생각을 하게 된다.

나옹왕사의 중창 사찰인 이 도량을 돌아보면서 아쉬운 것은 봉서사가 민가에서 멀리 떨어져 있어 수행하기에는 적합할지 몰라도, 도량 전체가 불사 중이라 그런지 정리가 되어 있지 않다는 느낌을 받았다. 또한 도량이 넓은 탓인지, 잡초가 우거져 대중의 손길이 많이 필요함을 느꼈다.

봉서사는 진묵대사의 출가 사찰로 알고 왔는데, 진묵대사의 부도와 진묵전(震默殿)의 전각 안에는 진묵대사와 어머니 진영을 모시고 있다. 진묵대사에 대해서 살펴보자.

진묵대사

진묵대사(震默大師, 1562~1633)는 1568년(선조 1) 봉서사(鳳棲寺)에서 출가하였는데, 사미승(沙彌僧)일 때 신중단(神衆壇)의 향을 피우는 직책을 맡았다. 그날 밤 주지의 꿈에 '부처가 향을 피우니 제천(諸天)은 받을 수 없노라'는 말이 있었다고 한다. 그때부터 진묵의 신이로움이 세상에 알려지게 되었고, 그 뒤 일정한 주처 없이 천하를 유람하였다. 변산(邊山)의 월명암(月明菴), 전주의 원등사(遠燈寺), 대원사(大元寺) 등에 있었다. 신통력을 많이 가지고 있어서 이적(異蹟)을 많이 행하였다고 전한다.

진묵대사는 나옹왕사 보다 150여 년 뒤에 태어난 큰스님이다. 그 옛날에는 여기에도 수행 대중이 많았으리라 생각된다. 대웅전 앞에서 49재가 봉행되는 영가의 극락왕생을 발원하면서 나옹왕사의 게송 중 염불하는 사람들에게 주는 8수 중 2수를 송(誦)해 본다. 나옹왕사의 원력과 진묵대사의 신통력으로 이 도량도 옛날의 명성을 되찾길 발원해 본다.

> 몇 겁이나 괴로이 육도를 돌았던가
> 금생에 인간으로 난 것 가장 희귀하여라
> 권하노니 그대들 어서 빨리 아미타불 생각하고
> 부디 한가히 놀면서 좋은 기회 놓치지 말라
>
> 육도에 윤회하기 언제나 그칠 것인가
> 떨어질 곳 생각하면 실로 근심스러워라
> 오직 염불에 기대어 부지런히 정진하여
> 세상 번뇌 떨어버리고 그곳에 돌아가자[1]

---

1) 『韓國佛敎全書』卷6, 「東國大學校出版部」 1984年, p.743上.
　　幾劫勞勞六道廻 今生人道最爲稀 勸君早念彌陁佛 切莫閑遊失好時
　　六道輪廻何日休 思量落處實爲愁 唯憑念佛勤精進 捗透塵勞驀到頭

雪林山 隱寂寺

은적사(隱寂寺) 1373년 나옹왕사 중창 사찰

주소 전북 군산시 설림3길 49 / 영덕군에서 362㎞, 5시간 11분

　은적사는 전라북도 내에 있는 사찰 가운데 가장 오래된 백제 시대 사찰이다. 천방사(千房寺), 선림사(禪林寺) 등으로도 불리었던 은적사는 대한불교조계종 제17교구 본사인 금산사(金山寺)의 말사이다.

　군산시 소룡동 설림산 기슭에 위치한 사찰로 613년(백제 무왕 14년, 신라 진평왕 35년) 신라 원광법사에 의해 창건된 것으로 전해진다. 그 후 952년(고려 광종 3) 정진국사가 중창, 1373년(공민왕 22) 고승 나옹이 2차 중창, 1781년(정조 5) 보경 선사에 의해 중건, 1937년 허웅선사가 중건하는 등 네 차례에 걸쳐 중창·중건이 있었다.

　현재의 대웅전과 극락전 등 전각들은 1985~1995년 사이에 대규모 중창 불사로 새로 지어진 것이다. 이전의 전각으로 극락전, 명부전, 조사전 등이 있었으며, 특히 대웅전은 정면 5칸, 측면 3칸의 겹처마와 다포 형식이다.

　본존 석가여래는 사각형의 엄숙한 표정에 오똑한 콧날, 당당한 어깨, 균형 잡힌 몸체,

안정감 있는 무릎 자세 등 신체의 비례가 뛰어나고 법의의 주름 표현이 아름답다. 은적사 석가여래 삼존상은 조선 후기 불상의 특징을 잘 보여주고 있다.

은적사 석가여래 삼존상은 2000년 11월 17일 전라북도 유형 문화재 제184호로 지정되었다. 은적사에서 소유 및 관리하고 있다. 석가여래 삼존불상은 1629년(인조 7) 수종(守宗) 화상이 조성한 대형 목불 좌상으로 설림산(雪琳山) 서쪽 기슭에 자리 잡은 은적사의 대웅전 불단 위에 봉안되어 있다.

석가여래불을 중심으로 문수보살과 보현보살이 양쪽에서 협시하고 있다. 당당한 어깨, 균형 있는 동체, 안정감 있는 무릎 자세 등 불신의 비례가 적절하며 법의와 천의의 옷 주름 표현이 뛰어나다. 얼굴은 네모나며 콧날이 오똑하고 눈과 입 등의 표현이 정제되어 있다.

본존인 석가여래불은 간소한 나무 대좌에 결가부좌한 채 항마촉지인을 맺고 있으며 나발(螺髮)의 머리에 육계가 낮게 표현되어 있다. 크기는 전체 높이 114㎝, 머리 높이 41㎝, 어깨 너비 54㎝, 무릎 너비 78㎝, 무릎 높이 19㎝ 정도이다.

문수보살의 얼굴은 본존불과 같은 형식이다. 머리에는 위쪽으로 벌어진 중국식 보관을 쓰고 있는데 윗부분에는 붉은색, 아랫부분에는 금색이다. 크기는 전체 높이 114㎝, 머리 높이 23㎝, 어깨 너비 49㎝, 무릎 너비 71㎝, 무릎 높이 19㎝ 정도이다. 보현보살의 얼굴 역시 문수보살과 같은 모양이다.

두 보살상 모두 팔에는 꽃무늬가 새겨진 팔찌를 하고 있으나 특이하게도 보현보살은 왼쪽 팔이 노출되어 있으며 배 부근의 옷자락 밑으로 장식적인 꽃무늬 조각이 새겨져 있다. 크기는 전체 높이 114㎝, 머리 높이 23㎝, 어깨 너비 47㎝, 무릎 너비 72㎝, 무릎 높이 20㎝ 정도이다.

본존불 뒷면에는 후불탱화로서 영산회상도를 중심으로 왼쪽에는 관음탱화와 신중탱화를, 오른쪽에는 칠성탱화와 산신탱화가 걸려 있다. 전형적인 조선 후기 불상의 특징을 잘 간직하고 있다.

은적사에 관한 설화가 있는데 당나라의 소정방이 13만 대군을 이끌고 금강하류에 상륙하여 백제를 공략하려 할 때에 짙은 안개가 끼어 시계가 막혔으므로, 이 산에 올라 산신에게 기도하면서 안개가 사라지게 하여주면 이 산에 천사(千寺)를 짓겠다고 서약하자

안개가 걷혔다고 한다. 그리하여 절을 지을 자리를 둘러보았으나 워낙 지세가 협소하였으므로 부득이 주춧돌 1,000개를 여러 곳에 놓고 1개 사찰만 지은 뒤 이름을 천방사라 하였다고 한다. 그러나 이 두 가지 창건설은 모두 신빙성이 없다. 원광이 창건하였다는 설은 당시 이 땅이 백제 영토였기 때문이고, 소정방의 창건설 역시 전란 중에 이국땅에 절을 세워야 할 근거가 희박하기 때문이다.

※설림산 은적사는 1373년(공민왕 22)에 나옹왕사께서 중건한 사찰이다. 먼저 사찰 주차장에 차를 세우고 주위를 둘러보았다. 시내권에 위치한 은적사는 현대불교에 있어서 최적의 포교당 역할을 할 수 있는 장소에 있는 듯하다. 지금까지 다닌 사찰 중에 이렇게 마을과 가까이 있으면서도 문턱이 낮으며, 자리가 좋은 사찰은 처음인 것이다.

2005년에 신축하였다는 일주문을 지나 조금 걸으니 2006년에 신축한 천왕문에 4대 천왕이 지키고 있었다. 천왕문을 지나 좌측 위쪽에 부도가 보여 살펴보니 은적사 주지를 역임한 법운당(法運堂)과 허옹당(虛翁堂)의 부도가 자리하고 있었다.

오른쪽에는 300년이 넘은 팽나무과 그 아래 이름 모를 석조입불상이 무심하게 입정에 들어 있다. 계단을 오르니 저 멀리 대웅전과 여타 전각들이 보였다.

대웅전에 들어가 부처님께 삼배를 올리고 나옹왕

사의 진영과 무학대사의 진영을 살펴보며 예를 갖추고 나왔다. 도량을 전체적으로 둘러보고 나옹왕사의 어록 중 게송 한편을 송(誦)하고 하산하였다.

징선자(澄禪者)가 게송을 청하다
맑고 맑은 성품바다는 끝없이 넓어
어떤 부처도 감히 그 앞에 나아가지 못하나니
낱낱이 원만히 이루어져 언제나 스스로 쓰고
물물마다 응해 나타나는 것 본래 천연한 그것이네[1]

하산하는 길에 왼쪽으로 내려가니, 절에서 운영하는 요양원인 듯 '최고급 호텔식 실버타운 보현노인전문요양원'이란 간판이 보인다. 은적사가 연로하신 분들의 마지막 삶의 회향을 부처님과 함께하는 도량으로 자리매김함을 볼 수 있다.

이후 서남사로 돌아와 나옹왕사 불적답사기를 정리하면서, 은적사의 인터넷 홈페이지를 열어보았다. 개신교 교회에서 예배를 보기 위하여 의자를 설치한 것과 같이, 1999년 증축된 극락전 법당 안에 의자를 배열해 놓아, 현시대에 맞는 맞춤 불교의 현대화에 앞장서 가는 것을 보는 듯하다. 이 도량에 인연된 분들은 복된 분들이다.

나무아미타불, 나무아미타불, 나무아미타불!

---

1) 『韓國佛教全書』 卷6, 「東國大學校出版部」 1984年, p.741中.
   澄禪者求頌 澄澄性海廣無邊 佛佛無能敢向前 个个圓成常自用 頭頭應現本天然

상주사(上柱寺) 1362년 나옹왕사 중창 사찰

주소 전북 군산시 서수면 함안로 57-29 / 영덕군에서 342km, 4시간 57분

상주사는 취성산 기슭에 자리하고 있으며, 백제 무왕 7년(606)에 혜공스님이 세웠다고 전해지며, 이후 여러 차례에 걸쳐 다시 고쳤다고 하지만 당시 이 지역은 백제 영토였으므로 확실하지는 않다. 1362년(고려 공민왕 11) 혜근(惠勤)이 중창하며 현재 이름으로 바뀌었으며 고려 말 공민왕이 이 절을 찾아 국가의 안녕을 기원했다고 전한다. 1641년(조선 인조 19) 취계(鷲溪)가 중수하고, 1762년(영조 38)에는 학봉(鶴峯)이 중수하였다. 오늘날에는 특히 나한 기도도량으로 유명한데 그 유래가 전한다.

1834년(순조 34) 임피현(臨陂縣) 수령 민치록(閔致祿)이 꿈을 꾸기를, 하얀 갓을 쓴 세 사람이 나타나 자신들을 높은 곳으로 안내해 달라고 부탁하였다. 민치록은 세 번이나 같은 꿈을 꾸자 관리들에게 현에 특별한 일이 있으면 보고하라고 하였다. 며칠 뒤 서포(西浦)에 16나한을 실은 배가 한 척 닿았다는 보고를 받았다. 이에 민치록은 16나한을 높은 곳에 있는 이 절에 모셨고 이후 16나한은 많은 영험을 보였다고 한다.

건물로는 대웅전과 나한전·관음전·범종각·요사채 등이 있다. 이 중 대웅전은 1973

년 6월 23일 전라북도 유형문화재 제37호로 지정된 건물이다. 정면 3칸, 측면 3칸의 팔작지붕 건물로 내부에는 석가모니불을 중심으로 한 삼존불과 영산회상도, 신중·지장보살·독성·칠성·산신 등의 탱화가 모셔져 있다. 삼존불 위 닫집에는 용두가 조각되어 있는데, 본래는 2기였으나 1기는 일제강점기 때 일본인이 몰래 가져갔다고 한다. 용마루 위에는 청기와가 2개 얹혀 있으며, 상단에는 일정한 간격으로 11개의 용두가 놓여 있다.

최근 상주사에 대한 불교 타임즈 기사를 그대로 옮겨 적어보면 다음과 같다.

군산 상주사(주지 도연)는 11월 5일 관음전의 6관음보살 점안법회를 봉행했다. 점안법회는 법주사 주지 현조스님, 조계종 화쟁위원장 도법스님, 금산사 주지 성우스님, 동국사 주지 종걸스님, 흥천사 주지 법희스님, 보천사 주지 의종스님을 비롯한 지역 스님들과 진희완 군산시의장 지역 기관장 등 200여 사부대중이 참석한 가운데 봉행됐다. 전라북도 영산작법 보존회 스님들의 영산작법에 이어 현조스님을 증명법사로 관음전 6관음보살에 대한 점안과 '붓다로 살자' 실천도량 선포식이 이어졌다.

성우스님은 법어를 통해 "관음신앙을 빼놓고 한국불교를 이야기 할 수 없으며 관음보살이 되려면 어려운 곳과 소외된 곳으로 다가갈 때 관

세음보살처럼 살아갈 수 있다. 오늘 성스러운 관세음보살 점안법회를 계기로 내가 바로 부처로 살아가야 한다는 눈을 떠야한다."고 강조했다.

도연스님은 인사말을 통해 "상주사가 일상생활에 지친 모든 분들의 쉼터가 되도록 노력하겠다."고 말했다.

한편, 이날 법회에서는 '붓다로 살자' 실천도량 선포식이 이어졌으며 종정 진제스님이 직접 쓴 '붓다로 살자' 휘호가 전달됐으며 오후에는 생전예수재가 봉행됐다.

(현대불교신문 전북지사장 조동제)

※상주사는 옛날에는 소속암자가 9개나 있었고, 승려도 약 200여 명이나 되어 대중공양을 위하여 밥을 하려고 씻은 쌀뜨물이 아랫마을까지 내려갔다는 이야기가 전해온다. 그러나 상주사 1.2㎞의 간판을 보고 일주문을 지나, 주차를 하고 부처님을 참배하는 데도 사찰 대중이 아무도 보이지 않는다. 그 옛날 수많은 분들이 수도 정진하던 열기는 이미 사라지고, 진짜 '절간같다'는 느낌이 들 정도로 조용하게 정적만 흘렀다.

대웅전 밑에 걸려 있는 현수막에 '상주사 환희로운 만남'이란 글귀가 부처님과의 만남이 환희로운 만남인지, 아니면 산사음악회와 점안식에 동참하는 것이 환희로운 만남인지 모를 일이다.

대웅전 부처님 전에 삼배의 예를 올리고 나오는데, '환희로운 만남이란 순간순간 자각하여 자성의 부처를 만나고, 시공을 초월하여 일체 모든 만물의 법성을 만나는 것'이라는 생각이 들었다. 상주사의 운행 차량은 있는데 아무도 보이지 않아, 조용히 도량을 내려오면서 나옹왕사께서 중창불사 했던 시절을 생각하면서 게송을 송(誦)하고 하산하다.

> 중선자(仲禪者)가 게송을 청하다
> 마음을 닦되 한 걸음 한 걸음 나아가라
> 철벽鐵壁과 은산銀山도 열리리니
> 부모가 낳아주기 전의 면목을
> 그로부터 직접 한번 보고 오리라[1]

---

1) 『韓國佛敎全書』卷6, 「東國大學校出版部」 1984年, p.741下.
　仲禪者求頌 脩心一步進一步 鐵壁銀山也拶開 父母未生前面目 因玆親見一迴來

보천사

보천사(寶泉寺) 1352년 나옹왕사 중창 사찰

주소 전북 군산시 서수면 축동리 151-3 / 영덕군에서 342km, 4시간 57분

보천사는 신라의 승려 혜공이 백제 무왕 때 창건한 사찰이다. 일제 강점기인 1924년 일본인에 의해 폐사되기도 하였으나, 1936년 중창되었다.

보천사는 서수면 취성산 동쪽 기슭 두금봉(斗金峰) 아래 위치한 사찰로 602년(백제 무왕 2) 신라 승려 혜공(惠空)이 창건하고, 1352년(고려 공민왕 2) 나옹대사가 중창한 것으로 전해진다. 조선 시대 들어와 고승 취계당 유문(1614~1689)이 중수하고 머무르다 열반하였다.

보천사는 1924년 일본인 다카하시(高橋)가 친일 요승 곽법경에게 2,700원을 주고 사들여 법당을 해체하고 불상 700여 개와 함께 일본으로 약탈해가는 '매불 사건'이 터지면서 폐사된다.

보천사 법당은 용마루에 여러 장의 청기와가 얹혀 있어 아침 햇살이 비치면 건넛마을에서도 눈이 부실 정도로 아름다웠다고 한다. 일제가 약탈해간 유물 중 불상은 반송되

어 익산 숭림사(崇林寺)에 보관되어 있다.

일제 강점기 폐사됐던 보천사는 1936년 백낙도(白洛道)가 옛 절터 옆 언덕에 중창하고 1971년 김무진(金武震)이 중수하여 오늘에 이른다.

극락전·삼성각·부도전·종각·염불당·요사채 등으로 가람(伽藍)을 이루고 있다. 이 중 극락전은 정면 3칸, 측면 3칸의 겹처마 맞배지붕 건물이다. 내부는 아미타불을 주존으로, 관세음보살과 대세지보살을 좌우 협시불로 모셨다.

유물로는 부도 3기와 오층 석탑이 남아 있다. 부도 1기는 조선 후기 고승으로 1689년(숙종 15) 보천사에서 열반한 취계당 유문(有文)의 것으로 전해진다. 옛 절터에서 옮겨온 취계당 대사 부도는 높이 1.4m이며, 1983년 유기로 만든 사리함이 나와 군산대학교 박물관에 보관되어 있다.

※보천사는 1352년(공민왕 2년) 나옹왕사가 중창한 사찰로 알고 있다. 지금까지 나옹왕사께서 창건, 중창, 수도, 정진한 도량은 산 중턱 해발 800m 이상 1,200m에 위치한 사찰들이 대부분이었다. 그러나 이곳 보천사는 평지에 자리하고 있어, 동네 옆에 가정집을 개조하여 만든 듯한 느낌을 받았다. 일제강점기에 절이 폐사되어 1935년 옛 절터 옆 언덕에 중창하여 그런지, 정갈하고 깔끔하게 다듬어진 도량이다. 그 모습을 보니 비구니 스님께서 근래 몇 년 전에 불사를 한 것 같은 느낌이 들었다.

절에 들어가는 입구에는 조선 인조 대의 고승으로 1652년(효종 3년)에 입적한 취계당 대사의 부도가 있으며, 그 밖에도 이름 모를 부도 3기가 더 있어서 그나마 보천사의 역사를 말해 주는 듯하다.

도량에 들어서니 잔디밭 위에 7층 석탑과 극락전의 전각이 있고, 법당 우측에는 적벽돌로 지어진 적묵당이 자리 잡고 있었다. 먼저, 극락전 삼존불에 삼배의 예를 갖추고 나와서 도량을 다시 돌아보았다. 도량 터는 넓지 않지만 건물을 알차게 잘 배치하였다.

주지스님을 찾았지만 도량 어딘가에서 일하고 계신다고만 한다. 탁발을 나온 탁발승으로 보였던지, 처사님도 빨리 갔으면 하는 눈치다. 법당을 보면서 메모한 나옹왕사의 게송을 송(誦)하고 하산하다.

이상서(李尙書)에게 주는 글

사원을 중수하고 사방 손님 접대하니

남북의 납자들이 갔다 다시 돌아오네

이제 서방극락에 마음 두어 부지런히 염불하라

상품(上品) 연화대가 저절로 열리리라[1]

---

1) 『韓國佛敎全書』卷6, 「東國大學校出版部」 1984年, p.742中.
   示李尙書 重脩寺院接方來 南北禪和去再廻 又向西心勤念佛 蓮花上品自然開

건봉사

회암사
석굴암
천축사   대성암
학림사
흥륜사   화계사
반월암   삼막사   신륵사   상원사   상원사
염불암   연천사   월정사
상두암
칠장사   영월암   흥왕사   명감사
은적암
청룡사   창룡사   백련사   원통암
가섭사   각연사   청련암
수덕사   석천암   보살사   유석사
가야사지   윤필암
요적암
서남사
갑장사   반송정
오덕사   용흥사   장육사
대곡사   수정사   불미골
까치소
영덕군청
은적사   봉서사   학림사
상주사   대원사   위봉사   선석사   남지장사
보천사   태조암
금당사   반룡사
나옹암

나옹사지   천은사   영원사지   통도사
상선암   원효암
규봉암   송광사   응석사
다솔사   용궁사

충청도

수덕사(修德寺)   가섭사(迦葉寺)

가야사지(伽倻寺址)   원통암(圓通庵)

오덕사(五德寺)   청련암(靑蓮庵)

각연사(覺淵寺)   백련사(白蓮寺)

창룡사(蒼龍寺)   보살사(菩薩寺)

석천암(石泉庵)

수덕사(修德寺) 나옹왕사 중수 사찰

주소 충남 예산군 덕산면 수덕사안길 79 / 영덕군에서 361㎞, 5시간

수덕사는 대한불교조계종 제7교구 본사(本寺)이다.

창건에 대한 뚜렷한 기록이 없어 창건설화가 분분하나, 사기(寺記)에는 백제 말에 숭제법사(崇濟法師)에 의하여 창건되었다고 하며, 제30대 무왕 때 혜현(惠現)이 『법화경』을 강론하였고, 고려 제31대 공민왕 때 나옹(懶翁)이 중수한 것으로 기록되어 있다. 일설에는 599년(법왕 1)에 지명법사(知命法師)가 창건하였고 원효(元曉)가 중수하였다고 한다.

창건 이후의 상세한 역사는 전하지 않지만, 한말에 경허(鏡虛)가 이곳에 머물면서 선풍(禪風)을 크게 일으켰고, 1898년(광무 2)에 경허의 제자 만공(滿空)이 중창한 뒤 이 절에 머물면서 많은 후학들을 배출하였다. 우리나라 4대 총림(叢林)의 하나인 덕숭총림(德崇叢林)이 있으며, 많은 수도승들이 정진하고 있다.

현존하는 당우로는 대웅전(국보 제49호)을 중심으로 좌우에 명부전(冥府殿)을 비롯한 백련당(白蓮堂)·청련당(靑蓮堂)·염화실(拈花室)·조인정사(祖印精舍)·무이당(無

二堂)·심우당(尋牛堂)·황하정루(黃河精樓)·천왕문·금강문·일주문(一柱門)·범종각(梵鐘閣) 등이 있다.

대웅전은 1308년(충렬왕 34)에 건립된 건물로서 건축사 연구에 매우 귀중한 자료이다. 대웅전 안에는 중앙의 석가모니불을 중심으로 약사불, 아미타불의 삼세불이 모셔져 있다. 이 목조 삼세불좌상(보물 제1381호)은 만공이 전라북도 남원에 있는 만행산 '귀정사(歸淨寺)'로부터 옮겨온 것이라고 한다.

대웅전 앞마당에는 여래탑이라고도 불리는 삼층석탑(충청남도 유형문화재 제103호)이 있으며, 1936년 대웅전 중수 때 발견된 벽화는 건립 당시의 것으로서 주악공양비천도(奏樂供養飛天圖)·수화도(水花圖)·야화도(野花圖)·금룡도(金龍圖)·오선도(五仙圖) 등이 있었으나, 지금은 서까래에 희미하게 금룡도만이 남아 있을 뿐이다.

일주문은 도톰하게 깎은 돌기둥 두 개에 기와 지붕을 얹고 있다. '덕숭산수덕사(德崇山修德寺)'라고 쓴 현판은 손재형(孫在馨)의 글씨이며, 지붕의 처마에는 붉은 여의주를 문 용이 조각되어 있다. 범종각에는 1973년에 조성된 무게 6,500근의 종이 봉안되어 있다.

이 절의 산내암자로는 정혜사(定慧寺)를 비롯하여 견성암(見性庵)·금선대(金仙臺)·환희대(歡喜臺) 등이 있다. 현재 이 절의 말사는 66개이다.

이 가운데 정혜사에는 비구 선원인 능인선원(能仁禪院)이 있으며, 견성암에는 비구니 선원인 제일선원(第一禪院)이 있다. 금선대에는 진영각(眞影閣)이 있으며, 진영각 안에는 만공의 영정과 유물이 보관되어 있다. 환희대는 『청춘을 불사르고』를 지은 김일엽(金

一葉)이 기거하다가 죽은 곳이며, 견성암 또한 김일엽이 기거하던 곳이다.

이밖에 이 절에서 소장하고 있는 문화재로는 노사나불괘불탱(蘆舍那佛掛佛幀, 보물 제1263호), 만공탑(滿空塔, 충청남도 문화재자료 제181호), 칠층석탑(예산군 문화재자료 제181호), 근역성보관(槿域聖寶館)에 소장된 거문고(예산군 문화재자료 제192호) 등이 있다.

노사나불괘불탱은 1673년(현종 14)에 제작된 괘불로서 노사나불을 단독으로 나타낸 독특한 형식의 그림이다. 적색과 녹색을 주로 사용하고 공간을 오색의 광선으로 처리하여 화려하고 환상적인 느낌을 준다.

만공탑은 만공을 추모하기 위하여 제자들이 세운 탑으로서 구형(球形)의 둥근 돌을 올려놓은 특이한 부도이다.

조인정사 앞에 세워진 칠층석탑은 화강암으로 만든 탑으로서 지대석 위에 기단면석 외부로 두드러지게 우주를 표현하고 있는데 면석에는 두께 10㎝ 정도의 사각 테두리가 돌려져 있다. 기단 위에 탑신부의 옥신은 없는데, 그 대신 4개의 정사면체 석재를 주춧돌처럼 놓아 1층 옥개석을 받치도록 하는 형태를 취하고 있다.

근역성보관(槿域聖寶館)에 소장되어 있는 거문고는 만공이 고종의 둘째 아들인 의친왕 이강으로부터 받은 것으로서 이 거문고에는 이조묵(李祖默)이 새긴 공민왕금(恭愍王琴)이라는 글씨와 함께 만공의 시가 새겨져 있다.

※수덕사는 나옹스님 중수사찰이다. 나옹왕사 불적답사 사찰 중에 조계종 총림 사찰은 통도사와 송광사 그리고 수덕사이다. 총림 사찰이라 늦으면 경내에 많은 분들이 참배할 것 같아 출발을 서둘렀다. 새벽 예불을 드리면서 무탈하게 나옹왕사 불적답사 순례길 회향을 부처님 전에 발원하고 나서 360㎞를 달려 5시간 만에 수덕사에 도착하였다.

덕숭산 수덕사의 일주문을 지나고 사천왕문을 거쳐 황하정루(黃河精樓)를 지나 곧 바로 대웅전으로 향하였다. 아침 이른 시간이라 도량 경내가 조용하다.

아침 햇살에 비친 대웅전을 비롯한 전각들이 말로 형언할 수 없을 정도로 아름답고, 대웅전 앞에서 내려다 바라본 풍경은 극락세계의 한 가운데에 와 있는 느낌이 들었다.

1308년(충렬왕 34년)에 건립된 대웅전에 조용히 들어가 부처님 전에 참배하고 잠시 나를 뒤돌아본다. 이른 시간이라 누구에게도 방해받지 않고 앉아 있을 만큼 있다가 나왔다.

나옹왕사의 불적답사 순례길이 곧 나를 찾아가는 길이며 너와 내가 하나임을, 보이는 모든 것들이 세계일화(世界一花)이며, 대승(大乘)이며, 중도실상(中道實相)의 도리를 자각하기 위한 것이리라. 시공을 초월해서 나옹왕사와 자기 자신이 하나의 우주임을 체득하기 위함임을 알기에 방편불사를 하는 것이라 생각했다.

관음전과 여러 전각을 둘러보고 개산조(開山祖) 대덕지명법사지비(大德智明法師之碑)에 잠시 예를 갖추었다. 나옹왕사가 중수하고 정진한 이 도량을 다시 한 번 살펴보고 나옹왕사의 게송을 송(誦)하고 하산하였다.

임선자(霖禪者)가 게송을 청하다
자기의 참마음은 일정한 곳 없거니
흰 종이에 묘한 말씀은 찾아 무얼 하는가
한 구절에 종지(宗旨)를 밝혔다 해도
바른 눈이 열렸을 때 본원(本源)을 미혹하리[1]

---

1) 『韓國佛敎全書』卷6,「東國大學校出版部」1984年, p.741下.
霖禪人求頌　自己眞心無着處　何須白紙覓玄言　雖然一句明宗旨　正眼開時昧本源

가야사지(伽倻寺址) 나옹왕사께서 조성한 금탑자리, 대원군 부친 남연군 묘 봉안

주소 충남 예산군 덕산면 상가리 / 영덕군에서 361㎞, 5시간

가야사지는 1998년 12월 24일 충청남도 기념물 제150호로 지정되었다.

예산군과 서산시 경계에 있는 가야산(伽倻山) 석문봉의 동쪽 아래 넓게 형성된 골짜기에 있는 절터이다. 이곳은 가야동이라고 불리는데 99개의 암자가 있었으며 절터의 중심지라고 전해지는 곳에 흥선대원군 이하응(李昰應)의 아버지인 남연군묘(南延君墓)가 자리 잡고 있다.

가야사지는 지금 대부분 개간되어 논과 밭으로 경작되고 있어 사지의 가람(伽藍)을 추정할 만한 유구(遺構)는 이미 파괴된 것으로 보인다. 그러나 가야동 계곡의 논과 밭에 흩어져 있는 기와조각과 석재(石材), 자기편으로 보아 넓은 골짜기에 걸쳐 거대한 규모로 사찰이 조성되었던 것으로 짐작된다.

대원군이 남연군묘를 면례(緬禮)[1]하기 위해 절을 소각하고 절 뒤에 있던 고려시대 나옹화상(懶翁和尙)이 세운 금탑(金塔)을 철거함으로써 폐사(廢寺)가 되었으며, 이곳에 있

---

1) 면례緬禮: 무덤을 옮기며 장사葬事를 다시 지냄.

던 금탑을 남연군묘 안에 부장했다고 한다. 지금 남아 있는 상태로는 사지의 가람을 확인할 수 없으나 사찰의 중심지로 추정되는 남연군묘 부근에는 기와조각과 초석으로 보이는 대형 석재가 흩어져 있다.

「고려사절요」에 따르면 1177년(명종 7)에 망이, 망소이의 난이 일어났을 때 가야사를 점거한 기록이 있다.

※나옹왕사께서 가야사지에 금탑을 조성하였다는 것은 늦게 자료를 보며 알게 되었다. 지난 번 수덕사 나옹왕사 불적답사길에서는 찾아뵙지 못하였기에 다시 예산을 오게 되었다. 가야사지는 차량 네비게이션에 등록 되어 있지 않아 가야산을 입력한 후 출발하였다.

4시간 30여 분을 달려 예산 중심지를 지나 큰 도로에서 보니 4.7㎞로 표시된 가야산과 남연군묘 이정표가 나왔다. 가야사지가 표시된 이정표를 찾지 못하였기에 남연군묘 이정표를 표시 삼아 찾아가야만 했다.

미리 가야사지에 대한 자료를 살펴보고 온 덕에 흥선대원군이 선친인 남연군 묘를 가야사지로 이장할 때 나왕왕사께서 세운 금탑을 철거한 후 묘 안에 부장했다는 내용을 알 수 있었다. 차에서 내려 입구에 다다르니 가야사지에 대한 연력을 기록해 놓은 것을 볼 수 있었다.

가야사지

가야사는 백제 불교문화의 중심지이자 선진문화 창구기능을 했던 대사찰이다.

고려시대 무신 난을 일으켜 대권을 장악하고 조정을 농락하며 탐학과 불법을 자행하자 생계를 잃게 된 천민 망이, 망소이 등이 신분 질서 타파의 기치를 들고 1176년 1월 반란을 일으켜 예산 일대와 이곳 가야사를 점령했다. 허나 조정의 토벌군에 진압되어 꿈을 이루지 못했지만 민중의 역사가 서려있는 곳이다.

1868년 오페르트 굴총사건의 현장인 남연군묘가 있는 곳이다.

흥선대원군이 부친 남연군묘를 이곳에 쓰기 위해 가야사 금탑을 허물고 천년고찰 가야사를 불태워 버렸다. 이때 보광명전에 조성 봉안된 '철불삼존상'이 녹아내렸다.

극락전에 봉안했던 '지불아미타상'[2]과 화사석만 현재 보덕사 극락전에 독존으로 모셔져 있다.

---

2) 종이로 조성한 부처님

가야사는 병계 윤봉구의 사촌형으로 대제학을 지
낸 포암 윤봉조(尹鳳朝)를 비롯해서 윤평 송능상(宋
能相) 등의 많은 사우들이 찾아와 머물면서 여러 시
문을 남긴 사찰이기도 하다.

위와 같이 가야사에 대한 연혁을 기록하고 있다.
또한 예산 가야사지 문화재 발굴조사 현황을 살펴보
면 이렇게 기록하고 있다.

문화재 발굴조사 현황

가야사지는 충청남도 예산군 덕산면 상가리에 위치하며, 고려시대부터 존속해 있다가 흥선대
원군 이하응(李昰應)의 아버지인 남연군 이구(李球)의 묘를 이장하면서 폐사된 것으로 알려져 있
다. 충청남도에서는 유적의 문화재적 가치를 인정하여 가야사지(충청남도 기념물 제150호), 남
연군묘(충청남도 지정문화재 제80호)로 지정되어 관리하고 있다.

예산군에서는 가야사지의 보수 및 복원·정비사업의 일환으로 2012년부터 2014년까지 총 3차
례의 문화재 발굴조사 결과 중정(中庭)을 중심으로 하는 8동의 건물터를 확인할 수 있었고, 석조
불상 8점, 청동불두 1점, '가량갑사(加良岬寺)'명 명문기와를 비롯한 다양한 유물이 출토되어 가
야사지에 대한 건물배치 및 사명(寺名)을 알 수 있게 되었다.

특히 3차 발굴조사를 통해 남연군묘의 제각 시설이 확인되었다. 제각(祭閣)은 가야사지를 일부
파괴하고 조성되어 남연군묘 이장에 대한 기록을 증명할 수 있게 되었다.

사지에서 발굴된 석조불상 8점 및 청동불두 1점, 명문기와들이 출토되고 남연군묘를 쓰면서
가야사지를 파괴하였다고 기록함을 알 수 있다.

가야사지에 대한 또 다른 기록을 살펴보면 다음과 같이 기록하고 있다.

예산 가야사지(伽倻寺址)

시대: 고려시대~조선시대, 충청남도 기념물 제150호

가야사지는 예산군과 서산시 경계에 있는 가야산(伽倻山) 석문봉의 동쪽 아래 넓게 형성된 골짜기에 있는 절터이다. 이곳은 가야동이라고 불리는데 99개의 암자가 있었으며, 절터의 중심지라고 전해지는 곳에 흥선대원군 이하응(李昰應)의 아버지 남연군묘(南延君墓)가 자리 잡고 있다.

2012년과 2013년에 실시한 발굴조사 결과 고려시대에서 조선시대에 이르는 사찰 현황이 일부 확인되었다. 남연군묘 동쪽에서 확인된 건물들은 중앙의 답도 시설을 기준으로 모두 4동이 조사되었다. 건물의 배치는 'ㅁ'자 형태의 구조를 가지며 가야사의 전각군 중 일부로 추정되고 있다.

출토유물로는 '가량갑사(加良岬寺)'라는 절 이름이 쓰인 명문기와가 출토되었다. 조사지역에서 출토되는 명문기와는 창건시의 절 이름인 '가량갑사(加良岬寺)'를 의미하는 것으로, 절 이름이 쓰인 기와가 고려시대에 제작된 것으로 보아 고려시대부터 조선시대까지 '가야갑사', '가야사' 등으로 달리 불렸던 것으로 추정하고 있다.

가야사지와 99개의 암자가 존재하였으나 이후 폐사되고 대원군의 부친 묘를 이곳으로 이장하였다고 한다. 절 이름도 가야갑사 또는 가야사라 칭하였다 한다.

남연군묘 위에서 살펴보니 묘 앞에 드러나 있는 바위가 힘차게 솟아 있고 묘 앞에서 둘러보니 뒤쪽과 양 사방이 이 터를 감싸고 있고 앞은 전망이 확 트여서 좋은 터임을 알 수 있다.

원래 가야사 자리인 남연군묘에서 잠시 그대로 서서 입정하고 나옹왕사의 게송을 송(誦)하고 아쉬움을 뒤로 하고 하산하다.

무위(無爲)
동서남북이 텅 비어 트였으니
하는 일이 모두 다 공이로구나
아무 것도 없는 그 경계 누가 헤아릴 수 있으리
꼿꼿하고 드높게 고풍을 날린다[3]

---

3) 『韓國佛敎全書』卷6, 「東國大學校出版部」 1984年, p.734中.
　　無爲　南北東西虛豁豁 諸般所作摠皆空 泯然蕩盡誰能測 几几騰騰現古風

오덕사(五德寺)
나옹왕사 중건 사찰

주소 충남 부여군 충화면 오덕로 86번길 105 / 영덕군에서 359㎞, 5시간

　오덕사는 대한불교조계종 제6교구 본사인 마곡사(麻谷寺)의 말사이다. 759년(경덕왕 18)에 원효(元曉)가 창건하였다고 하나, 창건 연대가 원효의 생존 시기와는 크게 차이가 나므로 678년(문무왕 18)의 오기이거나 창건자가 다른 사람일 가능성이 크다.

　창건 당시 뒷산인 금계산에 다섯 가지 덕이 있다고 하여 절 이름을 오덕사라 하였으며, 대웅전과 나한전(羅漢殿) · 명부전(冥府殿) · 관음암(觀音庵) · 청계암(淸溪庵) · 성수암(聖壽庵)을 비롯하여 정문(正門) · 금강문(金剛門) · 법왕문(法王門) · 승방 · 선방(禪房) 등이 있었다고 한다. 그 뒤 고려 공민왕 때 나옹(懶翁)이 8방(房)과 9암(庵)을 중건하고 보덕루(普德樓)를 신축하였으며, 길이 30척, 너비 10척의 석가모니불탱화 1축을 그려 봉안하였다. 1570년 조선 선조 3년에 태봉산 정상에 선조의 태함(胎函)을 안치하고 태실비를 세웠다.

　선조가 어필(御筆)과 용포(龍袍)를 하사하였는데, 이를 봉안하기 위해 어필각(御筆閣)을 신축하였다. 그 뒤 퇴락된 채 명맥만을 유지하다가 1918년에 주지 나일택(羅日澤)이 칠성각을 신축하고 어필각을 이건하여 오늘에 이르고 있다.

현존하는 당우로는 대웅전을 비롯하여 보덕루 · 칠성각 · 요사채 · 어필각 등이 있으며, 현존하는 유물로는 선조의 곤룡포와 어필이 보관되어 있다.

※오덕사는 나옹왕사께서 중건하신 사찰이다. 오덕사란 사명은 절 뒷산이 금계산이고 금계는 문(文), 무(武), 용(勇), 인(仁), 신(信)의 오덕(五德)을 가지고 있는 동물로 알려져 있어 이름을 오덕이라 하였다고 한다.

절 이름이 금닭이 오덕을 상징하므로 '계유오덕(鷄有五德)'에서 연유하는 것으로 알려져 있는데, 이 오덕은 두 가지 관점으로 해석된다고 한다. 우선 유교적 관점에서 오덕은 사람이 살아가는데 꼭 있어야 할 다섯 가지의 덕을 말하기도 하고, 불교에서는 보살이 처음으로 얻게 되는 다섯 가지의 덕을 의미하기도 한다고 한다.

오덕사 절에 들어가는 길이 좁다. 버스가 들어오기는 무리일 것 같고 승합차나 승용차가 다닐 정도의 길이라 삼사순례를 하려면 동네 어귀에서 걸어 들어와야 할 것 같다.

주차장 옆의 전각이 어필각인데 원래 관음전 옆쪽에 있던 것을 1995년에 지금의 위치로 옮겨왔다 한다. 대웅전과 좌측에 관음전이 보였다.

먼저 대웅전에 예를 갖추고 관음전에 참배하였다.

법당에서 나와서 보니 '선조대왕태실비'가 적혀 있다. 그 내용을 부여군에서 알기 쉽게 설명하고 있는데 다음과 같이 기록하고 있다.

선조대왕 태실비 문화재 자료 제117호

1570년 조선 선조 3년에 이곳에 선조대왕의 태함을 안치하면서 세운 태실비이다. 태함은 옛날 왕실에서 태를 묻던 함이다.

처음 건립된 태실비가 세월이 지나 글자가 마모되자 1747년 영조 23년에 다시 세웠다. 새로 세운 태실비는 거북이 모양의 받침과 비 머리와 비 몸체로 구성되어 있다.

비의 앞면에는 '선조대왕태실'이라고 기록되어 있으며, 뒷면에는 비를 세운 시기가 기록되어 있다.

오덕사 뒷산 소나무는 오래된 것은 아닌데 쭉쭉 뻗어 있는 걸 보니 오덕사가 번창할 모양이다. 도량을 다시 한 번 둘러보고 나옹왕사의 게송을 송(誦)하고 하산하였다.

온선자(溫禪者)가 게송을 청하다
참선을 하는 데는 조사의 관문을 지나야 하나니
관문을 지나지 못했거든 부디 등한하지 말라
갑자기 빛을 돌이켜 몸소 알아차리면
온 하늘과 온 땅에 모골이 시리리[1]

---

1) 『韓國佛敎全書』卷6, 「東國大學校出版部」 1984年, p.741下.
   溫禪者求頌 叅禪要過祖師關 未過關時莫等閑 忽得廻光親薦得 普天普地骨毛寒

각연사(覺淵寺) 나옹왕사 수도 사찰

주소 충북 괴산군 칠성면 각연길 451 / 영덕군에서 177㎞, 3시간 36분

각연사는 대한불교조계종 제5교구 본사인 법주사(法住寺)의 말사이다.

신라 법흥왕 때 유일(有一)이 창건하였다. 창건설화에 따르면, 유일은 사찰을 짓기 위하여 현재의 칠성면 쌍곡리 사동 근처에 자리를 잡고 공사를 시작하였는데, 갑자기 까마귀 떼가 나타나서 대패 밥과 나무 부스러기를 물고 날아갔다.

이를 이상하게 여겨 까마귀를 따라가니, 조그마한 못에 물고 온 대팻밥을 떨어뜨리고는 못가에 앉아 쉬고 있었다. 유일이 물속을 들여다보니 한 석불이 있었으므로 깨달은 바 있어 못을 메워 절을 짓고 각연사라 하였다 한다. 그 뒤 이 불상에 지성으로 기도하면 영험이 크다 하여 참배자들이 끊이지 않았다.

고려 초기에는 통일(通一)이 중창하여 대찰의 면모를 갖추었고, 고려 혜종 때 새로 중수하였으며, 조선시대에도 1648년(인조 26)과 1655년의 중수를 거쳐서 1899년에는 비로자나불의 개금불사(改金佛事)가 이루어졌다. 그 뒤에도 1927년과 1954년, 1965년, 1975

년에 각각 중수하였다.

현존하는 당우로는 비로전·대웅전·칠성각·산신각 및 요사채 2동 등이 있다. 이 중 충청북도 유형문화재 제125호인 비로전은 보물 제433호인 비로자나불좌상이 봉안되어 있는 정면 3칸, 측면 3칸의 다포식 팔작집이며, 1975년에 보수하였다.

충청북도 유형문화재 제126호인 대웅전은 정면 3칸의 맞배집으로서 융경(隆慶)·순치(順治)·강희(康熙) 연간과 1768년에 중수되었으며, 그 안에는 석가여래좌상과 아미타여래좌상·약사여래좌상이 봉안되어 있는데 1771년에 개금한 기록이 전한다.

대웅전 내 동편에는 승려상이 있는데, 이 절의 창건자 유일이라는 설과 중국의 달마(達磨)라는 설이 있다. 흙으로 만든 것으로 높이는 130㎝이며, 머리에는 건모를 썼고, 결가부좌한 채 양 무릎 위에 놓은 손에는 단장(短杖)을 들고 있는 대장부상이다.

그밖에도 이 절에는 무게 937.5㎏의 범종(梵鐘)과 법고(法鼓)·운판(雲板)을 비롯하여, 보물 제1295호인 통일대사탑비와 보물 제1370호인 통일대사부도, 조선시대의 작품으로 추정되는 선적당(善跡堂)에 있는 부도와 이름이 밝혀지지 않은 부도, 비로전 동쪽에 있는 충청북도 유형문화재 제212호인 석조귀부(石造龜趺)와 팔각옥개석(八角屋蓋石) 등이 있다.

※나옹왕사께서 수도하셨다는 각연사를 찾았다. 추풍낙엽(秋風落葉)이라는 말과 같이 만추(晚秋)에 찾은 각연사는 만산홍엽의 물결이 아직까지 더해지며 바람에 성질이 급한 잎들은 날려 이리저리 나부끼고 있다.

먼저 대웅전에 들러 예를 갖추고 충청북도 유형문화재 제125호인 비로전 전각으로 이동하여 비로전을 보면서 전각 안으로 들어가서 보물 제433호인 법신불에게 삼배의 예를 갖추었다.

각연사 연혁에는 나옹왕사와의 관계는 드러난 것이 없고 황인규 교수의 『나옹혜근의 불교계 행적과 유물·유적』에 나옹왕사께서 주석하신 곳으로 나타나 있다.[1] 신라 법흥왕 때 유일(有一) 대사가 창건하여 오늘에 이르고 있다고 한다. 도량을 몇 바퀴 돌고 마음을 가다듬고 대웅전을 향하여 나옹왕사의 게송을 송(誦)하였다.

1) 황인규 『나옹혜근의 불교계 행적과 유물·유적』 「나옹왕사 재조명 세미나」, 영덕군, 2008, p.43.

고담(古潭)

봄이 가고 가을이 오고 몇 해나 지났던가

맑고 깊고 말이 없어 공겁보다 먼저이다

매번 큰 물결을 겪으면서도 언제나 이와 같이

맑고 고요하며 가득히 고여 그 자체 완전하네[2]

　돌아오는 길에 보물 제97호인 원풍리(院豊里) 마애이불병좌상(磨崖二佛幷坐像)을 참배하기 위해 원풍리로 향했다. 『법화경』의 다보여래(多寶如來)와 석가여래(釋迦如來)를 표현한 부처님으로 고려시대에 조성되었다고 하니 나옹왕사께서도 각연사에 주석하셨다면 여기 부처님하고도 인연이 있을 것 같아 참배하였다.

2) 『韓國佛敎全書』卷6,「東國大學校出版部」1984年, p.737上.

　　古潭　春去秋來知幾年 澄深無言劫空先 每經淘汰常如此 湛湛溶溶一體全

창룡사(蒼龍寺)
나옹왕사 중건 사찰

주소 충북 충주시 고든골길 63-89 / 영덕군에서 212km, 3시간 48분

창룡사는 대한불교조계종 제5교구 본사인 법주사(法住寺)의 말사이다.

신라 문무왕 때 고승 원효(元曉)가 창건하였고, 고려 공민왕 때 나옹화상(懶翁和尙)이 중건하였으며, 조선 선조 때 서산대사(西山大師)가 중수하여 대찰(大刹)의 면모를 갖추었다.

1730년(영조 6)에 관음상을 봉안하였으며, 당시 대웅전·요사 등의 건물이 있어 사찰의 규모가 컸다고 한다. 그러나 1870년(고종 7)에 당시 목사 조병로(趙秉老)가 현재의 세무서 자리에 수비청(守備廳)을 세우기 위하여 불전(佛殿)을 철거하였으므로 규모가 크게 축소되었다. 수비청은 그 뒤 창룡사 주지 김추월(金秋月)이 다시 뜯어다가 현 대원사(大圓寺)를 짓는 데 사용하였다.

1905년 여신도 박씨가 법당을 신축하였고, 1913년 후불탱화를 봉안하고 불상을 개금하여 중흥을 도모하였다. 1951년 주지 동인(東寅)이 중건하고, 1975년 주지 도관(道觀)이 중창하였으며, 1993년에 정도(靜道)가 과거의 대웅전을 해체하고 극락보전으로 짓고, 칠성각을 철거하고 산신각을 지었다.

현존하는 당우로는 극락보전과 산신각·요사채 등이 있으며, 극락보전 안에는 아미타삼존상이 봉안되어 있는데, 관음보살좌상은 1730년(영조 6)에 만든 불상이다. 그 밖에도 이 절에는 청석탑(靑石塔)의 부재가 남아 있다.

※창룡사는 큰 도로에서 1㎞ 정도 떨어진 곳에 위치한다. 주차장에 차를 주차한 후 옷깃을 여미고 도량을 둘러보았다. 도량 석축을 깨끗하고 정결하게 그리고 위엄 있게 쌓아올린 것을 보니 석공의 내공이 느껴졌다. 세상을 보는 눈이 반듯한 분임을 짐작케 한다.

계단을 오르니 대웅보전이 정면에 보이고 대웅전 앞마당에 잔디가 깔끔하게 깎여 있다. 이 도량에 계시는 대중의 부지런함을 알 수가 있었다. 도량 전체가 깨끗하여 향나무, 반송, 감나무 어느 것 하나 소중하지 않은 것이 없어 보였다.

일행 모두 먼저 극락보전에 부처님을 참배하고 산신각과 독성각에 들러서 참배하고 나왔다.

동행한 연합회 집행부 스님 모두가 이렇게 깨끗한 도량은 처음 본다고 이구동성이다. 공양주 보살님으로 보이는 분이 스님들이 왔다고 담근 차를 내어와 절 인심도 100점이라는 생각이 들었다. 지금까지 불적답사 사찰 중에 제일 깔끔한 사찰로 보였다.

다음 기회에 한 번 더 찾고 싶은 생각이 들었다. 극락보전을 보면서 나옹왕사의 게송을 송(誦)하고 절 인심을 가슴으로 느끼면서 하산하다

철선자(撤禪者)가 게송을 청하다

모든 인연 다 놓아버리고 철저히 공이 되면

거닐거나 앉거나 눕거나 그 모든 주인공이다

단박 산을 뒤엎고 물을 다 쏟아버리면

칼숲지옥 칼산지옥에서도 빠져나올 길 있으리[1]

1)『韓國佛教全書』卷6,「東國大學校出版部」1984年, p.740上.
　徹禪者求偈　放下諸緣徹{底}空 經行坐臥主人公 忽然倒嶽傾湫去 劍樹刁山有路通

대한불교 조계종
석천암

석천암(石泉庵) 나옹왕사 창건 사찰

주소 충북 괴산군 청천면 삼송리 산 25 / 영덕군에서 254㎞, 3시간 52분

석천암은 충청북도 괴산군 청천면 삼송리에 위치하고 있는 조계종 소속 사찰이다. 사찰은 대야산이라는 해발 931m의 높은 산중에 위치하고 있다. 대야산은 속리산국립공원 내에 위치하고 있는 산으로 계곡과 어우러져 그 경관이 수려하고 산행에 적합해 많은 등산객들이 이곳을 찾고 있다. 대야산에서 발원한 계곡이 괴산 쪽으로 흘러 하나의 선유동계곡을 만들었고 또 다른 계곡이 동으로 흘러 다시 선유동계곡을 만들고 있다. '신선들이 노는 계곡'이라고 이름이 붙을 만큼 보기 드문 절경임을 짐작할 수 있다.

석천암에 오르는 길이 그리 편하지만은 않다. 멀리 삼송리 아랫마을에서부터 들판을 한참 지나야 산길에 들어설 수 있고, 산길에 들어섰다고 하더라도 눈앞에 펼쳐지는 가파른 경사로는 한참이나 아득하기만 하다. 차량으로 산에 올라간다고 해도 너무 급한 경사이기 때문에 중턱까지 밖에 오를 수 없고, 중간부터는 차를 두고 걸어 올라가야만 한다. 그러나 한없이 힘든 산길만은 아니다. 한 걸음 한 걸음 길을 오르다 보면 멀리 병풍처럼 펼쳐져 있는 속리산 자락이 눈앞에 다가오고 또 한 걸음을 오르면 기이한 기암괴석들이 눈앞에 나타난다. 땀 흘리며 산에 오르면 오를수록 참배자가 얻는 기쁨은 한

층 더해만 간다. 한참 동안 종종 걸음으로 산길을 오르면 눈앞에 석천암이 나타난다.

석천암은 매우 작은 규모의 사찰이다. 불전이라고 해야 2간의 대웅전 하나와 1간의 산령각이 전부이다. 최근에는 국내에서 가장 작은 대웅전을 갖고 있는 사찰이라고 해서 언론에 소개된 일이 있을 만큼 작은 사찰이다. 그러나 사찰에 도착해 가장 먼저 눈에 띄는 것은 불전이 아니었다. 사찰을 거의 덮고 있는 듯한 거대한 바위가 가장 먼저 눈에 띈다.

참으로 기이하게 이 거대한 바위 아래로 넓은 공간이 만들어져 있고 이 바위틈으로 샘물이 흘러 모여 수행하기에 적합한 공간이 만들어져 있었다. 사찰에서 전하는 말로는 나옹선사가 이곳에서 수행하셨다고 한다. 그런데 이 바위에는 자연적으로 만들어진 무늬가 곳곳에 만들어져 있다. 화강암 특유의 흰색 바탕 위에 검게 어떤 물체가 그려져 있는데 그 모양이 꼭 동자의 모습 혹은 부처님의 모습을 하고 있다. 우연히 한 곳에만 만들어져 있는 것이 아니라 여기저기 여러 부분에 걸쳐 만들어져 있어 또 한 번 신비로움을 느끼게 한다.

석천암은 서쪽을 향해 열려 있고 대야산 중대봉의 정상부근에 위치하고 있기 때문에 가까이 눈앞의 풍광을 막아서는 방해물이 전혀 없다. 석천암에 앉아 눈앞을 바라보면 멀리 거대한 문장대를 포함한 속리산 자락이 구불거리며 어디론가 달려가는 모습을 먼 발치에서 볼 수 있다. 또한 저녁 무렵에는 하루를 길게 달려 멀리 속리산 너머 사라져 가는 태양의 모습을 볼 수 있다.

세상 어느 곳에서나 일몰의 모습은 보는 이를 숙연하게 만들기 마련이나 특히 석천암에서 바라다보는 석양의 모습은 가히 장관이라 할 수 있다. 석천암은 산간에 위치한 작은 암자로 남을 수도 있다. 그러나 이곳을 찾는 이들이 보덕굴에 앉아 하루를 수행하고 멀리 산 너머 해 지는 노을의 장관을 바라보며 또 다른 하루를 준비한다면 이곳은 작은 암자로서만이 아니라 마음의 안식처가 될 것이다.

※영덕불교사암연합회 집행부 스님들과 함께 석천암을 찾았다. 대야산 아래 석천암은 해발 931m 바로 아래라 높이 만큼 오르는 길도 험하다. 산길도 갈 수 있는 사륜차로 이동하지만 몇 번에 걸쳐 아슬아슬 비탈고개와 경사진 고개를 거쳐 올라갔다.

경내에 진입하는 순간 모두들 다 아! 하고 탄성을 질렀다. 바위에 놀라고 그 기운에 놀랐다. 거북바위를 중심으로 산령각과 바위 밑에 있는 대웅전 보덕굴과 법당 건너편에 요사채가 오랜 세월 우리들을 기다리며 자리하고 있었다.

대웅전 뒤쪽의 용바위는 매일 조금씩 자라는 바위라고 전해오는데 나옹왕사께서 이곳에서 수행했다고 전해진다. 부처님 참배 후 석간수 한 잔 하고 나니 온 몸이 짜릿하다. 법당에서 내려다보니 저 멀리 시골 동네가 보이고 여기가 얼마나 높은지 뭉실뭉실 구름들이 떠다니고 있다. 이 바위에서 나옹왕사께서 초근목피(草根木皮)로 정진하신 것을 생각해 볼 때 차로 이동하여 한 순간에 도착한 자신의 현재 모습이 한없이 부끄러웠다. 다시 한 번 초심으로 돌아가서 열심히 살아야지 다짐을 한다. 도량을 다시 돌아보고 법당 앞에 홀로 서서 나옹왕사의 게송을 송(誦)하였다.

참방 떠나는 문선자(文禪者)를 보내면서
돌아 가누나 돌아 가누나
바랑은 안팎으로 여섯 구멍이 뚫려 있네
하루아침에 고향 길을 밟게 되거든
주장자 걸어두고 다시는 돌아오지 말라[1]

사찰에서 내려와서 주차장을 살펴보니 몇 백 년이나 됨직한 고목 배나무가 석천암을 지키고 있었다. 이 도량을 찾는 모든 분들 소원성취하시고 여여하소서!

---

1) 『韓國佛教全書』 卷6, 「東國大學校出版部」 1984年, p.738下.
　送文禪者糸方 歸去來兮歸去來 鉢囊內外六孔開 一朝蹋着家鄉路 掛在烏藤更不廻

가섭사(迦葉寺) 나옹왕사 창건 사찰

주소 충북 음성군 음성읍 가섭길 494 / 영덕군에서 233km, 4시간 02분

가섭사는 대한불교조계종 제5교구 본사인 법주사의 말사이다.

1365년(공민왕 14)에서 1376년(우왕 2) 사이에 나옹(懶翁)이 창건하였다. 임진왜란 때 전소된 것을 벽암(碧巖)이 중건하였으며, 일제강점기에는 응진암(應眞庵)이라 불렀다. 1938년에 불탄 뒤에는 주지 윤원근(尹元根)이 중건하였다.

1985년 미륵석불을 조성하였고, 1986년 대웅전이 무너져 위치를 옮겨 지금의 자리에 극락보전을 새로 지었다. 1990년 삼성각을 개축하였고, 요사를 옛 대웅전 자리에 지었으며, 1988년 일주문을 세웠다.

현존하는 당우로는 정면 5칸의 극락보전과 3칸의 삼성각, 그리고 요사채가 있다. 극락보전 안에는 아미타여래삼존불이 봉안되어 있는데, 높이 90cm의 아미타여래좌상은 음성읍 용산리 상봉악사(上鳳岳寺)가 폐사되었을 때 이곳으로 옮겨왔다는 설과 음성군 감우리 성주사(聖住寺)가 폐사된 때 이곳으로 옮겨왔다는 설이 있다.

그 재료는 느티나무라는 설과 싸리나무로 엮어서 만든 부처라는 설이 있지만, 현재 개금되어 있어 확인할 수가 없다. 이 밖에도 6폭의 탱화와 1930년에 주조한 범종, 조선시대에 만든 길이 150㎝의 석조(石槽) 등이 있다.

이 절에는 바위 틈에서 흘러나오는 감로정(甘露井)이 있는데 이 우물은 국가에 변혁이나 난리가 있을 때 수량이 감하거나 고갈된다고 한다. 광복 1개월 전에 우물이 고갈되었고, 6·25 직전에도 물의 양이 감소되었으며 옛날에도 그러한 경우가 자주 있었다고 한다.

※가섭사는 음성 읍내에서 5㎞ 떨어져 있다. 해발 710m의 가섭산 정상 부근에 위치한 가섭사는 읍내가 한 눈에 들어오는 음성에서 제일 위치 좋은 곳에 자리 잡고 있다. 극락보전 부처님께 참배하고 부처님을 자세히 살펴보았다.

느티나무로 조성되었다고 하는데 자세히 살펴보아도 다른 부처님과 별반 차이가 없어 보였다. 범부의 눈일까? 보호수로 지정된 수령 500년 된 높이 20m의 느티나무도 구경하고 위장병도 낫게 해 준다는 감로정의 샘물을 한 잔 마셨다. 물맛이 좋다.

삼성각은 극락보전 우측에서 화강암으로 돌다리를 만들어 연결하여 절벽 바위 앞에 전각을 지어놓았는데 운치도 있고 공간 활용을 잘해 놓았다. 삼성각에 들어가서 참배하고 돌다리 위에서 음성 시내를 다시 한 번 내려다보았다. 음성 읍내에 계시는 분들은 세상 일이 고단할 때 가섭사 부처님을 보면서 마음의 위안을 삼으리라 생각되었다.

나옹왕사께서 남기신 어록 가운데 참선하러 가는 분에 대한 게송을 크게 송(誦)하고 하산하다.

참방 떠나는 심선자(心禪者)를 보내면서

여러 곳에 나아가 도를 묻는 것, 다른 목적 아니요

다만 그 자신이 바로 집에 가기 위해서 이네

허공을 쳐부수어 한 물건도 없으면

백 천의 부처도 눈 속이 모래이리라[1]

---

1) 『韓國佛教全書』卷6,「東國大學校出版部」1984年, p.738下.
　送心禪者叅方　叅方問道別無他 只要當人直到家 打碎虛空無一物 百千諸佛眼中沙

원통암(圓通庵) 1353년 나옹왕사 창건 사찰(나옹왕사 진영봉안)

주소 충북 단양군 대강면 황정산로 463-152 / 영덕군에서 153㎞, 3시간 30분, 도보 40분

원통암은 원래 폐사된 대흥사(大興寺)의 부속암자였으나, 현재는 대한불교조계종 제5교구 본사인 법주사(法住寺)의 말사이다.

1353년(공민왕 2)에 나옹(懶翁)이 창건하였으며, 임진왜란 때 소실되었던 것을 1693년(숙종 19)에 의명(義明)이 중창하였다. 1787년(정조 11) 이후에는 불교의 탄압으로 인하여 거의 폐허화되었다.

이에 1824년(순조 24) 대연(大淵)이 중창의 뜻을 세워 춘담(春潭)의 재력과 달선(達善)의 도움을 받아 퇴락한 당우들을 복원하였다. 그 뒤 다시 퇴락한 것을 1949년에 중창하였고, 1965년에 중건하여 오늘에 이르고 있다.

원통암은 관세음보살의 육근원통(六根圓通)을 상징하여 붙여진 이름이다. 그러나 옛날 이 암자 뒤의 절벽 석문(石門)에서는 술이 흘러나왔는데, 욕심 많은 고을 태수가 하늘에서 내리는 술을 더 많이 나오게 하려고 구멍을 뚫자 술이 물로 변하여 버렸으므로 주민들이 원통한 일이라 하여 이 일대를 원통골이라 하고 암자를 원통암이라 부르게 되었다는 전설이 전한다.

현존하는 당우로는 정면 4칸, 측면 2칸의 법당과 산신각·요사채 등이 있으며, 법당 내에는 석가여래좌상과 탱화 등이 봉안되어 있다. 절의 입구를 금포정(錦浦汀) 부도골(浮屠谷)이라 하는데, 이 골짜기 어딘가에 암벽을 파고 사리(舍利)를 모셔둔 사리굴이 있다고 전한다.

이 밖에도 신보도사(新甫道師)라는 백발노인이 도를 닦아 불법의 이치를 깨쳤다고 전하는 굴이 있는데, 암벽에는 '新甫讀書此洞中(신보독서차동중)'이라는 일곱 글자가 새겨져 있다. 이 암벽과 마주보이는 곳에 배석대(拜石臺)가 있는데, 승려들이 이 배석대에 모여서 서로 도를 닦는 이야기를 주고받으며 암벽을 향하여 합장하면서 절하였다고 한다. 『조선사찰사료』에 1826년에 동파(東坡)가 지은 「원통암중수기」가 전하고 있어 연혁을 아는 데 도움을 준다.

현재 원통암은 주지 각문스님께서 2013년 6월 23일 나옹왕사 638주년 추모다례를 봉행하고 대웅전 복원불사를 하여 2015년 10월 10일 백의 관세음보살 점안식 및 대웅전 복원 불사 낙성식을 봉행하여 오늘에 이르고 있다.

※원통암 절 가까이 와서 입간판을 보고 원통암 주지스님께 전화를 드렸다. 마침 법주사 총무스님과의 면담이 끝나고 시간이 허락하여 은사스님이신 월탄스님을 만나 뵙고 절로 향하신다는 말씀에 절 입구에서 스님을 기다렸다.

입구 현수막에는 '나옹화상 창건도량 20년 만에 복원한 원통암 낙성식 봉행'이라는 글씨가 눈에 들어왔다. 원통암은 절 입구에서 1㎞를 걸어서 올라가야 하기에 준비를 단단히 하고 각문 주지스님과 함께 동행하였다. 입구에서 조금 오르니 방부목으로 나무다리가 예쁘게 되어 있고 계곡 주위가 깔끔하고 바위들이 힘차 보였다.

원통암 200m 못 미처에 단체 산행 온 것으로 보이는 연세가 드신 분들이 점심공양을 하고 있었다. 주지스님께 한 자리 마련하여 주어서 같이 점심을 맛있게 먹을 수 있었다. 공양 후 도량에 도착하여 원통보전 관세음보살에게 참배하고 나옹왕사의 영정에도 인사를 드리고 도량을 돌아보았다.

이 높은 산까지 원통보전 불사를 원만하게 마친 주지스님의 원력에 경의(敬意)를 표하고 또한 나옹왕사께서 이 좋은 도량에 터를 잡아 절을 창건하고 정진하신 힘의 근원은 무엇일까 생각했다. 묘적암에서의 요연선사가 "그대는 왜 머리를 삭발하려 하는가?"라고 했을 때 "삼계를 벗어나 중생을 이롭게 하기 위해서입니다."[1]라고 말씀하신 그 도리라 생각된다.

몸 안 모든 장기에 청정한 기운을 불어넣어 주는 것 같고 몸의 기운이 가득 차는 느낌이다. 주지스님께서 오늘은 자고 내일 내려가라고 말씀하신다. 오늘의 일정을 소화해야 될 것 같아 다음에 이 도량에 꼭 다시 올 인연을 만들어 원통암 부처님을 찾겠다고 하고, 법당 앞에서 나옹왕사의 게송을 송(誦)하고 가뿐한 마음으로 하산하다.

관음(觀音)을 찬탄함
여여(如如)히 움쩍 않고 몇 봄과 가을인가
보름달 같은 인자한 얼굴 천하에 가득하다
이미 두렷이 통하고 자재하게 보거니
어찌 수고로이 머리 위에다 머리를 포개는가[2]

---

1) 『韓國佛敎全書』卷6,「東國大學校出版部」1984年, p.703上. 然師問 汝爲何事剃 髮 答云超出三界 利益衆生
2) 『韓國佛敎全書』卷6,「東國大學校出版部」1984年, p.746上.
　讚觀音　如如不動幾春秋 滿月慈容滿四洲 旣是圓通觀自在 何勞頭上更安頭

청련암(靑蓮庵) 1373년 나옹왕사 창건 사찰

주소 충북 단양군 대강면 사인암2길 42 / 영덕군에서 149㎞, 2시간 50분

청련암은 대한불교조계종 제5교구 본사인 법주사(法住寺)의 말사이다.

고려 말 1373년(공민왕 22) 나옹선사가 창건하였다. 1592년(선조 25)의 조선시대에 이르러 임진왜란 때 전란으로 소실되었으며, 1710년(숙종 36) 중창하여 청련암이라 불렀다고 한다. 본래는 대강면 황정리에 있다가 한말(韓末)에 소실된 대흥사(大興寺)의 말사였으며, 1954년 공비소탕 작전으로 인하여 황정리 일대에 소개령이 내려짐에 따라 사인암리로 대들보와 기둥을 옮겨 이전하였다.

법당인 극락전(極樂殿)과 칠성각(七星閣)으로 이루어져 있다. 극락전은 목조기와의 정면 5칸, 측면 2칸인 팔작지붕 구조이며, 칠성각은 목조기와의 3칸 팔작지붕 구조이다. 불상으로는 석고제의 석가여래좌상과 관세음보살상이 봉안되어 있다. 경내에 단양팔경(丹陽八景)의 하나인 사인암(舍人岩)이 있어 관광객들이 많이 찾는 곳이기도 하다.

현존하는 당우로는 극락전과 칠성각이 있으며, 문화재로는 단양 청련암 목조보살좌상

(충청북도 유형문화재 제309호)이 있다.

※청련암은 사인암의 웅장한 기암절벽의 안쪽 사이로 보이는 절로서 직접 와서 보니 삼사 순례지로 몇 번 왔던 사찰이다.

구름다리를 지나 주 전각인 극락보전 부처님께 참배하였다. 보전에 모셔진 목조보살 좌상은 충청북도 유형문화재 제309호로 지정되어 있고 재질은 은행나무이며 높이는 99.4㎝, 무릎 폭은 67.5㎝이다.

이 불상은 청련암이 원래 단양군 황정리에 소재했을 때 봉안했던 아미타 삼존불상 중의 한 구인 대세지보살이다. 1954년 청련암이 사인암으로 옮겨지면서 본존상은 없어지고, 관음보살상은 원각사로 그리고 대세지보살상은 청련암에 봉안되었다고 한다.

전체적인 모습이 조선시대 후기 불상의 일반적인 특징을 보여주고 있다. 배 부분의 옷 주름을 둥글게 하여 두 번 겹쳐지게 표현하고 있다.

이것은 이 시기 충북 지역 목조불상의 특징을 띠는 것이라 한다. 불상의 조성 시기는 『조선사찰사료』의 「단양군청련암중창기」에 전하는데 1746년으로 추정된다고 기록하고 있다.

이동하여 삼성각 입구에서 감로수 한 잔 하고 삼성각을 오르는데 바위에 '탁이불군 확호불발(卓尔弗君 確乎不拔)' 라는 글씨가 새겨져 있다. 조선 영조 때 단양군수를 지낸 조정세의 글씨다. '뛰어난 것은 무리에 비할 바 아니며, 확실하고 단단해서 꿈적도 않는다'는 뜻이다.

삼성각에 참배하고 내려 와서 감로수 한 잔 더 하고 도량을 다시 한 번 살펴보고 나옹왕사의 게송을 송(誦)하고 하산하다.

소선자(紹禪者)가 게송을 청하다

지금까지의 온갖 견해 모두 쓸어버리고

화두를 굳게 들어 빨리 힘(功)을 들어라

하루아침에 어머니 뱃속에서 갓 난 면목을 알아버리면

호랑이 굴이나 마구니 궁전에서도 바른 길이 뚫리리[1]

---

1) 『韓國佛教全書』卷6, 「東國大學校出版部」 1984年, p.739中.
　紹禪者求偈　掃盡從前諸雜解　話頭提起急加功　一朝識破娘生面　虎穴魔宮正路通

백련사(白蓮寺)
1358년 나옹왕사 중수 사찰
주소 충북 제천시 봉양읍 명암로5길 414 / 영덕군에서 191㎞, 3시간 34분

백련사는 대한불교조계종 제5교구 본사인 법주사의 말사이다.

662년(신라 문무왕 2) 의상(義湘)이 백련지(白蓮池) 동쪽에 백련암(白蓮庵)이라는 작은 암자를 지었으나, 지은 지 30년만인 692년(효소왕 1) 큰 비가 내려 산사태로 매몰된 것을 819년(헌덕왕 11) 무착(無着)이 옛터에 중창하였다. 이후의 연혁은 1588년(조선 선조 21) 사명대사 유정(惟政)이 쓴 「치악산백련사중창기문」에 자세히 전한다.

이에 따르면 1008~1016년 사이에 연화암(蓮花庵)이라는 초가가 있었으며, 1116년(고려 예종 11) 하의(荷衣)라는 도인이 이 초가에서 수도하였다고 한다. 1358년(고려 공민왕 7) 나옹혜근(懶翁 惠勤)이 여주 신륵사(神勒寺)를 창건한 뒤 바로 이 절을 중수하였다. 1552년(조선 명종 7)에는 학륜(學輪)이 이 절에 머물렀으며, 1570년대 초반 벽운(碧雲)과 조당(祖唐)이 윤한필(尹漢弼)·김유량(金有亮)과 함께 중창하고, 1577년(선조 10)에 자운(慈雲)이, 1587년(선조 20)에는 벽운이 각각 중수하였다.

1798년(정조 22)에 처봉(處峰)이 중수한 뒤 산 이름을 감악산이라 고치고 절 이름도 산 이름에 맞춰 감악사라 하였다. 1910년 유일(有一)이 중수하였으나 1916년 불에 타, 뒤에 윤인선(尹仁善)이 지금의 위치로 옮겨 중창하고 이름을 백련사로 바꿨다. 1947년 태순이 중수하였고, 1950년 6·25전쟁으로 파손된 것을 1957년에 중건하였다. 1976년 수해로 대웅전이 무너지자 이듬해 돌로 축대를 쌓았으며, 1979년 일운이 법당을 중창하였다. 이후 1995년 중수하여 오늘에 이른다. 한때는 산내 암자로 미륵사와 신흥사·천수암·은적암·청련암 등이 있었으나 지금은 터만 남아 있다.

현존하는 건물로는 대웅전과 삼성각·무염당·보응문 등이 있다. 대웅전은 정면 5칸, 측면 2칸의 팔작지붕 건물로 1979년 중건되었다. 내부에 석가모니불 좌상을 모시며, 불상 뒤에는 후불탱화로 영산회상도가 걸려 있다. 불상은 조선시대 유물로 목조이며 높이 75㎝, 어깨 너비 45㎝이다. 이밖에 신중탱화와 나한을 그린 벽화 4점이 있다. 삼성각은 정면 3칸, 측면 2칸의 맞배지붕 건물로 1962년에 세워졌다.

유물로는 절 동남쪽 200m 거리에 1기의 부도가 있다. '무착조사 무원석'이라고 불리는 이 부도는 높이 150㎝로, 4각의 화강암 기단 위에 석종 모양 탑신이 올려져 있다. 무착의 부도라고 전하나 조성 양식을 보면 조선시대 유물로 추정된다. 절 뒤 석굴에 금수탕(金水湯), 삼성각 밑에 은수탕(銀水湯)이라는 약수가 있다. 전하는 말에 따르면 각각 물속에 금가루와 은가루가 깔려 있어서 붙여진 이름이라고 한다. 특히 은수탕은 효험이 많아 인근에서는 구세정(救世井)이라고도 부른다.

※감악산(해발 945m) 백련사 가는 길은 차로 이동하는 도로 중 가장 깊고 험한 길인 것 같다. 초행길이라 해도 한없이 들어가는 느낌이 들고 해가 질 무렵이라 그런지 가도 가도 끝이 없었다. 가는 도중에 길가 나무들을 정리하느라 포크레인을 이용해서 인부들과 사찰 내 대중들이 작업을 하고 있고, 주지스님도 힘을 보태어 작업을 하고 있었다.

한 거사님에게 여쭈어 보았는데 언덕 위에서 일하시는 분이 주지스님이라고 했지만 속으로 시간이 없다는 핑계를 대고는 그냥 지나쳐서 사찰까지 바로 달려갔다.

도량 입구로 들어가는 길에 많은 공덕비가 눈길을 끈다. 보통 공덕비는 사찰 한 쪽 구석에 자리를 잡는데 백련사는 일주문 바로 입구에 보였다. 일주문 건너편에 담월당 대선사(1924~2007, 1978년부터 29년간 백련사 주지를 지내시다가 2007년 6월 입적)의 부도가 보인다. 금강문과 천왕문의 역할을 하는 일주문을 지나서 극락전 부처님께 참배하였다.

삼존불이 모셔져 있는데 아미타불과 관세음보살 그리고 지장보살이 봉안되어 있었다. 기록에 의하면, 본존인 아미타불은 1736년 영조12년에 조성하여 단양 금수산 조계사 극락전에 봉안 되었던 불상으로 2002년 12월에 충북 유형문화재 제217호로 지정되었다고 한다.

극락전 뒤쪽 우측 편에 전각이 2동 있는데 현판이 없어 들어가 보지 않았다. 법당 앞에서 내려다보니 한참 올라 왔다는 느낌이 들고 제천 지역을 모르니 어딘지 알 수가 없다. 절이 위치한 곳이 개소리 닭소리 들리지 않는 수행하기 적합한 아란야 같은 진짜 골짜기에 왔다는 느낌이 들었다. 혹시 주지스님과 일하던 분들이 올까봐 미안한 마음에 준비하고 갔던 나옹왕사의 게송을 송

(誦)하고 하산하다. 지면을 빌어 백련사 주지스님께 고생하시는데 인사도 못하고 지나쳐서 미안하다는 말씀 전하고 싶다.

> 강남(江南)의 구리송(九里松)에 제(題)함
> 10리는 연꽃이요 9리는 소나무인데
> 산에 있고 물에 있어 그것이 같지 않구나
> 그 중간의 바람과 달은 산도 물도 아니지만
> 땅을 비추고 하늘을 흔들면서 공겁까지 가도다[1]

---

1) 『韓國佛教全書』卷6, 「東國大學校出版部」 1984年, p.745上.
  題江南九里松 十里荷花九里松 在山在水且非同 中間風月非山水 照地掀天到劫空

보살사 ↑

보살사(菩薩寺) 나옹왕사 수도 사찰

주소 충북 청주시 상당구 낙가산로 168 / 영덕군에서 231㎞, 3시간 56분

보살사는 대한불교조계종 제5교구 본사인 법주사의 말사이다.

청주 근교에서 가장 오래된 절로서, 567년(진흥왕 28)법주사를 창건한 의신(義信)이 창건하였다. 그 뒤 진표(眞表)의 제자 융종(融宗)이 중창하였고, 923년(태조 6)에 고려태조의 다섯째 왕자인 증통국사(證通國師)가 3창하였으며, 1107년(예종 2)에는 자정국사(慈靜國師)가 4창하였다.

공민왕은 전답(田畓)을 하사하여 향화공양(香火供養)의 비용으로 사용하게 하였고, 1458년(세조 4) 12월에는 세조의 명으로 중수하였으며, 1626년(인조 4)에는 벽암(碧巖)의 제자 경특(瓊特)이 중수하였다. 그 뒤 1683년(숙종 9)에 일륜(日輪)이 중건하여 오늘에 이르고 있다.

현존하는 당우로는 충청북도 유형문화재 제56호로 지정된 극락보전(極樂寶殿)과 요사채가 있다. 정면 3칸, 측면 2칸의 극락전은 조선 초기에 세워진 것으로 조선 선조 대에

중수되었으며, 극락전 안에는 충청북도 유형문화재 제24호인 석조이존병립여래좌상(石造二尊並立如來坐像)과 지장보살상, 삼존불 등이 봉안되어 있다.

병립여래좌상과 지장보살상은 1970년 4월초파일 행사 중에 발굴된 것으로 통일신라시대에 조성된 것으로 추정되며, 표현수법이 매우 사실적이다. 이존병립여래는 높이 64㎝이고 지장보살은 결가부좌한 자세에 높이 35.5㎝이다. 삼존불은 조선시대의 목조불상으로 근년에 개금(改金)하였는데, 가운데 아미여래좌상이 봉안되어 좌우에 동일한 수법의 보살좌상 2구가 봉안되어 있다.

삼존불 뒤에는 1759년(영조 35) 3월에 조성한 후불탱화(後佛幀畵)가 있는데, 18세기에 유행하였던 화려하고 복잡한 아미타불화의 통식을 잘 나타내주고 있으며, 크기는 252㎝×217㎝이다. 또, 극락전 좌측 벽에는 1902년에 조성된 극락회상탱(極樂會上幀)이 있는데, 청주 용화사(龍華寺)에 봉안되어 있던 것이며, 우측 벽에는 광무연간에 조성한 칠성탱화(七星幀畵)가 있다.

이밖에도 이 절에는 충청북도 유형문화재 제65호로 지정된 오층석탑과 중수비(重修碑), 석탑옥개석(石塔屋蓋石), 동종(銅鐘) 등이 있다. 오층석탑은 1703년(숙종 29)에 건립된 것으로, 조선 중기의 석탑양식을 고증하는데 중요한 자료가 된다. 또, 요사채 앞에는 고건물지(古建物

址)가 남아 있다.

※나옹왕사께서 보살사에 주석하셨다는 기록은 「한국전통사찰사전」이나 보살사의 창건연혁에도 드러나 있지 않다. 나옹왕사 재조명 학술세미나를 발표하신 황인규 교수의 논문에 언급되어 있어[1] 보살사 불적답사를 하였다.

청주에서 가장 오래된 절인 보살사는 법주사를 창건한 의신(義信)이 567년 창건한 사찰로서 몇 번의 중창을 거쳐 공민왕이 전답을 하사하여 향화공양(香火供養)의 비용으로 사용하게 하였다고 하는데 이때 나옹왕사께서 주석하신 것이 아닐까 생각된다.

보살사 주차장에 차를 주차하고 법당으로 향하였다. 들어가는 입구 축대가 자연친화적으로 잘 정돈되어 있다는 느낌이 들어서 사찰을 찾는 첫 인상이 좋다. 극락보전 앞 충북 유형문화재 제65호인 오층석탑을 합장한 채 살펴보고, 극락보전(충북 유형문화재 제56호) 법당으로 향했다.

삼존불에 예를 갖추고 우측에 모셔져 있는 석조이존병립여래상(충북 유형문화재 제24호)을 향해 삼배를 올리고 법당 안에 부처님을 살펴보았다. 『법화경』에서 나오는 다보여래(多寶如來)와 석가여래(釋迦如來)이다.

각연사 오는 길에 들러서 참배한 원풍리(院豊里) 마애이불병좌상(磨崖二佛幷坐像, 보물 제97호)과 이곳 부처님을 보니 법화신앙이 융성(隆盛)하였던 것이 아닌가 생각되었다. 법당을 나와 지장전과 삼성각에 들러 예를 갖추고 도량을 둘러보고 나옹왕사의 게송을 송(誦)하고 하산하다.

추산(秋山)
가을바람 한 줄기가 엷은 구름 쓸고 나면
온 땅의 봉우리들은 묘한 빛이 새롭구나
그로부터 달빛은 밝고 깨끗하리니
수미산을 겨자씨 속에 넣는 것 사랑한 것 아니다[2]

---

1) 황인규 『나옹혜근의 불교계 행적과 유물·유적』 「나옹왕사 재조명 세미나」, 영덕군, 2008, p.43.
2) 『韓國佛敎全書』 卷6, 「東國大學校出版部」 1984年, p.733中.
　秋山　金風一陣掃迷雲 大地峯巒妙色新 從此銀蟾光皎潔 須彌芥納也非親

건봉사

청평사

상원사
원정사
상두암
영감사

회암사
석굴암
천축사
학림사   대성암
화계사
홍륜사   상원사
반월암   삼막사   신록사   영천사
염불암
칠장사   영월암   홍왕사
은적암   백련사
청룡사   창룡사   원통암
가섭사   각연사   청련암
석천암   보살사   유석사
                    윤필암
수덕사   묘적암
가야사지
                                        서남사
                                        반송정
                    갑장사   감육사
오덕사   용흥사   참미골
                          대곡사   수정사   가치소
은적사   봉서사   학림사   영덕군청
상주사   대원사   위봉사
보천사   태조암   선석사   남지장사
          금담사
          나옹암   반룡사

나옹사지   천은사   영원사지   통도사
                    상선암   원효암

규봉암   송광사   웅석사
                    다솔사   용궁사

경기도

신륵사(神勒寺)	영월암(映月庵)
회암사(檜巖寺)	청룡사(靑龍寺)
칠장사(七長寺)	대성암(大城庵)
삼막사(三幕寺)	흥륜사(興輪寺)
석굴암(石窟庵)	학림사(鶴林寺)
흥왕사(興旺寺)	천축사(天竺寺)
염불암(念佛庵)	화계사(華溪寺)
은적암(隱寂庵)	반월암(半月庵)

鳳尾山神勒寺

신륵사(神勒寺) 1376년 나옹왕사 입적 및 사리봉안 부도탑 모신 사찰

주소 경기도 여주시 신륵사길 73 / 영덕군에서 244㎞, 4시간 06분

신륵사는 대한불교조계종 제2교구 본사인 용주사(龍珠寺)의 말사이다.

신라 진평왕(579~631 재위) 때 원효(元曉)가 창건했다고 하나 정확하지 않으며, 신륵사라 부르게 된 유래에 대한 여러 가지 설이 있다.

〈동국여지승람〉 권7 여주목불우조(驪州牧佛宇條)에 의하면 신륵사는 보은사(報恩寺) 또는 벽사(甓寺)라고도 불렀다고 한다. 벽사는 고려시대에 경내의 동쪽 언덕에 벽돌로 된 다층전탑이 세워지면서 붙여진 이름이다.

그러나 이 절이 대찰을 이루게 된 것은 나옹이 이곳에서 갖가지 이적을 보이면서 입적(入寂)하였기 때문이다. 나옹이 입적할 때 오색구름이 산마루를 덮고, 구름도 없는 하늘에서 비가 내렸으며, 수많은 사리가 나왔고, 용(龍)이 호상(護喪: 초상 치르는 모든 일을 주장하여 보살피는 것)을 했던 일들이 그것이다. 3개월 뒤인 1376년(우왕 2) 8월 15일에 절의 북쪽 언덕에 정골사리(頂骨舍利)를 봉안한 부도를 세우는 한편 대대적인 중창

이 함께 이루어졌다. 1379년(우왕 5) 각신 · 각주 등이 절의 북쪽에 사리를 봉안한 부도와 나옹의 초상화를 모신 선각진당(先覺眞堂)을 세우면서 많은 전각을 신축하고 중수했다.

또, 1382년에는 2층으로 된 대장각(大藏閣)이 건립되면서 간행한 대장경 1부를 봉안하였다. 대장경 불사(佛事)를 발원한 것은 이색(李穡)의 아버지인 이곡(李穀)이었으나 뜻을 이루지 못하고 죽자, 이색이 그 뜻을 계승하여 나옹의 제자들과 함께 간행하였다. 신륵사의 승려 무급(無及)과 수봉(琇峯)이 중심이 되고 그 제자들이 전국으로 흩어져 시주를 모았는데, 200여 명이 이 불사에 참여하였다.

이 중에는 각운(覺雲) · 신조(神照) · 자초(自超) 등의 고승들과 최영(崔瑩) · 조민수(曺敏修) · 최무선(崔茂宣) 등의 이름이 나타나고 있다. 1381년에 각주(覺珠)가 금자(金字)로 제목을 쓰고 각봉(覺峯)은 황복(黃複)을 만들었으며, 12월에 성공(性空)이 함을 만든 뒤 1382년 정월에 화엄종 소속 사찰인 영통사(靈通寺)에서 교열한 다음 4월에 배에 실어 신륵사에 봉안하였다.

또한, 대장각 안에는 대장경과 함께 권희(權僖)가 조성한 비로자나불상(毘盧遮那佛像)과 홍의룡(洪義龍)이 죽은 딸의 명복을 빌기 위하여 조성한 보현보살상(普賢菩薩像), 그리고 강부인(姜夫人)이 시주를 얻어 조성한 문수보살상(文殊菩薩像)을 봉안하였다.

그리고 고려 고종 때 건너편 마을에 나타난 용마가 걷잡을 수 없이 사나웠으므로 사람들이 잡을 수 없었는데, 이때 인당대사(印塘大師)가 고삐를 잡으니 말이 순해졌으므로, 신력(神力)으로 제압하였다고 하여 절 이름을 신륵사라 하였다는 설이 있다. 또한 이 절은 고려 때부터 벽절[甓寺]이라고도 불렸다. 이는 경내의 동대(東臺) 위에 다층전탑이 있는데, 이 탑 전체를 벽돌[甓]로 쌓아 올린 데서 유래한 것이다.

이때 대전(大殿)·조당(祖堂)·승당(僧堂)·선당(禪堂)·종루(鐘樓)·동익당(東翼堂)·서익당(西翼堂)·남행랑(南行廊)·향적당(香積堂) 등의 많은 건물이 신축되거나 중수되었다. 그리고 나옹의 진영(眞影)을 모시는 선각진당(禪覺眞堂)도 건립되었다.

조선시대에는 배불정책으로 이 절 또한 크게 위축되었다. 그러나 광주의 대모산(大母山)에 있던 영릉(英陵 : 세종의 능)이 여주로 이장된 1469년(예종 1)부터 왕실에서 신륵사를 영릉의 원찰(願刹)로 삼을 것을 결정하였고, 1472년(성종 3) 2월에 대규모 중창불사가 시작되어 8개월만에 200여 칸의 건물을 보수 또는 신축하였다. 그 이듬해 대왕대비는 신륵사를 보은사(報恩寺)라고 개칭하였다.

그 뒤 이 절은 사대부들이 풍류를 즐기는 장소로 전락했다가 임진왜란과 병자호란의 병화로 폐허가 되었다. 1671년(현종 12)에는 계헌(戒軒)이 중건하였고, 1700년(숙종 26)에는 위학(偉學)과 그의 제자 우안(宇眼)·천심(天心) 등이 삼존상을 중수했으며, 이어서 1702년에도 중수하였다. 1726년(영조 2)에는 영순(英淳) 등이 동대에 있는 전탑을 중수했는데, 당시에 세웠던 비가 지금도 남아 있다.

1796년(정조 20) 영돈녕 김이소(金履素)와 예조판서 민종현(閔鍾顯) 등이 중수를 시작하여 이듬해 범중각(泛中閣) · 식당을 지었으며, 가자첩(嘉資帖) 50여 장을 하사받았다. 1858년(철종 9)에는 순원왕후(純元王后)가 내탕전(內帑錢)을 희사하여 불전(佛殿) · 선료(禪寮) · 종루 등을 중수하였고, 1929년에는 주지 성인(性仁)이 명부전(冥府殿)을 중수하였다.

현존하는 당우로는 금당(金堂)인 극락보전(極樂寶殿)을 중심으로 하여 조사당(祖師堂) · 명부전 · 심검당(尋劍堂) · 적묵당(寂默堂) · 봉향각(奉香閣) · 칠성각(七星閣) · 종각(鐘閣) · 구룡루(九龍樓) 등이 있다. 이 가운데 경기도 유형문화재 제128호 극락보전은 정면 3칸, 측면 2칸의 팔작지붕 다포집으로 1797년(정조 21)에 시작하여 1800년에 완공된 건물이다.

내부에는 목조아미타삼존불을 봉안하였고, 1900년에 그린 후불탱화 · 신중탱화 · 감로탱화와 1908년에 조성한 지장탱화가 있으며, 1773년(영조 49)에 주조한 범종(梵鐘)이 있다. 그리고 극락보전 정문 위에는 '千秋萬歲(천추만세)'라고 쓴 현판이 있는데, 나옹의 친필이라고 구전되고 있다. 이 현판은 입체감을 나타내고 있어 보는 위치에 따라 글씨가 달라 보이는 특이함이 있다.

　보물 제180호로 지정된 조사당은 경내에서 가장 오래된 건물로 중앙에 나옹, 좌우에 지공(指空)과 무학(無學)의 영정이 함께 봉안되어 있다. 정면 3칸의 맞배집인 명부전 내부에는 목조지장삼존(木造地藏三尊)을 비롯하여 시왕상(十王像)과 판관(判官) 등 총 29구의 상이 봉안되어 있다.

　적묵당은 선원(禪院) 구실을 한 건물이고, 심검당은 강원(講院) 구실을 하는 정면 6칸의 ㄱ자형 건물로 선각당(禪覺堂)이라고도 부른다. 그리고 심검당 바로 옆에는 극락보전의 분수승(焚修僧)이 거처하는 3칸의 봉향각이 있고, 봉향각 뒤쪽에는 칠성탱화와 산신탱화·독성탱화가 봉안된 칠성각이 있다.

　이 밖에도 신륵사에는 보물 제225호로 지정된 대리석재의 다층석탑, 국내에서 유일하게 완성된 형태로 남아 있는 전탑인 보물 제226호의 다층전탑(多層塼塔), 고려 말기의 대표적 부도양식을 띤 보물 제228호의 보제존자석종(普濟尊者石鐘), 비천(飛天)과 용이 새겨져 그 형태가 매우 아름다운 보물 제231호의 석등, 1379년 나옹을 추모하기 위해 세운 보물 제229호의 보제존자석종비(普濟尊者石鐘碑), 이색과 나옹의 제자들이 대장경을 보관하기 위해 대장각을 세운 연유를 기록한 보물 제230호의 대장각기비(大藏閣記碑)가 있다.

이 밖에도 절의 동쪽 강변 바위 위에는 삼층석탑이 있고, 경내의 서쪽 언덕에는 부도 2기가 있다. 삼층석탑은 나옹을 화장한 장소를 기념하기 위해서 세운 탑이고, 부도는 원래 조사당 뒤쪽에 있던 것을 1966년 11월에 현재의 위치로 옮겼으나 누구의 것인지는 알려지지 않고 있다.

이들 부도 중 둥근 탑신을 가진 부도는 근세에 만들어진 것으로 보이며, 8각 탑신을 가진 부도는 고려시대의 부도형식에서 퇴화된 여말선초의 작품으로 추정되는데, 이전할 때 사리함이 발견되어 현재 동국대학교 박물관에서 보관하고 있다.

또한, 나옹의 화장지에 세워진 삼층석탑 옆에는 강월헌(江月軒)이라는 6각의 정자가 있다. 그 전에 지어진 것은 1972년의 홍수로 떠내려가고, 그 뒤 삼층석탑보다 조금 아래쪽인 지금의 위치에 다시 세웠다. 누각의 이름인 강월헌은 나옹의 당호인데, 그를 추념하여 이곳에 누각을 세운 것이다. 또한 구룡루는 1689년(숙종 15)과 1749년(영조 25), 1860년(철종 11)에 각각 중수된 기록이 있다.

※신륵사는 예전에 인연이 있어 몇 차례 방문한 적이 있다. 이번 나옹왕사 불적답사 사찰 순례지를 정하고, 출가사찰인 묘적암 다음으로 찾은 사찰이다. 나옹왕사께서 밀양 영원사로 가기 전, 신륵사에서 입적하신 관계로 탄생지와 출가 사찰 그리고 깨달음을 이룬 회암사와 함께 그 중요함을 알고 출발하였다.

신륵사에 도착하여 사암연합회 집행부 스님들과 일주문과 불이문을 지나 부처님께 참배한 뒤, 조사전과 나옹왕사 부도탑에 예를 갖추었다. 마침 보제존자석종비 보수 공사 중인 탓에, 석종과 석등을 자세히 살펴보지는 못하였으나, 다음에 인연이 된다면 자세히 살펴보기로 하고 발걸음을 돌렸다.

내려와서 강월헌 정자 앞에서 여강(남한강)을 내려다보고, 나옹왕사를 다비한 자리인 삼층석탑에서 동행한 연합회 집행부스님들과 함께 반야심경 한 편을 합송했다. 돌아서 나오면서 홀로 나옹왕사의 게송 한 편을 송(誦)하고 다 같이 하산하다.

영적

면 과거로부터 돌아다니다 이생까지 왔지만

고요한 그 정체는 자유 자재하였나니

진사겁이 다하더라도 무엇 따라 변하리

이승에나 저승에서나 다만 스스로 다니네[1]

1) 『韓國佛教全書』 卷6, 「東國大學校出版部」 1984年, p.736中.
   永寂   往古來來到此生 寥寥正體任縱橫 塵沙劫盡何隨變 此界他方只自行

회암사(檜巖寺) 지공, 나옹, 무학(삼화상) 부도 · 탑비 봉안사찰

주소 경기도 양주시 회암사길 281 / 영덕군에서 342㎞, 5시간 19분

회암사는 대한불교조계종 제25교구 본사인 봉선사(奉先寺)의 말사이다.

1328년(충숙왕 15) 인도에서 원나라를 거쳐 고려에 들어온 지공(指空)이 인도의 나란 타사(羅爛陀寺)를 본떠서 266칸의 대규모 사찰로 중창하였으며, 1376년(우왕 2) 나옹(懶 翁)이 중건하였다.

그러나 지공이 창건하기 전에도 1174년(명종 4) 금나라의 사신이 회암사에 온 적이 있 으며, 보우(普愚)가 1313년(충선왕 5)에 회암사에서 광지(廣智)에게 출가한 바 있어 이미 12세기에 존재했던 사찰임을 알 수 있으나, 정확한 창건연대와 창건주는 알 수 없다.

고려 말 전국 사찰의 총본산이었던 이 절의 승려 수는 3,000명에 이르렀으며, 조선 초 기까지만 해도 전국에서 규모가 가장 컸던 절로, 조선의 태조가 왕위를 물려주고 수도 생활을 했을 뿐 아니라 효령대군(孝寧大君)도 머물렀던 적이 있었다. 1424년(세종 6)의 기록을 보면 이 절에는 250명의 승려가 있었고, 경내가 1만여 평에 이르렀다고 한다.

1472년(성종 3) 정희왕후(貞熹王后)가 정현조(鄭顯祖)에게 명하여 중창하였으며, 명종

지공선사　나옹선사　무학선사

때 문정왕후(文定王后)가 불교 재흥정책을 펼 때 전국 제일의 수선도량(修禪道場)이 되었으나, 왕후가 죽고 유신(儒臣)들에 의해 나라의 정책이 다시 억불정책으로 선회하자 1565년(명종 20) 사월 초파일에 보우(普雨)가 잡혀가고 절은 불태워짐으로써 폐허화되었다.

1821년(순조 21) 지공·나옹·무학의 부도와 탑비가 고의적으로 훼손되었으나 조정에서 1828년에 다시 중수하였으며, 옛터 옆에 작은 절을 짓고 회암사라는 사호를 계승하였다. 1922년에 봉선사 주지 홍월초(洪月初)가 새로 보전을 짓고 불상을 봉안했으며 지공·나옹·무학의 진영을 모셨다.

1976년에는 호선(昊禪)이 큰 법당과 삼성각·영성각(影聖閣) 등을 중건하였다. 회암사의 정문이었던 일주문(一柱門)으로 들어서면 대웅전이 있었던 곳으로, 주춧돌의 수가 532개나 된다.

이 법당터 옆에는 사찰의 화장실 자리가 있고, 오른편에는 화강암으로 만든 석물(石物)이 남아 있는데, 길이 12자, 너비 9자, 두께 1자, 깊이 3자이며, 이 옆에는 역시 화강암으로 만든 맷돌과 기름틀이 있다. 또한 본당 뒤에는 사방 6자의 떡안반이 있다.

이 사지는 현재 서울의 중앙여자고등학교 소유로서 안내판만 있을 뿐이고, 여기서 500m쯤 올라가서 산길이 끝나는 지점에 현재의 회암사가 있다.

중요 문화재로는 보물 제387호인 회암사지선각왕사비(檜巖寺址禪覺王師碑)와 보물 제388호인 회암사지부도, 보물 제389호인 회암사지쌍사자석등(檜巖寺址雙獅子石燈),

경기도 유형문화재로는 제49호인 지공선사부도 및 석등, 경기도 유형문화재 제50호인 나옹선사부도 및 석등, 경기도 유형문화재 제51호인 무학대사비(無學大師碑), 경기도 유형문화재 제52호인 회암사지부도탑이 있다.

옛 절터는 사적 제128호로 지정되어 있으며, 2000년 현재 대규모 발굴조사가 진행되고 있다.

※회암사는 영덕에서 약 340㎞ 떨어져 있는 거리로, 5시간이 넘게 달려 도착할 수 있었다. 영덕 불교사암연합회 집행부 스님들이 동행하여 먼저 회암사지를 둘러보고, 곧 사지 위쪽에 위치한 회암사에 도착하였다. 지공화상께서 삼산양수(三山兩水) 천혜의 길지로 나옹왕사에게 이곳에 터를 잡으라 하셨다. 그 탓인지 절 주위의 바위와 소나무가 맑은 기운이 있어 보였다. 대웅전과 조사전을 참배하고, 조사전 우측 편에 무학대사와 지공화상, 그리고 나옹왕사의 부도탑을 참배한 뒤, 준비해간 자료들을 다시 한 번 살펴보았다.

행장에 의하면, 나옹왕사께서 1344년(충혜왕 4) 전국을 돌아다니다가 이곳 회암사에 도착하였다. 도착하기 전 묘적암 요연선사에게 여쭙기를 "말하고 듣고 하는 것이 여기 왔을 뿐이거니와 볼 수 없는 몸을 보고 찾을 수 없는 물건을 찾고 싶다."라고 하였지만 요연선사는 "나도 너와 같

아서 아직 모른다. 다른 스승을 찾아 진리의 요체를 구하라."고 하여 길을 나서 불법을 구한 지 5년 만에 회암사에 도착하였다. 석옹화상 회상에서 충목왕(忠穆王) 3년(1347) 정해년(丁亥年)에 정진을 이어가다 어느 날 석옹화상이 승당에 내려와 선상(禪床)을 치며 말하였다. "대중은 이 소리를 듣는가." 대중은 말이 없었다. 그러자 나옹왕사께서는 게송을 지어 보였다. 그 내용이 아래와 같다. 큰소리로 송(誦)하고 동행한 스님들과 다 같이 하산하다.

선불장에 앉아서
정신 차리고 자세히 보라
보고 듣는 것 다른 물건 아니요
원래 그것은 옛 주인이다[1]

---

1) 『韓國佛敎全書』卷6, 「東國大學校出版部」1984年, p.703中.
　選佛場中坐　惺惺着眼看 見聞非他物 元是舊主人

칠장사(七長寺) 나옹왕사께서 심은 반송 나한전 뒤쪽 현재 생존 사찰

주소 경기도 안성시 죽산면 칠장로 399-18 / 영덕군에서 254km, 4시간 11분

칠장사는 대한불교조계종 제2교구 본사인 용주사(龍珠寺)의 말사이다.

636년(선덕여왕 5)에 자장율사(慈藏律師)가 창건하였다. 그 뒤 고려 초기에 혜소국사 (慧炤國師)가 현재의 비각(碑閣) 자리인 백련암(白蓮庵)에서 수도할 때 찾아왔던 7명의 악인을 교화하여, 7인 모두가 도를 깨달아 칠현(七賢)이 되었으므로 산 이름을 칠현산이 라고 했다고 전한다.

혜소국사는 왕명으로 1014년(현종 5)에 이 절을 크게 중창하였다. 그 뒤 중건과 중수 를 거듭하여 내려오다가, 1674년 세도가에게 산을 빼앗겨 승려들이 모두 흩어져서 잠시 빈 절이 되었던 것을 거사(居士) 초견(楚堅)이 다시 찾아 중수하였다.

현존하는 당우로는 대웅전 · 원통전(圓通殿) · 명부전 · 응향각(凝香閣) · 천왕문(天王 門) · 요사채 등이 있다. 이 중 대웅전은 경기도 유형문화재 제114호로 지정되어 있는데,

웅장한 규모, 우아한 조각미와 채색미가 괄목할 만하다. 또한, 천왕문 내의 소조사천왕상은 경기도 유형문화재 제115호로 지정되어 있다.

중요문화재로는 비각 내에 보존되어 있는 보물 제488호의 혜소국사비(慧炤國師碑)가 있다. 1060년(문종 14)에 건립된 이 비에는 다음과 같은 설화가 전한다.

임진왜란 때 적장인 가토(加藤淸正)가 이 절에 왔을 때 어떤 노승이 홀연히 나타나 그의 잘못을 크게 꾸짖자, 화가 치민 가토가 칼을 빼서 베니 홀연히 노승은 사라지고 비석이 갈라지면서 피를 흘렸으므로 가토는 겁이 나서 도망쳤다고 한다.

현재 국사의 비신(碑身)은 가운데가 갈라져 있어 이를 뒷받침한다. 이 밖에도 경기도 유형문화재 제34호로 지정된 인목대비의 친필 족자를 비롯하여 당간지주, 수많은 부도군(浮屠群)이 있다. 이 중 족자는 인목대비가 이 절에 와서 수양할 때 쓴 것이다. 또한, 절 입구에 있는 14기의 부도와 절 뒤편의 수많은 부도탑은 이 절의 유구한 역사를 일깨워 준다.

특히, 절 입구에 있는 철 당간지주는 고려시대의 것으로 청주 용두사지(龍頭寺址)와 갑사(甲寺)에서만 볼 수 있는 극히 드문 문화재이다. 전하는 말에 의하면 칠장사의 풍수적 형국이 행주형(行舟形)이므로 이 당간으로 배의 돛대를 상징한 것이라 한다.

그 밖에도 고려 말에 왜구의 피해가 극심할 때 충주 개천사(開天寺)에 있던 사서(寺書)를 이 절로 옮겨서 보관하여 소실을 면한 일이 있다. 부속 암자로 명적암(明寂庵)·극락암(極樂庵)·백련암 등이 있다. 절 일원이 경기도 문화재자료 제24호로 지정되어 있다.

※나옹왕사 사찰 불적답사를 위하여 경기도 안성은 몇 번 다녀간 적이 있다. 그러나 칠장사에서 나옹왕사께서 수도 정진 후 심은 반송이 불적답사에서 빠진 탓에, 재차 영덕에서 출발하여 안성에 있는 칠장사로 향했다.

11월 초 늦가을이라 신선한 바람과 맑은 기운들 그리고 온 산과 들에는 화엄의 세계가 펼쳐져 있어, 매년 맞는 가을 경치이지만 앞으로 얼마만큼 더 이러한 순간들을 오감으로 느낄 수 있을까라는 생각을 하며 차를 몰아 안성 칠장사에 도착했다.

먼저 대웅전 부처님 전에 참배하고, 나옹왕사께서 심으신 반송을 보기 위해 나한전을 찾았다.

대웅전을 지나 사찰의 뒤편으로 이어져 있는 길을 올라 계곡과 접해 있는 암반 위에 나한전이 건립되어 있다.

나한전은 1703년 탄명스님(坦明比丘)에 의해 건립 되었다고 한다.

나한전의 면적은 2.76㎡이다. 구조는 납도리 3량가이며 이익공집이다. 지붕은 맞배집으로 양 측면에 풍판을 달았으며 홑처마, 와구토로 마감되어 있다. 단청은 모로 단청이다.

혜소국사에 의해 7악인이 7현인으로 제도된 일곱 현인의 화신인 나한전은 조선시대 과거시험에 급제하는데 영험하기로 소문이 나 있으며, 어사 박문수가 나한님한테 조청유과를 공양하고 장원급제를 했다고 전하며 당시의 과거 시제인 몽중등과시(夢中登科詩)의 현장이라고 기록하고 있다.

이러한 반 평의 나한전이 2015년 7월 11일 나한전 불사가 완공되어 '칠장사 7나한님 이운법회'를 봉행하고 새롭게 단장한 칠장사 나한전의 규모는 전방 3칸 규모(42㎡, 약 13평)의 전통양식으로 나한전을 완공하고 오늘에 이르고 있다.

나한전에 예를 갖추고 전각 안을 살펴보았다. 7분의 나한님 밑에는 자연석이 원래 있던 그대로 있는 것 같고 인등에 둘러싸여 있었다.

밖으로 나와서 반송을 살펴보니 표지석에 이렇게 기록하고 있다.

칠장사(七長寺) 나옹송(懶翁松) 경기도 지정보호수 안성 제25호

나한전 뒤편에 있는 이 소나무는 나옹스님이 심었다는 설화가 전해 내려온다.

나옹스님(1320~1376)은 고려 말 왕사(王師)로서 휘는 혜근(慧勤)이며 호는 나옹(懶翁)이며 본 이름은 원혜(元慧)이다.

나옹송의 높이는 약 8m, 둘레 2.1m이고, 1997년 8월30일 경기도 보호수로 지정되었다.

나옹왕사께서 출가하면서 심은 반송이 영덕 창수면 면소재지 뒤편 반송정에 1965년까지 살아 있다가 고사하여 다시 기념식수를 하였는데 칠장사의 반송과 이천 영월암의 은행나무는 기운이 있어 몇 백 년은 더 살 것으로 보였다.

나한전 반송을 다시 한 번 살펴보고 반송 옆에 흐르는 청정수를 한 잔 마시고 혜소국사비와 어사 박문수 합격 다리도 둘러보았다. 다시 돌아와서 나한전 뒤쪽 은행나무 옆에서 나한전과 반송을 보면서 나옹왕사의 게송을 송(誦)하고 하산 하였다.

산에 놀다

가을 깊어 지팡이 짚고 산에 이르니

바위 곁의 단풍은 이미 가득 붉었구나

조사가 서쪽에서 온 분명한 뜻을

일마다 물건마다 스스로 먼저 일러 주네[1]

1) 『韓國佛教全書』卷6,「東國大學校出版部」1984年, p.732上.
　　遊山　秋深投杖到山中 巖畔山楓已滿紅 祖道西來端的意 頭頭物物自先通

삼막사(三幕寺) 1348년 나옹왕사 수도 사찰

주소 경기도 안양시 만안구 삼막로 478 / 영덕군에서 321km, 4시간 48분

삼막사는 대한불교조계종 제2교구 본사인 용주사(龍珠寺)의 말사이다.

이 절은 677년(문무왕 17) 원효(元曉) · 의상(義湘) · 윤필(潤筆) 3대사(三大師)가 관악산에 들어와서 막(幕)을 치고 수도하다가, 그 뒤 그곳에 절을 짓고 삼막사라 하였다.

사지(寺誌)에 의하면, 원효가 창건하고, 신라 말 도선(道詵)이 중건하여 관음사(觀音寺)라 개칭하였는데, 고려의 태조가 중수하여 삼막사라 하였다고 한다. 1348년(충숙왕 4) 나옹(懶翁)이 이 절에 머무르면서 수도하였고, 1394년(태조 3)에는 왕사 무학(無學)이 이 절에서 국운(國運)의 융성을 기원하였는데, 이러한 인연으로 1398년 왕명에 의하여 중건되었다.

그 뒤 몇 차례의 중건과 중수를 거쳐 1880년(고종 17) 의민(義旻)이 명부전(冥府殿)을 짓고 이듬해 칠성각(七星閣)을 지은 뒤 오늘에 이르고 있다. 이 절을 지칭하여 조선시대부터 남왈삼막(南曰三幕)이라고 하였는데, 이 절이 남서울의 수찰(首刹)이자 서울 주변의 4대 명찰 중 하나였기 때문이다.

　현존하는 당우로는 대웅전을 비롯하여 명부
전·망해루(望海樓)·대방(大房)·요사·칠성
각 등이 있다. 이 가운데 대웅전은 조선 초기 무
학 대사가 석조기둥으로 중수한 정면 3칸, 측면
2칸의 다포계양식의 건물이며, 내부에 봉안된
탱화와 범종은 광무연간에 제작된 것이다.

　정면 5칸, 측면 3칸, 맞배지붕인 망해루는 청
명한 날 서쪽을 바라보면 서해가 보인다고 하여
망해루라 일컬었다. 또, 명부전 내부에는 지장
보살(地藏菩薩)·십대왕(十大王)·판관 등의 상
이 모셔져 있는데, 십대왕상은 이 절의 보물이
라 한다.

　이 밖에도 이 절에는 높이 2.55m의 3층석탑과
조선 정조 때의 인물인 김창영(金昌永)의 탄생
전설을 지닌 거북모양의 감로정석조(甘露井石
漕)가 있으며, 자연암석에 양각한 아미타삼존불
이 있다.

※삼막사 사명(寺名)에 대해 처음 들었을 때는 범어
에서 따온 사명인 줄 알았다. 먼저 삼막사의 이름이
677년(문무왕 17년)에 원효(元曉)·의상(義湘)·윤
필(潤筆) 세 분의 대사(大師)께서 관악산에 들어와서
막(幕)을 치고 수도하면서 그 뒤 고려 태조가 중수하
여 삼막사라 칭하였다고 한다.

　불교에서 '아뇩다라삼먁삼보리(阿縟多羅三貘三菩
提)'를 '무상정등정각(無上正等正覺)'이라 한다.

　아뇩다라삼먁삼보리(阿耨多羅三藐三菩提)는 가장

완벽한 깨달음을 뜻하는 말로 산스크리트어 'anuttara-samyak-sambodhi'를 발음(發音) 그대로 음사(音寫)한 것이다. 또한 아뇩보리(阿耨菩提)라고도 한다. 삼막사란 이름이 여기에서 따온 것인 줄 알았다.

삼막사는 관악산의 사찰 가운데 연주암과 함께 불자들이 많이 찾는 사찰이라 한다. 공영주차장에서 주차하고 2.8km를 걸어서 올라갔다. 절까지 차로 이동해도 되지만 많은 사람들이 다니고 땅의 기운과 맑은 공기를 마시고 싶어서 천천히 걸어서 이동하였다.

절에 도착하여 내려다보니 과연 원효 등 삼 대사(三 大師)와 나옹과 무학이 수행할 수 있는 조건을 갖추고 있다는 생각이 들었다.

천불전 부처님 전에 참배하고 잠시 입정에 들었다가 예를 갖추고 나와서 육관음전(六觀音殿), 지장전 등의 전각에 예를 다하고 마애삼존불상 등 그 밖의 삼막사 사적비와 도량을 살펴보았다. 또한, 기이하게 자연적으로 생긴 요상한 바위들을 유심히 살펴본 뒤, 긴 호흡으로 나옹왕사의 게송을 송(誦)하고 하산하다.

준산(峻山)

기이한 바위가 높이 솟아 하늘을 긁는데
층층이 포개진 것, 공겁 전부터이다만
만 길 되는 이 벼랑에 누가 발을 붙이리
수미산과 오악(五岳)도 겨루지 못한다[1]

1) 『韓國佛教全書』卷6,「東國大學校出版部」1984年, p.735中.
　峻山　奇岳高聳自磨天　疊疊重重空劫前　萬仞懸崖誰着脚　須彌五岳莫相連

석굴암(石窟庵) 석굴암 나옹스님 수도사찰

주소 경기도 양주시 장흥면 석굴암길 519 / 영덕에서 332㎞, 5시간 03분

석굴암은 경기도 양주시 장흥면 교현리에 있는 대한불교조계종 직할 교구 본사인 조계사의 말사이다.

석굴암은 신라 문무왕 때 의상대사(義湘大師)가 창건하였다는 설이 있을 만큼 고찰(古刹)이며, 창건 뒤 여섯 차례나 폐사 되었다가 중창되었다. 설암(雪庵) 관익대사(寬益大師)가 석굴암을 중창하여 지장보살과 나한존자 석상을 조성하여 선풍을 지키는 수도처로 중창하였다는 설은 신빙성이 있다. 또한 『봉선사 본말사지』에 있는 「석굴암 중수기」에 따르면 단종의 비인 정순왕후(定順王后)의 원당이었다고 한다.

그 후 석굴암은 수차례 폐사되길 반복하다가 1935년 승려 응담이 김병룡의 시주로 중창하였는데, 당시는 나한전으로 개수된 조그만 석굴만 있었다. 이후 1954년 초안당 유

성(1926~1998)이 들어오면서 다시 중창 복원되어 현재의 석굴암이 갖추어졌다. 1975년에 대웅전을 중수하였고, 1980년에 신중탱화, 1985년에 칠성 탱화·양사 탱화·산신 탱화가 조성되었다.

매월 법회와 기도를 봉행하고 있으며, 음악제를 열고 있다. 2010년에는 제3회 오봉산 석굴암 단풍 음악제를 열었으며, 이외에도 독거노인과 소년소녀 가장 돕기를 실천하고 있다. 매년 수련회를 통해 불자를 위한 노력을 기울이고 있다. 현재 인터넷 홈페이지를 구축하여 불교 활동을 하고 있으며, 2008년부터 '나한'이라는 가람 소식지를 펴내고 있다.

석굴암은 오봉산 중턱 관음봉에 있는 대표적인 나한 기도 영험 도량으로 알려져 있다.

시설로는 대웅전, 범종각, 삼성각, 나한전, 석굴암 등이 있다.

석굴암에는 전해오는 설화가 있다.

독성님과 동지 팥죽

지금으로부터 약 200여 년 전인 1792년의 일이다. 당시에는 석굴암에 노스님과 동자 승 단 둘이서 살았다고 한다.

그 날은 마침 동짓날이었고, 밖에는 많은 눈이 와서 마을과의 왕래가 두절되었다. 동자승이 아침 일찍 일어나 팥죽을 끓이려 아궁이를 헤집어 보니 그만 불씨가 꺼져 있었다. 노스님께 꾸중 들을 일에 겁이 난 동자승은 석굴에 들어가 기도하다 지쳐 잠이 들었다.

얼마나 지났을까. 문득 눈을 뜬 동자승이 공양간에 가보니 아궁이에 불이 활활 타오르고 있었다.

바로 같은 시간. 석굴암에서 10여 리 떨어진 아랫마을 차(車)씨네 집에서도 팥죽을 끓이고 있었다. 당시 50대 초반의 차씨 부인(파평 윤씨)이 인기척에 놀라 부엌 밖으로 나가보니 발가벗은 아이가 눈 위에 서 있었다.

깜짝 놀란 차씨 부인이 "어디에서 새벽같이 왔느냐?"하고 묻자 동자승은 "오봉 석굴에서 불씨를 얻으러 왔습니다"고 대답했다. 차씨 부인은 하도 기가 막혀 "아니, 스님도 너무 하시지. 이 엄동설한에 아이를 발가벗겨 불씨를 얻으러 보내는 법이 어디 있냐?"고

안타까워하며, 때마침 펄펄 끓는 팥죽 한 그릇을 떠서 동자승에게 주었다.

그런데 이상한 것은 보통아이 같으면 펄펄 끓는 팥죽을 수저로 불며 떠먹었을 텐데, 이 동자승은 그릇째로 들이마시더라는 것이다.

얼른 부엌에 가서 불씨를 담은 차씨 부인은 소중히 동자승에게 건넸고, 불씨를 얻은 동자승은 홀연히 자취조차 없이 사라져 버렸다.

잠시 후 자리에서 일어난 차씨 영감(차대춘 씨)에게 부인이 새벽에 있었던 일의 자초지종을 이야기하자, 차씨 영감은 혹시 동자의 흔적이라도 있을까 해서 사립문 밖에 나가 보았지만 눈 위에는 발자국조차도 남아 있지 않았다.

그 후 눈이 어느 정도 녹아 노스님이 아랫마을에 내려가니 차씨 부부가 일주일 전 동짓날 새벽에 일어났던 일의 전말을 설명하면서 노스님에게 전후 사정을 말씀드렸다.

이야기를 모두 들은 노스님은 문득 깨달은 바가 있었다.

동짓날 사시에 마지를 드리려고 예불을 드릴 때 나한존상의 입가에는 팥죽이 묻어 있고 김이 무럭무럭 났던 것이 새롭게 떠올랐다.

그래서 동자승을 불러 확인해 보니, 동자승이 불씨를 꺼뜨리고 황망 중에 나반존자께 기도를 드렸는데, 불씨가 저절로 되살아나 팥죽을 끓여 부처님께 공양하였다는 것이었다. 바로 동자승의 안타까운 사정을 굽어 살핀 독성님이 이적(異蹟)을 보이셨던 것이다.

이후 독성님께 팥죽을 공양한 차씨 집안은 6대조 차대춘(1802년 작고)씨와 2000년 현재의 차영민(60세)씨에 이르기까지 6대째 화제(話題)의 그 집에서 그대로 살고 있다.

차씨 집안은 특히 이날 독성님께 팥죽을 공양한 음덕과 어머니의 간절한 나한기도 덕분에 6·25전쟁 피난길에서 잃어버렸던 당시 아홉 살 차영민 씨가 살아서 돌아오는 등 집안이 나날이 번창해 화목한 일가를 이루었다.

독성님 생쌀을 드시네!

6 · 25전쟁이 끝난 지 2년쯤 되었을 1950년대 중반의 일이다. 당시 주지 초안선사가 석굴암에 움막을 짓고 모친 조삼매심 보살님, 화주 윤일광심 보살님과 함께 석굴암 중창발원 천일기도를 드리던 중 인근마을에 사는 세 명의 노파들이 불공을 드리기 위해 찾아왔다.

당시 초안선사는 승복 한 벌을 구할 수 없어 제대할 때 입었던 군복을 그대로 입고 있을 정도로 어려운 사중 살림을 꾸려나가고 있었지만, 지극정성으로 드리는 선사의 기도발원은 공덕이 뛰어나기로 소문이 나 있었던 것이다.

당시에는 석굴이 너무 비좁아 서너 명 밖에 들어갈 수 없었기 때문에 하는 수 없이 황씨 부인 등 기도객 세 명만이 석굴에 들어가고, 초안선사와 윤일광심 보살은 석굴 밖에 자리를 깔고 앉아 염불과 기도를 올렸다.

사건은 '생마지'가 발단이 됐다. 본래 독성님은 생식(生食)을 하시기 때문에 그날도 석굴암에는 생공양미 세 불기가 올려졌다. 그러나 이 같은 이치를 알 턱이 없는 노파들은 불공 중간에 자기들끼리 "절 사람들이 게을러 밥을 지어 마지를 올리지 않는다."고 험담을 했다.

그런데 불공이 끝나갈 무렵 고개를 들어 나한상을 쳐다본 세 노파는 그 자리에서 놀라 맨발로 석굴 밖으로 뛰쳐나오고 말았다.

초안선사와 윤보살이 노파들의 손에 이끌리어 황급히 석굴에 들어가 보니 생쌀 불기마다 움푹 패인 자국이 있고, 없어진 생쌀은 독성님의 입과 가슴, 그리고 무릎에 붙어 있었던 것이다.

그 날 이후 석굴암 인근 마을은 물론 경향 각지에 '석굴암 부처님이 생쌀을 드신다'는 소문이 삽시간에 퍼졌고, 전국의 기도객이 공양미를 들고 몰려들기 시작했다. 그리고 초안선사와 윤보살이 화주 탁발을 나가면 사발 가득히 공양미를 시주하는 사람들이 늘어났다.

결국 독성님의 이 같은 이적과 영험에 힘입어 중창불사 발원 천일기도가 끝날 즈음에는 비록 임시 가건물이었지만 요사채와 삼성각의 낙성을 볼 수 있었고, 이때 석굴암과 인연을 맺은 선남선녀들은 이후 계속된 40여 년 중창불사를 원만성취 하는데 있어 누구보다 앞장서 시주공덕을 쌓아 나갔다. 그때 이후로 오봉산 석굴암 나한전은 생미를 올리는 도량으로 그 이름이 널리 알려졌다

부정 타면 마르는 샘

석굴암의 석굴로 들어서 왼쪽에는 바위틈에서 나오는 자그마한 샘이 있다. 지금은 지하수를 뚫어 물을 풍족히 쓰고 있지만, 10여 년 전만 하더라도 이 샘이 석굴암의 유일한 식수원이었다.

그런데 이 용왕샘은 가뜩이나 부족한 수량에도 불구하고 강우량과 상관없이 자주 말라붙곤 하였다. 특히 부정한 이들이 샘물을 마시려 하면 아무리 비가 와도 샘에는 물이 고이지 않았다.

그때도 6·25전쟁 직후라 석굴암에 움막을 짓고 살 때였다. 중병을 앓는 한 처사가 석굴암에 움막을 짓고 요양을 하게 되었다. 백일기도를 드리던 처사는 어느 날 집에를 다녀오겠다고 하였다.

주지 초안선사는 "기도 중에 부정한 것을 접하면 안 된다"고 신신 당부해 보냈다. 그런데 처사가 돌아오자 그만 샘이 말라붙고 말았다.

한편 초안선사와 함께 움막에 기거하던 그 처사는 집에 다녀온 후로 무엇인가를 몰래 먹는 모습이 목격되곤 했다. 이를 이상히 여기기는 했으나 차마 누구도 추궁하지는 못했다.

그러던 어느 날 화주 윤일광심 보살이 마른 뱀이 우물 위 허공에서 또아리를 틀고 왔다 갔다 하는 현몽을 하였다. 윤보살이 꿈 이야기를 초안선사에게 하니, 스님이 그 즉시 처사에게 수상쩍은 점을 캐물었다.

사연을 들어보니 그 처사가 집에 갔을 때 형수가 몸에 좋다면서, 뱀 말린 것을 갈아 약

으로 만들어 주어 몰래 가져와 먹었다는 것이다.

초안선사는 크게 노하여 "그러한 부정한 것을 먹으며 몸이 낫기를 바란다면 절에 있을 필요가 없다."며 집으로 쫓아 보냈다. 그리고 얼마 후 그 처사는 병이 악화되어 생을 마감했다.

이후에도 석굴의 우물은 보신탕 등 부정한 음식을 접하거나 몸가짐이 바르지 못한 신도가 대하면 예외 없이 물이 말라 버렸다.

이처럼 오봉산 석굴암의 석굴(독성각)은 청정영험 도량이다.

※나옹왕사와 석굴암에 관한 자료는 한국불교 전통사찰사전의 기록에는 없고 석굴암 홈페이지의 창건 및 연혁에 '석굴암 창건에 대해선 신라 문무왕 때 의상대사께서 창건했으며 고려 공민왕 당시 왕사였던 나옹화상께서 3년 간 수행정진 하셨다고 한다.'라는 기록이 있어 이 기록을 가지고 석굴암으로 향했다.

물 맑고 공기 좋은 나한기도 도량 석굴암 가는 길은 북한산 국립공원 우이령 둘레길 탐방로로써, 사찰을 찾는 분들 뿐만 아니라 등산객들도 많이 올라가고 있었다. 석굴암으로 향하는 길, 오봉산의 다섯 봉우리가 보이고, 석굴암 밑 저수지를 지나 불이문을 거쳐 올랐다.

신축한 대웅전 부처님 전에 예를 갖추고 나한전에서 석조 나한상과 삼성각에 참배했다. 새로 신축한 전각인 휴심당(休心堂)과 다선루(茶禪樓) 앞 소나무를 보니 그 옛날 나옹왕사께서 수행정진할 때 심은 나무가 아닐까? 라는 생각을 하며, 대웅전 앞에서 나옹왕사의 게송을 송(誦)하고 하산하였다.

유봉(乳峰)
밝고 맑은 한 모양을 누가 알 것인가
우뚝 솟아 높직이 하늘에 꽂혀 있네
물과 달이 어울려 되었으며 모양 아닌 모양인데
그 견고함이야 어찌 쌓인 티끌 같으리[1]

---

1) 『韓國佛教全書』卷6, 「東國大學校出版部」 1984年, p.736下.
乳峰 融淸一相孰能通 突出巍巍插漢中 水月和成非相相 堅牢豈與積塵同

흥왕사

흥왕사(興旺寺) 나옹왕사 창건 사찰

주소 경기도 여주시 북내면 당전로 345-4 / 영덕군에서 244㎞, 4시간 12분

　흥왕사는 경기도 여주시 북내면 소달산에 있으며 대한불교조계종 제2교구 본사인 용주사의 말사이다.

　소달산(蘇達山) 중턱에 자리한 흥왕사는 사찰의 창건에 대해 두 가지 설이 전해진다. 『봉은사본말지(奉恩寺本末誌)』에는 소달화상(蘇達和尙)이 창건하여 상왕사(霜旺寺)라는 사명(寺名)으로 불려졌으며, 1892년 독성탱화기에도 상왕사(霜旺寺)라는 이름이 기록되어 있어 19세기말까지 그 이름을 유지하였음을 알 수 있다. 또 1905년 창석산인(蒼石山人)이 쓴 「상왕사법당중건상량문(霜旺寺法堂重建上梁文)」에는 고려 공민왕대 나옹화상(懶翁和尙)이 창건한 고찰로 기록되나 그 시대의 유물이나 기록이 없어 단정할 수 없다.

　흥왕사의 역사는 나옹과 소달 두 화상의 창건설을 지니며, 19세기말까지 상왕사로 불려지다가, 1905년 돈묵스님이 법당이 퇴락됨을 안타까워하여 절의 사세를 일으키기 위해 흥왕사라는 사명으로 개명한 듯하다. 1892년 대대적인 탱화의 불사 이후 급격히 쇠락한 흥왕사는 돈묵스님이 탁발하여 법당을 비롯한 삼성각의 칠성탱과 산신탱, 보조국사진영(普照國師眞影)을 조성하였으며, 가람을 정비하여 그 사세를 단장하였다.

　그 뒤 1922년에 주지 성묵스님이 법당을 중수하고, 1931년 나옹화상이 봉안한 아미타

여래좌상을 개금불사 하였으며, 1932년 윤익(潤益) 스님이 대방을 중수하였다. 그 후 1933년 동요사(東寮舍)를, 1938년 서쪽 요사를 건립하였으며, 1943년 법당을 중건하여 현재 가람의 기틀을 갖추게 되었다. 이후 한국전쟁 때 소실되어 옛 가람이 부분적으로 소실되었으나, 1966년에 장지윤(張智潤)스님이 칠성각을 단청하고 대방을 보수하여 사찰의 명맥을 이어갔으며, 1968년에는 사찰 진입로를 정비하여 도량을 일신하였다.

1974년에는 성진(性眞)스님이 부임하여 가람을 정비하였으며, 1992년에는 선과스님이 취임하여 기존의 전각을 헐고 대웅전 · 삼성각을 신축하여 현재의 모습을 이루게 되었다.

현재 흥왕사는 선과스님이 조성한 전각을 바탕으로 단청을 비롯하여 가람의 정비가 이루어지고 있는데, 근래 주지로 부임한 영정스님의 정진불사 노력으로 극락전을 비롯하여 삼성각, 범종각, 요사채 2동이 근래 조성되어 옛 가람의 모습을 복원되고 있다.

흥왕사는 신륵사 하구로 흘러내리는 금당천과 중암리를 가로 질러 흐르는 완장천 사이에 자리한 고려시대 사찰로 나지막한 야산에 그 터를 잡고 있다. 고려 초 소달(蘇達)이 창건했다고도 하고, 고려 말 나옹 혜근(惠勤: 1320~1376)이 세웠다고도 하나 정확한 것은 알 수 없다.

흥왕사는 여주의 명찰 고달사와는 형제와 같은 절로 그 옛날 소달과 고달의 전설을 간직하고 있다. 고달과 소달은 형제지간으로 각기 뜻을 품어 부처님 전에 그 몸을 귀의하여 승려가 되었다. 하지만 각기 뜻을 품은 바가 달라 고달은 국가에 도움을 주는 절을

세웠으며, 소달은 사찰을 진리의 도량으로 생각하며 오래도록 중생을 교화하는 절을 세웠다. 한때 고달이 세운 고달사는 고려의 명문사찰로 명성을 떨쳤지만 일찍이 폐사되었고, 소달이 세운 상왕사는 조용히 은둔하며 그 법을 이어나가 아직도 법등을 이어오고 있다.

이처럼 소달산 흥왕사는 자그마한 암자의 모습으로 중생을 교화하고자 하는 진리의 도량 모습을 품고 있다. 극락전과 삼성각이 사찰 가람의 전부인 흥왕사지만 따뜻하게 가람을 품은 소달산의 지세와 사찰의 수호 신장처럼 사찰을 수호하는 보호수의 모습은 현재 폐허가 된 고달사의 쓸쓸함 보다 우리에게 정겨운 모습은 아닐까 생각한다. 동시대 같은 형제들에 의해 창건되었지만 부귀를 위한 사찰과 부처님의 법을 잇기 위한 사찰의 또 다른 운명을 그들 형제는 알고 있었을까.

※흥왕사가 위치한 소달산은 해발 358m로 그리 높지 않은 산이다. 사찰로 들어오는 도로에서 한참을 차로 굽이굽이 돌아 올라가야 한다. 마침 군부대에서 훈련 중인지 곳곳에 초소를 설치하여 지키고 있고 절 입구에 중대급 군인들이 훈련을 하고 있었다. 시골 절의 전형을 보여준다.

절 도량에 도착하니 우리들을 반겨 주는 보호수로 지정된 수령 330년의 은행나무가 가지를 옆으로 펼쳐 놓은 것이 천수천안 관세음을 연상시킨다. 이 도량을 찾는 모든 이들의 고통을 다 덜어 줄 요량으로 우뚝 서 있다. 도량 안으로 들어서자 극락전 전각이 뒷산과 어우러져 아담하게 자리하고 있다.

법당 안으로 들어가서 삼존불 주불인 아미타불과 관세음보살과 지장보살께 참배하고 삼성각에 들렀다. 삼성인 칠성과 산신님과 독성님이 계시는데 독성님보다 큰 진영(眞影)이 보인다. 나옹왕사의 진영인가 살펴보니 보조국사의 진영이다. 흥왕사와 보조국사는 관련이 있는가 보다.

도량은 역사에 비해 협소하게 보였다. 아직까지 불교의 현대화 바람이 불지 않고 옛날 그 모습 그대로 지키고 있는 사찰이다.

도량을 좀 더 둘러보고 나옹왕사의 게송을 송(誦)하고 하산하였다.

연선자(然禪者)가 게송을 청하다
도를 배우고 참선할 때는 언제나 용맹하여
세간의 잡된 생각은 남김없이 쓸어버려라
단박 어머니 태에서 갓 난 면목을 움켜잡으면
찬 빛이 허공을 녹이는 것 비로소 믿게 되리라[1]

1)『韓國佛敎全書』卷6,「東國大學校出版部」1984年, p.740中.
  然禪者求頌 學道叅禪常勇猛 世間塵念埽無餘 驀然摸着娘生面 始信寒光爍大虛

염불암(念佛庵) 나옹왕사 주석 사찰

주소 경기도 안양시 만안구 예술공원로245번길 150 / 영덕군에서 314km, 4시간 25분

염불암은 대한불교조계종 제2교구 본사인 용주사(龍珠寺)의 말사이다.

고려 태조가 도승(道僧)인 능정(能正)을 위해 936년(태조 19)에 창건하고 안흥사(安興寺)라 하였다.

1407년(태종 7)에 왕명으로 중창하였고, 1856년(철종 7) 청허(淸虛)가 칠성각을 신축하였으며, 1904년과 1927년에 각각 중수되었다. 현존하는 당우로는 대웅전과 대웅전 후면 높은 암벽에 세워진 석불을 중심으로 하여 용화전(龍華殿)·산신각·대방·요사채 등이 암벽과 조화를 이루면서 배치되어 있다.

대웅전 옆에 세워져 있는 높이 약 8m의 흰 팔각석탑은 최근의 것이기는 하나 각 면마다 불상을 조각한 정성들인 작품이다. 또한, 대방 앞뜰에는 높이 15m, 수령 600년 정도의 보리수가 있다.

※삼성산 염불암은 고려 태조 왕건이 창건했다는 유래가 있다. 이때 이름이 안흥사로, 곧 염불암

의 시초가 된다고 한다. 조선 태종 7년 한양의 백호에 해당하는 관악산의 기운을 누르기 위하여 왕명으로 중창하고 1856년, 1904년, 1927년 그리고 1992년에 청봉스님에 의하여 대웅전과 각 전각이 완공되어 사찰의 면모를 갖추게 되었다고 한다.

절 입구에 들어서니 좌측 편에 반듯하게 대한불교 조계종 염불암이란 글씨가 깊고 선명하고 반듯하게 써져 있다. 정면을 바라보니 대웅전 앞에 600년 된 귀한 보리수가 우뚝 서 말없는 가운데 어서 오라며 반긴다.

먼저 대웅전 부처님 전에 예를 갖추었다. 대웅전 오른쪽 야외불단에 주불인 관세음보살과 좌측은 산신과 오른쪽은 지장보살이 노천에 모셔져 있다. 참 특이한 조화이다. 대웅전과 염불전 사이로 보이는 칠성각과 미륵전에도 예를 갖추고, 나한전을 참배하고 입상 석조 미륵불을 뵙다.

10m나 족히 될 법한데 상호가 특이하다. 보기보다 전각이 많이 들어서 있고 뒷산 바위들이 힘 있게 솟아 병풍처럼 둘러쳐져 있는 것이 이 도량 호법산신이라 생각하고 나옹왕사의 게송을 송(誦)하고 도량을 하산하다.

서암(瑞巖)

흰 기운이 하늘을 찔러 허공을 차게 하는데
푸른 솔은 사방에 여기저기 꽂혀 있다
끄떡없이 다른 경계와 간격이 없지마는
꽃비는 여전히 망령되게 뿌린다[1]

1) 『韓國佛敎全書』 卷6, 「東國大學校出版部」 1984年, p.734上.
　瑞巖　白氣衝天塞大空 靑松四面揷縱橫 安然異境無間隔 花雨依前妄相行

庵寂隱

은적암(隱寂庵) 나옹왕사 수도 사찰

주소 경기도 안성시 서운면 청용리 4-2 / 영덕군에서 282㎞, 4시간 40분, 도보 35분

은적암은 경기도 안성군 서운면 청룡리 서운산에 있다. 대한불교조계종 제2교구 용주사의 말사인 청룡사의 부속 암자이다.

1364년 고려 공민왕 13년 나옹혜근(懶翁慧勤)이 청룡사를 중수하면서 4개의 부속 암자 중 하나로서 창건했다. 그 뒤의 자세한 연혁은 전하지 않는다. 1893년 조선 고종 30년 산신각을 새로 지었다. 건물로는 법당과 산신각, 요사채가 있다.

유물로는 칠성도와 수월관음도, 부도가 있다. 칠성도와 수월관음도는 법당에 봉안되어 있는데 각각 1898년 광무 2년과 1919년에 조성된 것이다. 부도는 누구의 것인지 알 수 없으며 석종형(石鐘型)으로 조선 후기의 것으로 보인다.

청룡사사적비에 따르면 나옹스님은 청룡사 중창불사 후 산내암자 불사를 하여 은적암, 은신암, 청련암, 내원암을 지었다고 한다. 현재 암자는 은적암만 남았다.

※청룡사에서 산내 암자인 은적암까지는 1.5㎞이다. 차로 비좁은 비포장도로를 1㎞ 이동하여 주차한 뒤, 걸어서 암자로 향하였다. '은적암 0.4㎞'라는 푯말을 보고 부지런히 20여 분 걸어오르니, 은적암 도량이 보였다. 은적암의 유래에 관해 적혀 있었는데 그 내용을 살펴보면 다음과 같다.

'은적암은 신라시대에 창건되었고 태조 왕건이 3일간 은거하며 기도를 하였다 하여 은적암(隱寂庵)이라 부르게 되었다고 합니다. 하남스님, 나옹스님을 비롯한 여러 큰스님들께서 참선한 정진도량으로, 하고자 하는 일에 소원성취가 잘 이루어지고, 바위에서 흐르는 감로수는 치료 효험이 있어 많은 사람의 병을 회복시켰다고 합니다.'

나옹왕사께서 창건하셨다는 내용과는 다르게 나타나 있었다. 그 이전에 사찰이 창건되어 이어오다 나옹왕사께서 수도 정진하셨다는 것이다. 그러나 아뿔싸! 큰스님들께서 정진하시던 도량에 법당이 내려 앉아 폐허가 되어 있었다. 비단 대웅전뿐만 아니라 산신각과 도량 전체에 잡초가 우거져 대중이 살지 않는 것으로 보였다.

제행무상(諸行無常)의 말이 가장 잘 어울리는 말 같다는 생각이 든다. 기도객보다 등산객들이 지나다니는 것을 볼 때 빨리 불사를 해서 정진도량으로 자리매김하였으면 하는 마음으로 나옹왕사의 게송을 송(誦)하며 하산하다.

인선자(仁禪者)가 게송을 청하다
사물에 응할 때는 분명하나 보려 하면 공하고
티끌마다 세계마다에 그 작용 한이 없네
여기서 모르는 사이에 두 눈이 활짝 열리면
호랑이 굴이나 마구니 궁전에서도 살길이 트이리라[1]

1) 『韓國佛敎全書』 卷6, 「東國大學校出版部」 1984年, p.739中
   仁禪者求偈 應物明明見則空 塵塵刹刹用無窮 於斯不覺開雙眼 虎穴魔宮活路通

영월암(映月庵) 왕사께서 꽂은 지팡이 은행나무 생존 및 모친 정씨부인 천도, 중건사찰

주소 경기도 이천시 경충대로 2709번길 388 / 영덕군에서 256km, 4시간 09분

영월암은 대한불교조계종 제2교구 본사인 용주사(龍珠寺)의 말사이다.

이 절은 신라 문무왕 때 의상(義湘)이 창건하여 북악사(北嶽寺)라 하였고 산 이름도 북악산이라 하였다. 그 뒤 1774년(영조 50) 영월대사 낭규(朗奎)가 중창하여 영월암이라 하였으며, 1911년 보은(普恩)이 중건하였다.

1920년 주지 신암(信庵)이 극락전을 옮겨 세웠고, 1937년 언우(彦佑)가 산신각(山神閣)을 중건하였으며, 1941년 명칠(明七)이 대웅전을 중건하였다. 1979년 주지 정해(正海)가 삼층석탑을 복원하여 오늘에 이르고 있다.

현존하는 당우로는 대웅전과 동별당(東別堂), 요사채 3동이 있으며, 중요문화재로는 보물 제822호로 지정된 영월암 마애여래입상이 대웅전 뒤쪽 30m 지점의 바위에 새겨져 있다. 이 불상은 신라 때 산악법사(山岳法師)가 새긴 것이라고 전한다. 대웅전 안에는 1941년에 만든 석가여래·관세음보살·지장보살상 등의 삼존불을 중심으로 1962년에 그린 후불탱화·신중탱화·지장탱화·칠성탱화·산신탱화가 봉안되어 있으며, 언제의

것인지 분명하지 않은 『법화경』 50권이 소장되어 있다. 이 밖에도 대웅전 앞마당에는 신라 때의 것으로 추정되는 석조여래좌상과 삼층석탑이 있고, 절 입구에는 수령 500년이 넘은 은행나무가 있다.

영월암과 나옹왕사

지금으로부터 6백여 년 전, 고려의 유명한 스님 나옹화상(1320~1376)은 춘설이 어지럽게 흩날리는 길을 시자도 없이 혼자 걷고 있었다. 지금의 양주 땅 회암사에서 설법을 마치고 이천 영월암이 있는 설봉산 기슭을 오르는 스님의 발길은 찌뿌듯한 날씨처럼 무겁기만 했다. 이때였다. 어디선가 가까이서 울리는 요령소리가 스님의 귓전을 울렸다.

"허, 또 누가 이생을 하직한 게로군."

자신의 출가 당시 화두였던 사람이 오고가는 생사의 도리를 되뇌면서 막 산모퉁이를 돌아서려던 나옹스님은 초라한 장의 행렬과 마주쳤다.

상여는 물론 상주도 없이 늙수그레한 영감이 요령을 흔들며 상엿소리를 구슬피 메기고, 그 뒤엔 장정 하나가 지게에 관을 메고 무거운 듯 힘겹게 걷고 있었다. 바로 뒤엔 두 명의 장정이 삽과 곡괭이를 들고 따랐다. 행렬은 스님을 보자 한쪽으로 비켜서면서 허리를 굽혔다. "누가 갔는데 이처럼 의식도 갖추지 못하고…."

"예, 아랫마을 돌이어멈이 아직 젊은 나이에

세상을 하직했습니다."

"거참 안됐구먼. 얼마 전 아들을 잃고 정신이 이상해졌다더니… 나무 관세음보살."

스님은 마지막 가는 돌이어멈의 왕생극락을 기원하는 염불을 하고는 다시 가던 길을 재촉했다. 평소 마을을 지나다 몇 번인가 본 돌이어멈의 모습이 떠올랐다.

그녀는 아들을 잃고 난 뒤 충격을 받아 남의 집 물건을 예사로 훔치고 자주 마을 사람들과 싸우는 등 포악해졌다. 처음엔 동정의 눈빛으로 바라보던 마을 사람들도 나중엔 하도 말썽을 부리니까 가두어야 한다고 하여 한동안 보이지 않더니 그만 명을 달리하고만 것이었다. 을씨년스런 날씨에 마음마저 착잡해진 스님은 문득 출가 전 자신이 고뇌하던 일이 주마등처럼 스쳤다.

스님이 스무 살 때였다. 생사고락을 같이 하자고 약속한 친한 친구가 갑자기 병으로 죽었다. 비통에 잠긴 나옹은 "사람은 죽으면 어디로 가는가?"라는 물음을 어른들께 수없이 되풀이했으나 아무도 아는 이가 없었다. 공덕산 묘적암의 요연선사 앞으로 출가하여 회암사에서 깨달음을 얻고, 더 높은 경지를 체험하기 위해 1347년 중국으로 구법의 길을 떠났다. 연경 법원사에 도착하여 그 절에 머물고 있던 인도 스님 지공화상을 만나 계오(契悟)했다. 2년간 공부하다 다시 남쪽으로 가서 평산처림에게 법의와 불자를 받고 사방을 두루 다니며 선지식을 친견하던 스님은 어느 날 어머니의 타계 소식을 들었다.

어머니에 대한 애틋한 정이 솟아올랐으나 스님은 출가사문의 본분을 내세워 멀리서 왕생극락을 기원할 뿐이었다. 하지만 너무도 오랫동안 잊고 지내온 어머니 생각을 모두 떨칠 수는 없었다. 그날 밤 스님은 선정에 들어 어머니의 행적을 좇았다. 그런데 이게 웬일인가. 나옹스님의 어머니 정씨는 뜻밖에도 환생하지 못하고 무주고혼이 되어 중음신으로 떠돌고 있는 것이 아닌가. 스님은 자신을 원망했다. 자기를 낳아준 어머니에 대해 그토록 무관심했던 자신의 불효가 한스러웠다.

"자식이 출가하면 구족이 복을 받는다는데 우리 어머님은 업장이 얼마나 두터우시길래 구천을 맴돌고 계실까. 혹시 아들의 모습을 못 보고 눈감으신 정한이 골수에 맺힌 것은 아닐까?"

스님은 지옥고에 허덕이는 어머니를 제도한 목련존자를 생각하며 어머니를 천도하기로 결심했다.

나옹스님은 영월암 법당 뒤 설봉산 기슭 큰 바위에 모셔진 마애지장보살님 앞에서 어머니 천도 기도를 시작했다.

"지장보살, 지장보살…."

지옥의 한 중생까지도 제도하겠다고 서원한 지장보살의 명호를 부르며 어머니의 왕생극락을 기원하는 나옹스님의 독경은 간절했다. 그렇게 기도하기 49일째 되던 날, 나옹스님은 철야정진에 들어갔다.

새벽녘 아직 동이 트기 전, 나옹스님은 지장보살님의 전신에서 발하는 환한 금빛 광채를 보았다. 그것은 눈부신 자비의 방광이었다. 스님은 놀라서 고개를 들고 지장보살의 얼굴을 올려다보았다. 지장보살님의 눈에선 눈물이 주르르 흐르는 듯했다. 고통 받는 지옥 중생 때문에 지옥 문전에서 눈물이 마를 새 없다는 지장보살님이 어머니를 천도하며 기쁨의 눈물을 흘리는 것만 같았다.

"아, 지장보살님께서 내 기도에 감응하시어 눈물로써 현현하고 계시는구나."

나옹스님은 기도가 성취되어 기뻤다.

"어머니, 이제 아들에 대한 섭섭하신 마음을 거두시고 편히 극락에 드십시오."

기도를 마친 나옹스님은 선실에 입정하여 이미 천도왕생하신 어머니를 보았다.

그 이후부터 영월암 지장보살님 앞에는 선망 부모의 왕생극락을 빌면서 자신의 업장을 소멸하려는 기도객들의 발길이 끊임없이 이어지고 있다. 나옹스님은 영월암에서 14안거를 성만하면서 후학을 제접하고 신도들을 교화했다. 이 마애지장보살상은 지난 1984년 12월 보물 제822호로 지정됐다.

※영월암에는 아침 일찍 도착하였다. 아침 공기는 상쾌하였지만 안개가 자욱하여 사진 찍기에는 좋은 날씨가 아닌 것 같다. 연합회 집행부 스님들과 먼저 주전(主殿)인 대웅전에 석가모니부처님과 좌우보처 관세음보살님과 지장보살님께 참배를 올렸다. 우측 전각인 아미타전(阿彌陀殿)에 들러 아미타부처님 전에도 예를 갖추었다.

보통 아미타부처님께서 계신 곳을 무량수전이나 극락전 규모가 크면 극락보전이라 하는데 아미타전은 영월암에서 처음 보는 현판이다. 아미타부처님께서 계시니 틀린 것은 아니니 그렇게 지은 연유가 있으리라. 동참하신 스님들과 함께 보물 제822호 마애여래입상 앞에서 삼배의 예를 갖추었다. 그 옛날 나옹왕사께서 어머니를 천도하기 위하여 49일을 기도하셨던 심정으로 각자가 서원을 마음속으로 새겼다. 다른 분들이 도량을 돌아보는 시간에 마애불 앞에서 준비해 간 나옹왕사의 서왕가를 일부 독송하다.

한 달도 삼십일에 어느 날이 한가한가
자성불(自性佛)을 모셨건만 어느 날에 찾아볼까
극락은 멀어지고 지옥은 가깝도다
답답한 창생(蒼生)들아 권하노니 염불하오
지금 세상에 지은 공덕 후 세상에 빛나니라
백 년 탐물 쓸데없고 일념선근 보배로다
일월이 밝다 한들 이 내 마음 같을 손가
삼세제불 역대조사 이 마음을 밝혀내어
자성불을 진득하야 육도중생 건지시며
사견외도 간탐중생 애욕망에 깊이 잠겨
자성진불 배반하니 육도왕환 면할 손가
세간 탐착 그만하소[1]

나무 지장보살마하살 나무아미타불

지장보살 마애여래입상 앞에서 나옹왕사 불적답사길의 무사 회향을 발원하면서 마애불에게 인사 후 내려왔다. 나옹왕사께서 가지고 다니던 지팡이가 자라서 수령 640년이 넘은 은행나무가 된 것을 보고, 영덕 창수면 소재지 근처 반송유적지에 있는 나옹왕사께서 출가하면서 꽂은 반송을 떠올렸다. 각자가 은행나무의 기운을 느끼면서 서둘러 다음 불적답사지를 향하여 출발을 서둘렀다.

---

1) 이상보, 『한국불교가사 전집』 「서왕가 2」 나옹왕사지음, p.144~145. 집문당, 1980년

瑞雲山青龍寺

청룡사(靑龍寺) 1364년 나옹왕사 중창 사찰

주소 경기도 안성시 서운면 청룡길 140 / 영덕군에서 274km, 4시간 22분

청룡사는 대한불교조계종 2교구 본사 용주사의 말사이다.

청룡사는 안성시 서운면 청룡리의 서운산 자락에 있다. 조선 인조의 셋째 아들인 인평대군의 원찰이었다.

고려 원종 6년인 1265년에 명본(明本)이 창건하여 대장암(大藏庵)이라고 부르다가, 공민왕 13년인 1364년에 나옹이 크게 중창하고 이름을 청룡사로 개칭했다.

청룡사라는 이름은 불도를 일으킬 절터를 찾아다니던 나옹이 이곳에서 구름을 타고 내려오는 청룡을 보았다는 전설에서 유래한다.

고려 시대의 건축 양식을 보여주는 대웅전은 대한민국의 보물 제824호로 지정되어 있고, 대웅전 앞에 명본국사가 세운 것으로 전해지는 삼층석탑과 동종(銅鍾) 등 문화재를 다수 보유하고 있다.

조선 말기에는 교통의 요지인 안성 장터를 중심으로 전국을 떠돌면서 공연을 하는 남사당패의 근거지이기도 했다. 지금도 절 건너편에 남사당 마을이 남아 있다. 황석영의 대하소설 《장길산》과 김윤배의 장편 서사시 《여사당 바우덕이》는 청룡사 사당패를 소재

로 하고 있다.《장길산》에서 청룡사는 장길산의 스승인 운부대사가 미륵의 세상은 민중의 힘으로 만드는 것이라는 혁명 사상을 설파하는 장소로 비중 있게 등장하며, 청룡사 사당골의 여성 공연예술가인 바우덕이는 실존 인물로서 안성시가 바우덕이 축제를 열어 기리고 있다.

보물 제11-4호: 사인비구 제작 동종(思印比丘 製作 銅鍾)
　　　　　　안성청룡사동종(安城靑龍寺銅鍾)
보물 제824호: 안성청룡사대웅전(安城靑龍寺大雄殿)
보물 제1257호: 청룡사영산회괘불탱(靑龍寺靈山會掛佛幀)
보물 제1302호: 청룡사감로탱(靑龍寺甘露幀)
보물 제1789호: 안성청룡사소조석가여래삼존상(安城靑龍寺塑造釋迦如來三尊像)
경기도시도유형문화재 제124호: 청룡사사적비(靑龍寺事蹟碑)
경기도시도유형문화재 제170호: 안성청룡사금동관음보살좌상(安城靑龍寺金銅觀
　　　　　　音菩薩坐像)
경기도 문화재자료 제59호: 청룡사삼층석탑(靑龍寺三層石塔)

※청룡사를 찾아가는 길 도로에 큰 이정표가 보여서 계곡을 따라 많이 들어가는 줄 알았다. 평지에 절이 있으리라고 생각지도 않았는데 갑자기 청룡사 사적비가 바로 우리 앞에 드러났다.

사적비에 나옹왕사께서 이 사찰을 중창할 때 상서로운 구름을 타고 내려오는 청룡을 보아서 서운산 청룡사라 했다는 것으로 보아 영덕 장륙사의 뒷산은 운서산(雲捿山, 구름이 머물다가는 산)이라는 생각이 갑자기 떠올라 기록하여 본다.

사적비를 지나 우측에 부도 군이 모셔져 있는데 청룡사의 역사를 말해주는 듯하다. 청룡사 종합안내 표시가 있는 것으로 보아 도량이 크며 전각도 많음을 알 수 있다. 도량 위로 들어서니 대웅전이 아름답게 서 있는데 주련과 대웅전 기둥이 눈에 들어온다. 기둥이 느티나무로서 생긴 대로 받쳐놓아 운치가 있어 보였다.

대웅전의 주련에는 이렇게 적혀 있다.

고불미생전(古佛未生前) 응연일상원(凝然一相圓)
석가유미회(釋迦猶未會) 가섭기능전(迦葉豈能傳)
　옛 부처님들이 아직 나기 전에
　이미 뚜렷한 한 모습인
　석가세존께서도 오히려 몰랐거늘
　가섭존자가 어찌 전할 수 있으리!

　아쉽게도 2017년에 대웅전을 해체 복원한다고 하니 마침 잘 왔다는 생각이 든다. 법당 안에 삼존불이 토불(흙으로 만든 불상)이라는 말씀에 자세히 살펴보았다. 개금을 한 부처님이라 자세히 다시 보아도 잘 모르겠다.

　나옹왕사가 이곳 청룡사에 관한 내용을 마하연(摩訶衍)에 있는 그대로 인용하면 다음과 같다.

　고려 원종 6년(1265)에 명본스님이 대장암으로 창건한 청룡사는 공민왕 13년(1364) 현재의 이름을 갖게 됐다.

　나옹스님은 대장암이 있는 산을 지나면서 놀라운 경험을 했다. 지혜의 해가 거듭 빛났고 자비로운 구름이 광채를 내고 있었다.

　'과연, 이곳에 실로 신비한 징조가 있겠구나.'

　몸과 마음을 하루 의탁한 스님은 신이한 광경을 볼 수 있었다. 꽃비가 내렸다. 하늘엔 상서로운 구름이 일었고, 용이 오르내렸다.

　'불법이 뻗어 나가기에 이만한 곳이 없다.'

　두 눈으로 이 모습을 친견한 스님은 대장암에 주석하며 절을 중창했다. 산 이름도 고쳤다. 상서로운 '서(瑞)'와 구름 '운(雲)' 자를 써서 '서운산(瑞雲山)'이라 했다. 절 이름도 용이 오르내리던 일을 떠올리며 '청룡사(靑龍寺)'라 명명했다.

사적비에 따르면 나옹왕사는 대웅전과 지장전, 만세루, 향응각, 극락전, 은적암,은신암, 청련암, 내원암을 지었다고 한다.

현재 암자는 은적암만 남았다. 청룡사 도량을 한 바퀴 돌아보고 영덕불교사암연합회 집행부 스님들이 다른 전각을 돌아보고 있는 시간에 나옹왕사의 게송을 송(誦)하고 다 같이 하산하다.

통선자(通禪者)가 게송을 청하다
산처럼 뜻을 세워 결정코 기약하고는
스승을 찾고 벗을 가려 항상 화두 지켜라
절벽에서 손을 놓고 몸을 뒤집어버리면
철저히 온몸에 바른 눈 열리리라[1]

---

1) 『韓國佛教全書』卷6, 「東國大學校出版部」 1984年, p.740中.
　通禪者求頌　立志如山決定期 尋師擇友拶將來 懸崖撒手翻身轉 徹底通身正眼開

대성암(大城庵) 1375년 나옹왕사 중창사찰

주소 경기도 구리시 아천동 산40-6 / 영덕군에서 305㎞, 4시간 38분, 도보 40분

대성암은 한국불교태고종에 속한다. 670년(문무왕 10) 의상(義湘)이 창건하여 '범굴사(梵窟寺)'라 하였고, 1375년(우왕 1) 나옹(懶翁)이 중창한 뒤 이곳에서 수도하였다.

임진왜란 때 불탄 뒤 중건을 보지 못하다가 1750년(영조 26) 방지성(方智性)이 초암을 짓고 수도하였으며, 뒤에 운악산의 승려 전령(展翎)이 와서 확장하였다.

1882년(고종 19)에 불탄 뒤 폐사가 되었으며, 1912년 정념(正念)이 중건하였고, 1928년 백용성(白龍城)의 제자 보광(寶光)이 대웅전과 나한전(羅漢殿)·요사채 등을 건립한 뒤 대성암으로 이름을 바꾸었다.

1936년 보광이 중성전(衆聖殿)을 중건하였고, 1942년 극락전을 중수하였으나, 6·25 때 다시 소실되었다. 1954년 주지 석하(奭河)와 신도 광명심(光明心)이 법당과 요사채를 재건하였고, 1968년 삼성각(三聖閣)을, 1979년 주지 태웅(泰雄)이 중건하였다.

현존하는 당우로는 법당인 대성전(大聖殿)과 삼성각·종각·요사채 등이 있으며, 특기할만한 문화재는 없다. 이 절의 법당 뒤에 있는 바위 천장에서는 창건 당시 천공미(天供米)가 나와 이를 먹으면서 수도하였는데, 시자(侍者)가 많은 쌀을 얻으려는 욕심으로 구멍을 넓히자 타버린 쌀과 뜨물이 7일 동안 흘러내린 뒤 쌀이 나오지 않게 되었다는 설화가 전한다.

※대성암은 도보로 2.2㎞를 걸어서 올라야 한다. 가는 길에 아차산 큰 바위 얼굴을 보고, 구리 둘레길 종합안내도를 참고삼아 초행길을 걸었다. 마침 이정표가 대성암길 40분이라고 적혀 있어 마음이 가볍다. 치악산 상원사나 무등산 규봉암과 장성 나옹사지에 비하면 오늘 불적답사는 편하게 갈 수 있겠다 생각되었다.

조금 오르니 대성암길 22분의 이정표가 보였다. 범굴사, 아차산 4보루, 아차산 삼층석탑을 차례로 적어 놓은 검은 색 표지판이 보인다. 어딘가 낯이 익다.

다른 사찰인가 생각하다가 불적답사기 중에서 대성암을 펼쳐보니 의상스님께서 창건하실 때 이름이 범굴사라 나와 있었다. 아쉽다.

'범굴사(대성암)로 하든지 아니면 대성암의 옛 사찰 지명으로 하면 좋을 텐데'하고 생각하고 오르니 또 대성암 간판이 보였다. 초행길 불자들은 고생할 수 있겠다 생각되어 대성암 관계자들에게 건의할까 생각했지만 주제넘다 생각되어 말하지 않았다.

이런 생각을 하는 중에 벌써 절이 보인다. 보기보다 절 규모가 크지 않다. 대웅전에서 부처님께 참배

한 뒤, 삼성각과 대성암 쌀 바위에 관한 전설도 새겨보고, 대성암 연혁도 다시 한 번 읽어 보았다. 도량을 한 번 돌아보고 저 멀리 한강과 그 너머 아파트 밀접지역이 보였다. 지명은 알 수 없고, 수행하기 적합한 전망이 좋은 곳이라 생각하면서 준비해간 나옹왕사의 게송을 송(誦)하고 하산하다.

옮겨가면서 스님네에게 붙임
봄이 오면 기러기는 북쪽 변방에 왔다가
가을이 오면 예와 같이 남으로 가네
도 닦는 이의 생활도 모두 그와 같거니
몸이 가고 몸이 오는 것 의심할 것 없네[1]

1) 『韓國佛敎全書』 卷6, 「東國大學校出版部」 1984年, p.745中.
   臨移棲寄同袍 春至鴈飛從塞北 秋來依舊向南歸 道人行李皆如此 身去身來更不疑

흥륜사(興輪寺)

나옹왕사 창건 사찰

주소 인천시 연수구 청량로 70번길 40-17 / 영덕군에서 333㎞, 5시간 01분

흥륜사는 대한불교관음종의 대본산이다. 고려 우왕 때인 1376년 공민왕의 왕사(王師) 였던 나옹화상이 개창하였다고 전한다. 절을 세운 곳의 경관이 매우 수려하여 절 이름을 청량사(淸凉寺)라 지었으며, 절 이름을 따서 산 이름도 청량산이라고 부르게 되었다.

청량사는 1592년 임진왜란으로 인하여 소실된 뒤 300여 년이 넘도록 빈터만 남아 있다가 일제강점기인 1938년 다시 중창되었다. 이후 1966년 쇠락한 건물들을 헐고 8동을 새로 지었으며, 1977년 6월 현재의 흥륜사로 명칭을 바꾸었다. 대한불교관음종은 법화사상(法華思想)을 종지(宗旨)로 하며, 전국에 500여 개의 사찰이 소속되어 있다.

청량산에 위치한 이 흥륜사는 가까이는 송도 유원지와 송도국제신도시가 위치해 있으며 인천상륙작전공원도 흥륜사 입구에 위치해 볼거리도 많은 곳이다. 특히나 흥륜사에서 바라보는 낙조는 인천대교를 끼고 넘는 그 풍경이 아름다워 비경으로 입소문이 자자하다.

흥륜사는 한국불교문화를 체험할 수 있는 템플스테이, 국제선원, 만불전 등을 개설하였고, 조상님을 모시는 최첨단 시설의 추모전을 개원하여 운영하고 있다.

※인천 송도가 한눈에 내려다보이는 흥륜사는 고려 우왕 때인 1376년 나옹왕사께서 창건한 사찰이라고 한다. 하지만 1376년 그 해는 왕사께서 4월 15일 회암사 중창불사를 회향하기까지 전력을 다하였으며, 5월 15일 부왕의 어명으로 밀양 영원사로 부임을 받고 여주 신륵사에서 입적하였기에 나옹왕사께서 그해에 흥륜사를 창건하였다는 것은 이치에는 맞지 않다. 착오가 있는 듯하다. 수정할 필요가 있다.

흥륜사는 불적답사를 다닌 사찰 중에 전통사찰이 현 시대에 맞게 변모한 사찰로서는 가장 모범적이다. 전통의 맥과 수행 여건은 뒤로 하고라도 신도 포교와 사찰 재정의 자립도라는 측면을 보면 당연할 것이다.

흥륜사는 납골당과 수목장을 운영하고 있고 또한 도량 정비와 조경이 깔끔하게 되어 있다는 느낌이 들었다. 대웅전에서 부처님께 삼배의 예를 갖추고, 관음석굴과 그 밖에 전각과 도량을 둘러본 뒤, 저 멀리 인천대교와 송도를 내려다보면서 나옹왕사의 게송을 송(誦)하고 하산하다.

강남(江南)의 낙가굴(洛伽窟)에 예배하다

묘한 모양은 원래 모양 없는 것이요

소리를 관하매 곳곳에 통한다

내 여기 와 석굴을 보니

도리어 하나의 굴롱(窟籠)이어라[1]

---

1) 『韓國佛敎全書』 卷6, 「東國大學校出版部」 1984年, p.744中.
   禮江南洛伽窟 妙相元無相 觀音處處通 我來看石洞 却是一窟籠

水落山鶴林寺

학림사(鶴林寺) 나옹왕사 수도 사찰

주소 서울시 노원구 덕릉로 129가길 241 / 영덕군에서 318㎞, 4시간 53분

학림사는 서울시 노원구 상계동 1번지로 수락산(水落山) 남쪽에 위치해 있는 대한불교조계종의 전통사찰이다.

경내는 오랜 역사를 대변하듯 심장부의 보호수인 노송(老松)을 중심으로 고목의 느티나무 숲이 에워싸고 있다.

학림사의 유래는 산세가 마치 학이 알을 품고 있는 듯 학포지란(鶴抱之卵)의 형국을 갖추고 있다는 데서 비롯되었으며, 복잡한 서울 도심 속에서도 마치 멀리 떠나 대자연의 숲속에 안겨있는 듯 아늑함을 느낄 수 있는 사계절 빼어난 경관의 사찰이다. 특히 서울 지하철 4호선 종착역 당고개역이 신설되면서 교통이 더욱 편리해져 기도와 참배는 물론 가족이 함께 주말등산까지 겸할 수 있어 웰빙은 물론 학생들의 삼림욕 코스와 산행체험 등 교육의 장으로 활용되고 있다. 이에 학림사에서는 법회, 경전강의, 문화강좌 등을 설치 운영하고 나아가 유치원과 어린이집 그리고 노인대학 등 다양한 프로그램을 통하여 종합적인 복지활동과 포교활동을 펼치기 위해 끊임없이 노력하고 있다.

나한기도도량으로 인근에 명성이 자자했던 학림사는 신라 문무왕 때인 671년에 원효대사(617~686)가 창건하였다. 이후 고려시대까지 법등이 꾸준히 이어져 공민왕 시기에는 왕사 나옹스님(1320~1376)에 의해 크게 번성하였다고 전한다.

학림사의 연혁을 말해 주는 가장 오래된 기록은 1881년(고종 18년)에 편찬된 『학림암중수기』이다. 이에 따르면 세월이 흐르면서 절의 창건사에 관한 문서들이 거의 유실되어 창건주나 사적을 알지 못한다고 전한다. 따라서 신라시대 원효대사의 창건기나 고려 때 나옹스님이 주석한 현존 자료는 남아 있지 않다. 다만 스님들이 서울 근교인 청평사(清平寺), 회암사(檜巖寺) 등지에서 수행 정진하면서 교화활동을 하셨는데 바로 학림사도 그 중의 한 곳이었다고 전하고 있다.

조선시대에 와서는 정유재란(1597)으로 큰 화를 입어 소실되었다가 1624년 무공(無空)화상이 폐허로 남아 있던 곳에 법당을 지어 중건하였다고 전하고 있으나 무공스님에 대해서는 그다지 알려진 바가 없다. 하지만 수락산 학도암(鶴倒唵)에 있는 자료에 따르면 1624년에 학도암을 창건하였고 학림사와 밀접한 관계에 있었다는 것을 알 수 있다.

1881년 9월 당시의 동지중추부사(同知中樞俯事) 김순항(金淳恒)이 쓴 「학림암중수기」에 따르면 다음과 같다.

1780년(정조 4년) 최백(催伯)과 궤징(軌澄)스님이 낡고 기운 곳을 바로 잡아 중수하였으나 1830년(순조 30년)에는 주담화상이 고쳐 세웠다. 이후 세월이 흘러 도량이 노화되자 1880년(고종 17년)에는 이를 안타깝게 여긴 영상(營想). 경선(經敾)스님이 중수의 원을 다시 세웠다. 이에 따라 판관(判官) 하도일(河道一)의 주선으로 하사금을 이용하여 마침내 새롭게 절을 중수하게 되었다. 또한 경선스님은 화주로서 불사의 중책을 맡았는데 1885년에는 근처 학도암에 초빙되어 불상 1구와 탱화 6점을 새로 조성하였다. 이에 「천도산학도암개금탱화시주록기」에 따르면 경선스님은 '양공(良工) 경선화상'으로 탱화를 그리는 스님이었음을 짐작할 수 있다.

이후 1918년 4월에는 주지 금운(錦雲)화상이 네 번째로 중수하였다. 이때의 상황을 기록한 연응(淵凝)스님의 『鶴林唵大房與各澱閣重修記』를 보면 "전각이 낡고 기울어 거꾸로 무너질 지경에 이르렀고, 이를 보다 못한 금운화상이 발심하여 작은 물건까지도 모두 보시하여 다시 세우니 가히 후세에 귀감이 될 만하다."라고 기록되어 있다.

또한 학림사의 연혁에서 빠뜨릴 수 없는 부분이 있다. 바로 덕흥대군묘(德興大君墓)와의 인연이다. 덕흥대군(1530~1559)은 조선 중종의 아들로 이름은 이초(李岧)이다. 30세의 젊은 나이에 병으로 죽어 수락산에 묻히니, 아들인 선조가 1568년 흥국사(興國寺)에 원당을 짓고 덕흥대군의 명복을 빌게 하였다. 이에 따라 흥국사와 내원암(內院唵) 그리고 학림사는 봄, 가을로 덕흥대군의 제(齊)가 있을 때마다 각종 제물을 부담해야 했으며 심지어 묘소로부터 십리나 떨어진 학림사를 묘소의 경내로 지정하였다. 1927년 무렵에는 절이 도정궁(都正宮) 소유가 되면서 전각이 퇴락하고 점차 대중이 줄어드는 등의 고충이 가중되었다. 조선시대 자복사찰(資輻寺刹)은 궁궐의 상궁이 드나들며 왕실의 부귀와 자손창성을 기원하게 되므로 각종 지원과 혜택을 받았지만 이에 못지않은 고충과 폐단을 겪었던 것이 당시 현실이었다.

이와 같이 오랜 역사를 뒤로 한 채 낡고 퇴락해진 학림사는 한국전쟁을 겪게 되면서 전각이 소실되고 명맥만 유지하게 되었다. 그러나 이를 접한 도원스님이 과거의 역사와 도량을 복원하기 위해 불사를 일으키게 되었으며 뜻을 같이 한 주지 덕오스님이 불사에 박차를 가하여 현재와 같은 도량으로 모습을 갖추게 되었다.

※수락산 학림사의 이정표 간판에 학림사 석조약사여래삼불좌상(서울지 지정 유형문화재 제336호), 학림사 석불좌상(서울시 지정 문화재자료 제30호), 학림사 삼신불괘불도(서울시 지정 유형문화재 제221호) 글씨가 있어 전통사찰임을 알 수 있다.

학림사로 들어서기 전에 약사전의 전각이 눈에 띈다. 계단을 올라서니 약사전의 입간판이 보이고 약사전에 오르기 전에 학림사의 연혁을 다시 한 번 살펴보고 약사전으로 향했다. 석조약사여래좌상이 좌정하고 계셨다. 약사여래부처님께서 도량 밖에 계시는 이유가 이 도량을 찾지 않은 분들도 약사여래의 가피를 입으라고 계시는 듯하다. 사찰 입구에는 곧게 뻗은 백여 개의 계단과 해탈문이 있는데, 여기에선 보현, 문수동자상이 내방객을 맞이하고 청학루를 지나면 대웅전이 눈에 들어온다. 대웅전에 참배하고 오백나한전과 기타 전각을 둘러보았다.

여기 학림사는 수락산 남쪽 도솔봉에서 귀임봉으로 이어지는 7부 능선에 위치해 있다. 도량에는 600년이 넘은 노송(老松)을 중심으로 고목의 느티나무 숲이 에워싸고 있고 정면으로 보이는 불암산은 부처님께서 누워 계신 형상이라 한다. 도량의 좌측은 계곡이 맑고 깨끗하다. 학림사는 학이 알을 품은 듯이 아늑하고 편안하다고 하여 이를 학포지란(鶴抱之卵)의 지세라고 한다. 학림사(鶴林寺)라는 사찰 명칭이 그래서 유래된 것이다. 나옹왕사께서 수도하신 서울의 몇 안 되는 사찰 중 하나이다. 왕사께서 남기신 게송을 송(誦)하고 하산하다.

수암(秀巖)
공겁 전에 우뚝 서 있는 가장 높은 봉우리여
송백이 오래 산들 어찌 저와 견주리
세계가 무너질 때에도 이것은 안 무너져
일찍이 설법 듣고 진공(眞空)을 깨쳤네[1]

---

1) 『韓國佛敎全書』卷6, 「東國大學校出版部」1984年, p.737中.
　秀巖　劫前屹立最高峯 松栢年多豈與同 世界壞時渠不壞 曾聞說法悟眞空

천축사(天竺寺) 지공스님이 나옹왕사께 영축산의 난야라 소개한 사찰

주소 서울 도봉구 도봉산길 92-2 / 영덕군에서 322㎞, 4시간 53분, 도보 50분

천축사는 서울특별시 도봉구 도봉 1동에 있는 대한불교조계종 직할 전통사찰이다.

천축사(天竺寺)는 673년(문무왕 13)에 의상대사가 절을 지어 옥천암(玉泉庵)이라 하였으며, 고려 명종 때에는 근처에 영국사(寧國寺)가 창건되고 그 부속 암자로 맥을 이었다. 조선 시대에 들어와 1398년(태조 7) 함흥에서 돌아오던 태조가 옛날 이곳에서 백일 기도하던 것을 상기하여 절을 중창하고 천축사라는 사액을 내렸다. 1474년(성종 5) 성종의 명으로 천축사가 중창되고, 명종 때에는 문정왕후(文貞王后)가 화류용상(樺榴龍床)을 하사하여 불좌(佛座)를 만들었다. 1812년(순조 12)에 승려 경학(敬學)이 절을 중창하였다. 1816년(순조 16)에 신도 김연화(金蓮花)가 불량답(佛糧畓) 15두락을 절에 희사하였으며, 이후에도 불량답 희사 등 시주가 끊이지 않고 계속되었다.

19세기 말에 다시 천축사가 중수·중창되었다. 1863년에 주지 긍순(肯順)이 칠성탱

화·독성탱화·산신탱화를 조성하였고, 1895
년에 화주 성암 응부(星巖應夫)가 명성왕후(明
聖王后) 및 상궁 박씨 등의 시주를 얻어 후불탱
화·신중탱화·지장탱화를 조성하였다. 그러나
현재는 삼신불탱화와 신중탱화만이 전한다.

일제 강점기에 들어 1911년에 화주 보허 축전
(寶虛 竺典)이 관음탱화를 봉안하였고, 1931년
에 주지 김용태(金瑢泰)가 천축사로 오르는 길을 확장하였다. 1964년에 무문관(無門關)
을 신축하였고, 승려 현공(玄公)이 2003년부터 대웅전과 독성각·산신각, 요사채를 중
수하고 공양간을 신축하였다.

천축사의 기도와 법회는 관음재일, 초하루, 초이틀, 초삼일, 약사재일, 지장재일 등에
열리고 있다. 관음 기도 도량으로 유명하다.

현존하는 당우는 대웅전을 비롯하여 원통전·독성각·산신각·요사·범종각 등이 있
고, 참선 도량인 무문관이 있다. 대웅전은 ㄷ 모양의 팔작지붕 건물로 1812년(순조 12)
에 지어졌다. 그 후 몇 차례 중수되었는데 현재 절의 중심 건물로서 법당과 요사로 사용
하고 있다. 법당 안에는 석가 삼존상과 지장보살상이 모셔져 있고, 후불화로 삼세불화
와 지장탱화, 신중탱화가 봉안되어 있다. 신중탱화는 다소 연대가 올라가는 작품으로
시주자 명단에 상궁의 이름들이 보인다.

원통전은 정면 세 칸, 측면 한 칸의 맞배지붕 건물이다. 여기에는 관세음보살상을 주
존으로 모셨고, 천수천안 관음보살탱화와 칠성탱화가 봉안되어 있다. 그리고 독성각과
산신각은 각각 정면 한 칸, 측면 한 칸의 맞배지붕의 건물로 독성탱화와 산신탱화가 있
다.

절의 동북쪽으로 70m쯤 올라가면 3층의 석조 건물인 무문관이 있다. 무문관은 참선
수행처이다. 부처의 설산 6년 고행을 본받아 한 번 들어가면 4년 또는 6년 동안 문을 봉
쇄한 채 면벽 수행하며, 방문 밖의 출입은 일체 금지된다. 음식도 창구를 통하여 들여보
내야 하는 등 수행의 규범이 매우 엄격하다.

천축사는 깎아지른 듯한 만장봉(萬丈峰)을 배경으로 계곡을 따라 자연스럽게 형성된

사찰이다. 가람은 소나무·단풍나무·유목 등이 울창한 수림을 이루고 있어 마치 닭이 계란을 품은 것 같은 포근한 정경을 연출한다. 천축사에 오르는 길도 평탄하며, 여름이면 울창한 수풀이, 가을이면 단풍나무가, 겨울이면 설경이 암벽 곳곳에 펼쳐져 좋은 경치를 자랑한다. 맑고 깨끗한 석간수가 유명하고, 백년 묵은 보리수나무가 샘물 위쪽에 있다.

2009년 11월 5일 서울특별시 유형 문화재 제292호와 제293호로 지정된 천축사 비로자나 삼신불도(天竺寺毘盧舍那三神佛圖), 천축사 비로자나 삼신괘불도(天竺寺毘盧舍那三神掛佛圖)와 2013년 5월 23일 서울특별시 유형 문화재 제347호로 지정된 천축사 목조 석가 삼존불상이 있다. 천축사 비로자나삼신불도는 19세기 서울과 경기 지방의 대표적 화승인 경선당(慶船堂) 응석(應碩)이 편수(片手)를 맡아 환감(幻鑑)·혜조(慧照)·경림(環林)·탄인(呑仁)·창오(昌悟) 등이 제작하였다. 상궁 박씨와 김씨 등이 명성 왕후를 위하여 시주한 불화이다. 가로가 긴 화면이 상하로 구분되어 상단에는 삼신불을, 하단에는 보살들을 배열한 구도로서 독특한 도상을 보여 준다.

천축사 비로자나 삼신괘불도는 화면에 손상이 없고, 화기가 완전하게 남아 있으며 채색도 대체로 원형을 유지하고 있는 등 보존 상태가 양호하다. 또한 괘불로서 규모가 크지 않고 연대도 오래되지 않았으나 삼신불을 그린 구성과 양식 등이 19세기 서울과 경기 지방 괘불 양식을 잘 계승하고 있다. 그리고 이를 제작한 하운당(河雲堂) 유경(有鏡)의 남아 있는 작품이 희귀하여, 그의 독특한 불화 양식 규명과 19세기 불화 연구의 중요한 자료이다.

전래되는 유물 가운데 문정왕후가 헌납한 화류수목조용상(樺榴樹木彫龍床)이 주목을 끄는데, 이것은 대웅전 안에 불탑(佛榻)으로 보존되어 있다. 또한 천축사에는 240여년이 된 둘레 4m, 높이 20m의 은행나무가 있어 1981년 10월 27일 보호수로 지정되었다. 그러나 2009년 여름의 모진 비바람으로 쓰러져 죽었으며, 이에 7월 15일 서울특별시 지정 보호수에서 해제되었다.

※ 천축사의 홈페이지에 들어가 보니 나옹왕사에 관한 사찰연혁 및 유래에 관하여 아래와 같이 기록하고 있다.

　"천축사는 서울시 도봉구 만장봉 동쪽 기슭에 자리한 사찰로, 이 절을 천축사(天竺寺)라고 이름한 것은 고려 때 인도 승려 지공(指空)이 나옹화상(懶翁和尙)에게 이곳의 경관이 천축국의 영축산과 비슷하다고 한 데서 유래되었다.

　북한산 국립공원 안에 위치한 도봉산 천축사 가는 날은 마침 행원산신대재의 봉행을 앞두고 있어서 그런지 많은 분들이 절을 향해 각자의 염원을 담아 계곡 옆 등산로를 타고 절로 향하였다. 갈림길에서 하나는 천축사 가는 길이고, 다른 하나는 석굴암 가는 길이라 이정표가 있어 길 따라 천축사로 걸어가니 한 시간 남짓 소요되었다.

　도봉산 천축사라는 일주문의 편액이 순례자를 반갑게 맞아 준다. 대웅전 편액에 천축사가 보이고 뒷산 넘어 바위가 우뚝 솟아 있는 것이 도량을 외호하는 호법산신인 듯하다. 부처님 전에 삼배의 예를 갖추고 나와서 다른 전각들을 들러 참배하였다.

　도량을 둘러보고 서울 시내를 내려다보았다. 각자 일상생활 속에서 바쁘게 살고 있는데 이렇게 내 자신을 돌아보고 나옹왕사의 발자취를 찾아 불적답사길에 오를 수 있다는 것이 무한한 행복이라는 생각이 든다. 한참을 내려다보다가 나옹왕사의 게송을 송(誦)하고 하산하다.

　　얼굴을 마주 대고 친히 뵈오니
　　험준한 그 기봉(機鋒)에 모골(毛骨)이 시리다
　　여러분, 서천(西天)의 면목을 알려 하거든
　　한 조각 향 연기 일어나는 곳을 보라[1]

---

1) 『韓國佛敎全書』卷6, 「東國大學校出版部」1984年, p.716下.
　茟面相逢親見徹　機鋒嶮峻骨毛寒　諸人欲識西天面　一片香烟起處看

화계사(華溪寺) 나옹왕사께서 명부전 지장보살, 나옹스님의 조각으로 알던 사찰

주소 서울시 강북구 화계사길 117 / 영덕군에서 321㎞, 5시간

화계사는 대한불교조계종 직할교구 본사인 조계사(曹溪寺)의 말사이다.

1522년(중종 17) 신월선사(信月禪師)가 창건하였다. 원래는 고려 광종 때 탄문(坦文) 법인대사(法印大師)가 지금의 화계사 근처인 삼각산 부허동(浮虛洞)에 보덕암(普德庵) 을 창건하였는데, 1522년 신월이 서평군(西平君) 이공(李公)과 협의하여 지금의 화계사 자리로 옮기고 법당 3처(處)와 스님들의 요사(寮舍) 50칸을 지어 화계사라고 고쳐 불렀 다고 한다.

1618년(광해군 10) 9월 화재로 모두 불타 버리자, 이듬해 도월(道月)이 덕흥대원군(德 興大院君) 이초(李岹)의 시주를 받아 중창하여 다음해 3월에 완공하였다. 그 뒤 1866년 (고종 3) 용선(龍船)과 범운(梵雲)이 흥선대원군(興宣大院君)의 시주를 받아 퇴락한 건물 들을 보수하였으며, 1876년 초암(草庵)이 관음전을 중창하였다.

1878년 초암이 시왕전(十王殿)을 중수하였으며, 1880년에는 조대비(趙大妃)가 명부전 의 불량답(佛糧畓)을 시주했다. 이 무렵 화계사에는 대비와 상궁들의 왕래가 잦아 사람

들이 '궁(宮)절'이라고 불렀다.

1885년 2월 금산(錦山)이 산신각(山神閣)을, 1921년 현하(玄荷)와 동화(東化)가 관음전과 시왕전을, 1943년 다시 시왕전을 중수하였다. 1964년 오백나한전을 건립하고, 1972년 종각을 지었다. 1973년 대웅전 삼존불을 새로 봉안했으며, 1974년 관음전이 소실되었다.

현존하는 당우로는 대웅전(서울특별시 유형문화재 제65호)·대적광전·명부전(冥府殿)·삼성각(三聖閣)·천불오백성전(千佛五百聖殿)·범종각·보화루(寶華樓)·조실당·백상원(白象院) 등이 있다.

대웅전에는 석가모니를 중심으로 양옆에 관세음보살과 대세지보살이 모셔져 있는데 이들 불상의 조성 연대는 미상이나 대웅전이라는 현판은 신관호(申觀浩)가 쓴 글씨이다.

현재의 대웅전은 1870년(고종 7) 용선과 초암이 화주(化主)가 되어 중건하였다. 앞면 3칸·옆면 3칸 규모로서 지붕 옆면이 여덟 팔자 모양인 팔작지붕이며, 지붕 처마를 받치면서 장식을 겸하는 공포가 기둥 위와 기둥 사이에도 놓인 다포양식 건물이다. 대웅전은 내부천장의 장식이나 건축부재의 장식이 모두 조선 후기의 양식을 보여주는 목조건축물이다.

대적광전은 1991년 정수가 조성한 4층 건물로서 정면 7칸, 측면 4칸의 현대식 불전이다. 1층은 공양간, 2층은 제일선원과 스님들이 지내시는 요사, 3층은 법당으로 사용하며, 4층은 '서울화계사국제선원(Seoul International Zen Center)'이 들어서 있다.

명부전에는 죽은 뒤 명부세계의 교주인 지장보살(地藏菩薩)과 좌우보처 그리고 염라계(閻羅界)의 십대왕과 사자들이 봉안되어 있다. 현재의 건물은 1878년 초암이 중건한 것이다. 이 명부전에 봉안되어 있는 불상과 시왕상은 고려 말 나옹화상(懶翁和尙)이 조각한 것이라고 하며, 원래는 황해도 배천 강서사(江西寺)에 모셨던 것을 1877년에 옮겨 온 것이다. 명부전의 현판과 주련은 흥선대원군의 친필이다.

대웅전 오른편에 위치한 천불오백성전은 1964년에 준공한 것인데, 내부에는 오백의 성상(聖像)을 봉안하고 있다. 이 오백의 성상은 최기남(崔基南)이 1915년에 관직을 그만두고 금강산에서 입산수도하여 오직 18나한상과 천불상·사천왕상을 조각하여 여주 신륵사(神勒寺)에 모셔 오던 것을 옮겨와 대웅전에 보관하다가, 최기남의 가족이 천불오백성전을 짓고 봉안하게 된 것이다.

2층 6각형의 건물인 범종각에는 불구사물(佛具四物: 불교의 예불의식에 사용하는 네 가지 법구)이 모여 있다. 이 가운데 2층 천장에 걸려있는 동종(銅鐘, 보물 제11-5호)은 본래 경상북도 풍기 희방사(喜方寺)에 있던 종으로 1898년에 이곳으로 옮겨왔다. 종에 새겨진 명문(銘文)에 따르면, 1683년에 사인스님에 의해 제작되었으며 무게는 300근에 달한다고 한다.

이 종은 종을 매다는 고리 부분에 두 마리의 용을 조각한 것이 특징이며, 사실성과 화사함이 돋보이는 수작일 뿐 아니라, 승려가 공명첩을 가지게 되었다는 당시의 사회상을 알려주는 명문이 남아있어, 종 연구와 더불어 사료로서 가치가 크다. 또한, 범종각에는 만지기만 하여도 나무 부스러기가 떨어질 정도로 심하게 풍화된 목어(木魚)가 걸려 있는데, 이 목어는 원래 고려 때의 창건사찰인 보덕암에 있던 것으로 매우 오래된 것이다.

이 밖에 경내에는 1978년 8월에 세운 고봉(古峰: 1890~1961)의 추모탑과 오탁천(烏啄泉)이라는 약수터가 있다. 오탁천은 까마귀가 주둥이로 바위를 쪼아 약수가 나왔다고 하여 붙여진 이름인데, 속병과 피부병에 특효가 있다고 하며, 흥선대원군도 이 약수로 피부병을 고치기 위하여 이곳에 머물렀다고 전한다.

화계사는 숭산(崇山: 1927~2004)이 1991년 개원한 국제선원을 중심으로 하는 해외 포

교로 유명하다. 국제선원의 설립에 앞서 숭산은 1966년 일본에 홍법원(興法院)을 설립한 것을 시작으로 30년이 넘는 기간 동안 미국, 캐나다, 영국, 프랑스 등 다양한 국가에 선원을 설립하고 포교에 힘썼다. 이들 선원의 포교활동과 연계하여 화계사의 국제선원에는 외국인 승려들과 사부대중들이 참여하는 하안거 및 동안거 프로그램을 비롯하여 누구나 동참할 수 있는 영어 참선법회를 열고 있으며, 이밖에도 다양한 수행 프로그램과 템플스테이 프로그램도 갖추고 있다.

※화계사는 숭산 행원큰스님(1927~2004)께서 이 우주는 존재하는 모든 만물들을 하나의 꽃으로 표현하는 세계일화(世界一花)라 제창하며 국내 포교뿐만 아니라 한국불교의 세계화에 앞장서 온 사찰이다.

큰스님께서 주석하신 사찰로서 직접 뵙지는 못했지만 큰스님의 법문을 유튜브(youtube)를 통하여 듣고 그 분의 집필하신 책을 보아 수행자로서의 자세를 다시 한 번 다잡으며 재 발심하는 계기가 되었다.

화계사 일주문을 들어서니 제일 눈에 띄는 전각이 대적광전이다. 1991년 조성된 대적광전은 정면 7칸 측면4칸으로 4층 건물로 되어 있다. 1층에는 식당, 2층은 제일선원과 요사, 3층은 법당, 4층은 국제선원이다. 3층 대적광전 부처님께 참배하고 대웅전에 참배하고 명부전을 향했다. 마침 명부전(보호각) 해체

보수공사로 참배를 하지 못하고 다른 전각을 살펴보고 나옹왕사의 게송을 송(誦)하고 하산하다.

밖에서 찾는 세상 사람들을 경계함

집안의 여의보배를 믿을지니
세세생생에 그 작용 무궁하다
비록 모든 물건을 분명히 나타나나
찾아보면 원래 그 자취 없다

누구에게나 이 큰 신주 있어
서거나 앉거나 분명히 항상 스스로 따르네
믿지 않는 사람은 부디 자세히 보라
지금 이렇게 말하는 그것은 무엇인가[1]

서남사로 돌아와서 화계사 홈페이지를 살펴보았다.

화계사 명부전의 현재 건물은 1878년에 새로 지은 것이다. 당시 화계사는 왕실의 적극적인 후원을 받던 절로써, 왕명으로 나라에서 가장 뛰어난 지장보살과 시왕상을 옮겨 모시라는 지시를 받게 되었다. 그리하여 황해도 배천의 강서사에 있던 지장보살과 시왕상을 선정하여 이곳 화계사로 모시게 되었다고 한다. 이때 이 지장보살과 시왕상을 봉안하기 위해서 초암스님이 조대비(趙大妃)의 시주를 받아 명부전을 건립하게 되었다고 화계사 홈페이지 가람배치도 전각편에 쓰고 있다.

황해도 배천 강서사에 모시고 있던 지장보살과 시왕상은 원래 고려말 나옹왕사께서 조각 조성한 것이라고 하며, 1877년 조대비가 화계사로 안치하였다고 한다. 이후 지장보살 개금불사를 위하여 복장을 열어보니 1649년 (인조27년) 강서사에서 제작하였다는 발원문이 발견되었다고 한다.

---

1) 『韓國佛敎全書』卷6, 「東國大學校出版部」1984年, p.744下.
　警世外覓者二首　信得家中如意寶　生生世世用無窮　雖然物物明明現　覓則元來即沒蹤
　　　人人有个大神珠　起坐分明常自隨　不信之人須着眼　如今言語是爲誰

반월암(半月庵)
나옹왕사 중창 사찰

주소 경기도 안양시 만인구 석수1동 산11 / 영덕군에서 321km, 4시간 48분 소요

　반월암은 한국불교태고종 소속 사찰이다.

　신라시대에 원효(元曉)가 창건하였다고 전한다. 전설에 의하면, 이 삼성산에 원효가 삼막사(三幕寺)를, 의상(義湘)이 이막사(二幕寺)를, 윤필(尹弼)이 일막사(一幕寺)를 창건하였는데, 그 뒤 일막사와 이막사는 없어지고 삼막사만 남았다고 하며, 고려 말기에 나옹(懶翁)이 이 절을 중창하고 반월암이라 하였다고 한다.

　그 뒤 1918년에는 주지 원옹(圓翁)이 이응선(李應善)의 시주를 얻어서 법당 6칸과 요사채 8칸을 중수하였고, 1942년에 암자 뒷산이 붕괴되어 법당과 요사채 일부가 도괴된 것을 원주(院主) 삼현(三賢)이 보수하였다. 그 뒤 1950년 6·25 때 타버린 것을 중건하여 오늘에 이르고 있다.

　현존하는 당우로는 인법당(因法堂)·산신각 등이 있다.

※반월암은 삼막사 일주문에서 좌측 길로 올라간다. 오르는 길에 범자(실담문자)로 옴마니반메훔과 그 밑에 신도 분들의 이름을 적어 놓았다. 오른쪽 바위벼랑에 마애부도가 보인다. 이 마애부도는 마애승탑, 안양마애부도로 불린다. 바위벽에 평평하게 만든 후 바위 상단을 꽃문양으로 장식하였고, 중앙 가운데 벽을 파서 감실(龕室)을 만들어 놓았다. 사리를 보관하는 보관함에 사리를 넣고 감실을 봉했을 것으로 생각되지만 지금은 보이지 않고 사각형 형태만 남아 있다.

부도의 높이는 어림잡아 1m가 넘어 보이고 폭은 두 자(60㎝) 정도 될 것 같다. 그리고 노천 부처님 뒤쪽에 큰 글씨가 보이는데 기미(己未) 삼월(三月) 이응선(李應善) 반월암(半月庵) 중건대시주(重建大施主)라 적혀 있다. 시주를 얼마나 많이 했으면 바위에 선명하게 깊게 새겨 놓아 절을 찾는 모든 분들이 다 볼 수 있는 장소에 보이게 해 놓았을까. 아주 많이 한 분인가 보다. 절이 작으나 크나 부처님은 아니 계신 곳이 없다 했으니, 대웅전 부처님 전에 참배하고 준비해 간 나옹왕사의 게송을 송(誦)하고 하산하다.

무변(無邊)

동서남북에 네 경계가 없거니
어디가 하늘이고 어디가 땅인지 알 수 없어라
경계가 끊어진 곳에서 몸을 뒤집어버리면
천 물결 만 물결에 한 몸을 나타내리[1]

---

1) 『韓國佛敎全書』 卷6, 「東國大學校出版部」 1984年, p.736下.
   無邊　南北東西沒四垠　不知何處是乾坤　絕涯畔地翻身轉　萬浪千波現一身

건봉사

청평사

회암사
석굴암
천축사   대성암   상원사
학림사   월정사
흥룡사 화계사   상두암
반월암 삼막사   신록사 상원사 영감사
      염불암   영천사

칠장사   영월암   흥왕사
은적암
청룡사   창룡사 백련사   인봉암
      가섭사 각연사   청련암
      석천암 보살사   유석사
수덕사   윤필암
가야사지   묘적암
                                  서남사
              갑장사   반송정
              용흥사   징효사
오덕사   불미골
                  대곡사 수정사 까치소
은적사 봉서사 학림사   영덕군청
상주사 대원사 위봉사
보천사 태조암 선석사 남자장사
            금당사
            나옹암   반룡사

나옹사지
         천은사   영원사지 통도사
         상선암   원효암
규봉암 송광사   옹석사
              다솔사   용궁사

강원도

건봉사(乾鳳寺)	영천사(靈泉寺)
상두암 (象頭庵, 북대 미륵암)	치악산 상원사 (上院寺)
청평사(淸平寺)	월정사(月精寺)
영감사 (靈鑑寺, 靈鑑蘭若)	오대산 상원사 (上院寺)

건봉사(乾鳳寺)
1358년 나옹왕사 중건 사찰
주소 강원도 고성군 거진읍 건봉사로 723 / 영덕군에서 281km, 5시간 11분

　건봉사는 6 · 25전쟁 전까지는 31본산의 하나였으나, 현재는 대한불교조계종 제3교구 본사인 신흥사(神興寺)의 말사이다.

　520년(법흥왕 7) 아도(阿道)가 창건하고 원각사라 하였으며, 533년(법흥왕 20) 부속암자인 보림암(普琳庵)과 반야암(般若庵)을 창건하였다. 758년(경덕왕 17) 발징(發徵)이 중건하고 정신(貞信) · 양순(良順) 등과 염불만일회(念佛萬日會 : 10,000일 동안 염불을 계속하는 모임)를 베풀었는데, 이것이 우리나라 만일회의 효시이다.

　여기에 신도 1,820명이 참여하였는데, 그 중 120명은 의복을, 1,700명은 음식을 마련하여 염불인들을 봉양하였다. 782년 염불만일회에 참여했던 31명이 아미타불의 가피를 입어 극락왕생하였고, 그 뒤 참여했던 모든 사람들이 차례로 왕생했다고 한다.

　810년(헌덕왕 2) 승전(勝詮)이 당나라 현수(賢首)에게서 화엄학을 배우고 귀국하여 『화엄경』을 강설하였고, 845년(문성왕 7) 백화암(白華庵)을 창건하였다.

신라 말에 도선(道詵)이 중수한 뒤 절의 서쪽에 봉형(鳳形)의 돌이 있다고 하여 서봉사(西鳳寺)라 하였으며, 1358년(공민왕 7) 나옹(懶翁)이 중건하고 건봉사라 하였다. 1464년(세조 10) 세조가 이 절로 행차하여 자신의 원당(願堂 : 소원을 빌기 위한 지정 사찰)으로 삼은 뒤 어실각(御室閣)을 짓게 하고 전답을 내렸으며, 친필로 동참문을 써서 하사하였다.

이때부터 조선왕실의 원당이 되었는데, 성종은 효령대군(孝寧大君)·신숙주(申叔舟)·한명회(韓明澮)·조흥수(趙興洙) 등을 파견하여 노비와 소금을 하사하고 사방 10리 안을 모두 절의 재산으로 삼게 하였다.

1523년(중종 18) 보림(普琳)이 이 절과 보림암을 중수하였고, 1605년(선조 38) 유정(惟政)이 일본에 사신으로 갔다 오면서 불사리와 부처님 치아를 되찾아 와서 이 절에 봉안한 뒤 1606년에 중건하였으며, 혜능은 안양암(安養庵)과 적명암(寂明庵)을 중건하였다.

1673년(현종 14) 수흡(修洽)과 도율(道律)이 1,200근의 범종을 주조하여 봉안했고, 1683년(숙종 9) 명성왕후(明聖王后)가 시주한 1,000금으로 불상을 개금(改金)하였다. 이때 명성왕후는 불장(佛帳)과 탁의(卓衣)도 시주하였다.

1708년 능파교(凌波橋)의 비(碑)를 세우고 동대암(東大庵)을 창건하였으며, 1724년(경종 4) 주지 채보(彩寶)가 구층탑을 건립하고 부처님의 치아를 봉안하자 명성왕후가 천금을 내렸다.

1726년(영조 2) 석가치상탑비(釋迦齒相塔碑)를 세웠으며, 육송정 홍교(六松亭 虹橋)를 중건하고 비를 세웠다. 1754년 정성왕후(貞聖王后)가 상궁 이씨와 안씨를 보내어 석가상을 만들게 하고 팔상전을 세워 원당으로 정하였으며, 8월에는 영조가 숙종의 어제절함도(御製折檻圖)와 어필서(御筆書)를 내려 어실각에 봉안하도록 하였다.

1799년 강원도 순찰사 남공철(南公轍)이 유정의 기적비(紀績碑)를 세웠고, 1802년(순조 2) 용허(聳虛)가 제2회 염불만일회를 열었으며, 1804년 왕비 김씨가 금 1,000금과 오동향로·오동화준(梧桐花樽)·양산 등을 내려 순조의 성수를 축하했다. 1805년 왕비 김씨는 나라를 위한 재(齋)를 올리고 병풍과 『화엄경』 1부를 하사하였으며, 1828년 유정의 영각(影閣)을 지었다.

1851년 유총(侑聰)이 제3회 염불만일회를 열었고, 1865년(고종 2) 화은(華隱)을 청하여

강원(講院)을 개설하였는데, 이때부터 대표적인 강원의 하나로서 많은 강사들을 배출하였다.

1878년 4월 3일 산불이 일어나서 건물 3,183 칸이 전소되었는데, 이때 학림(鶴林)이 불 속에 뛰어들어 팔상전의 삼존불상과 오동향로·절감도 등을 꺼내었다. 1879년 개운사·중흥사(重興寺)·봉은사·봉선사(奉先寺)·용주사 등의 도움을 얻어 대웅전·어실각·사성전·명부전·범종각·향로전·보안원·낙서암·백화암·청련암을 중건하였다.

1881년 관준(寬俊)이 제4회 염불만일회를 설하였고, 1885년 운파(雲坡)가 모연금으로 대웅전·관음전·명부전·사성전의 문을 개조하고 대웅전 후면을 돌로 쌓았으며, 1886년 명례궁(明禮宮)의 토지를 매입하였다. 1888년 청련암과 대원암이 불탔으며, 1889년 인파(仁坡)·관준 등이 팔상전·진영각·노전·극락전을 중건하였다.

1891년 신정왕후(神貞王后)의 소상재를 올렸고, 범운(梵雲)이 부처님 치아를 천안 광덕사에서 받아 와 팔상전에 봉안하였으며, 1894년 관준이 선원(禪院)을 만들었다. 1906년 사적비를 세웠고, 어산청범음계(魚山廳梵音契)에서 석가영아탑봉안비(釋迦靈牙塔奉安碑)를 세웠으며, 봉명학교(鳳鳴學校)도 설립하였다. 1908년 제4회 만일염불회를 회향한 뒤 의중(宜重)이 제5회 염불만일회를 열었다.

1911년 조선사찰령에 따라 30본산의 하나가 되었으며, 9개 말사를 관장하게 되었다. 또한 상해에서 신간 대장경 일부를 구입하여 봉안했으며, 1914년 소신대(燒身臺)에 31명의 부도를 세우는 한편 간성군에 포교소를 세웠다.

1917년 팔상전과 낙서암을 중수하였고, 1918년 능허(凌虛)와 경해(景海)가 극락전을 중수하였으며, 운파는 중종(中鐘) 5좌(坐)와 불기(佛器) 30좌를 비치하였다.

1919년 능허가 1,000원을 시주하여 불이문(不二門)과 영빈관·별실·문수교를 새로 세우고 산영교(山映橋)를 고쳤다. 1920년 인천 포교당과 봉림학교(鳳林學校)를 세웠으며, 한암(漢巖)을 청하여 무차선회(無遮禪會)를 베풀었다.

1924년 사무소를 중수하고 극락전과 만일회의 부속건물 등을 중건하였으며, 1926년 불교전문강원을 설치하고 공비생(公費生) 30명을 양성하였으며, 불상 7위(位)를 개금하고 장구사(葬具舍)를 세웠으며, 덕성(德性)의 주재로 제5회 만일염불회를 계승하였다.

6·25전쟁 때 이 절은 완전히 폐허가 되었는데, 당시까지 현존하였던 당우로는 대웅전·관음전·사성전·명부전·독성각·산신각·단하각·진영각·범종각·봉청루·보제루·대지

전·동지전·서지전·어실각·어향각·동고·낙서암·극락전·만일원·보안원·선원·원적암·사무소·불이문·여관·장의고·성황당·수침실(水砧室) 등 총 642칸에 이르렀다.

중요 문화재로는 도금원불(鍍金願佛)·오동향로·철장(鐵杖)·차거다반(硨磲茶盤)·절감도·대종 등과 불사리탑 등 탑 8기, 부도 48기, 비 31기, 고승 영정 44점 등이 있었다. 또 부속 암자로는 보림암·백화암·봉암암·극락암·백련암·반야암·청련암·대성암·적명암·보리암·보문암·대원암·일출암·안양암·동대암·망해암 등이 있었다.

현재 고성 건봉사지는 강원도 기념물 제51호로 지정되었고, 6·25전쟁 때 유일하게 불타지 않은 불이문은 강원도 문화재자료 제35호로 지정되어 있다. 그 밖에도 능파교와 십바라밀을 상징하는 조각이 새겨진 두 개의 돌기둥, '대방광불화엄경'이라고 새겨진 돌기둥 등이 있다.

※건봉사는 금강산을 주산으로 하여 '금강산 건봉사'라고 하며 진부령과 거진읍 중간에 위치한 부처님 석가세존 진신치아사리를 모신 도량이다. 520년(신라 법흥왕 7년)에 아도화상이 창건하여 처음에는 원각사라 하였다고 한다.

758년 발진화상이 중건하고 양순스님에 의해 '염불만일회'의 효시가 되어 염불만일회에 참여했던 31인이 아미타불의 가피를 입어 극락왕생하면서 아미타도량으로 이름이 알려져 있다. 1900년대에 건봉사는 31본산의 하나였으며 624칸의 전각과 보리암 등 124칸의 부속 암자가 있었으나 6·25전쟁에 대부분 전각은 불타고 불이문만 불타지 않았다고 한다.

신라 말에는 도선국사(道詵國師)가 중수한 뒤 절의 서쪽에 봉형(鳳形)의 돌이 있다고 하여 서봉사(西鳳寺)라 하였으며, 1358년 공민왕 7년에 나옹왕사께서 중건하고 건봉사라 하였다고 한다.

이러한 건봉사를 멀리멀리 돌아서 처음으로 이 도량에 왔다. 나옹왕사의 중창사찰이기도 하지만 언젠가 꼭 한 번 와 보고 싶은 사찰이기도 하였다. 차를 주차한 뒤, 옷깃을 여미고 도량으로 들어섰다.

제일 먼저 눈에 띄는 것이 불이문이다. 1920년에 세운 건봉사 불이문은 강원도 문화재자료 제35호로 지정된 것으로 4개의 돌기둥에 사천왕이 들고 있는 금강저를 새겨 천왕문을 대신하고 있다. 걸어 올라가니 범종각을 지나 나무아미타불 기둥이 보인다.

이 도량이 아미타만불염불회 도량이라는 것을 상기시키는 것으로 보인다. 걸음을 재촉하여 능파교(보물 제1336호)를 지나 대웅전 법당에 들어가 삼배의 예를 올리고 명부전 등 여타 전각을 살펴보고 나니 종무소와 만일염불원의 현판이 보인다.

염불만일회(念佛萬日會)를 처음 시작한 건봉사에는 '등공대(騰空臺)'란 곳이 있다. 758년 수행승 31명과 신도 1820명이 이곳 건봉사에서 '아미타만불염불회'를 결성하였다고 한다. 만 일 동안 아미타불 정근을 하며 수행하는 것을 말한다. 만 일(27년) 동안 스님들과 신도들이 수행 정진한 결과 아미타불이 계시는 극락정토에 태어났다고 한다.

다시 적멸보궁으로 향했다. 보궁 가는 길에 '용사활지 방생장계(龍蛇活地 放生場界)'란 글씨가 보인다. 용과 뱀이 사는 땅, 방생의 도량 경계라는 뜻인데 모든 생명들이 더불어 살아가는 곳이란 뜻인가? 안으로 들어가니 적멸보궁이 보였다.

보궁 안에서 절을 하고 사리를 봉안한 사리탑, 석가여래치상입탑비에 예를 갖추고 잠시 머물렸다가 왔던 길로 되돌아 내려왔다. 건봉사 주차장에서 차를 돌려 조금 더 내려오니 건봉사 부도군이 보인다. 모두가 편안해 보였다. 수행자의 본분사를 다하고 적멸에 들어서리라. 650여 년 전에 나옹왕사께서도 이 자리에서 철저하게 정진하셨으리라. 나 자신을 다시 한 번 돌아보면서 채찍을 드는 마음으로 옷깃을 여민다.

그 당시 염불하는 불자들에게 전해 주었던 염불게송을 큰소리로 송(誦)하고 하산하다.

염불하는 사람들에게 주는 글
자성(自性)인 아미타불 어느 곳에 있는가
언제나 생각 생각 부디 잊지 말지니
갑자기 하루아침에 생각조차 잊으면
물건마다 일마다 감출 것이 없어라

아미타불 생각할 때 부디 사이 떼지 말고
하루 종일 언제나 자세히 보라
하루아침에 갑자기 저절로 생각이 붙으면
동쪽 서쪽이 털끝만큼도 간격 없으리[1]

---

1) 『韓國佛教全書』卷6, 「東國大學校出版部」 1984年, p.743上.
　　示諸念佛人八首　自性彌陀何處在　時時念念不須忘　驀然一日如忘憶　物物頭頭不覆藏
　　　　　　　　彌陀憶念不須間　二六時中子細看　驀得一朝親憶着　東西不隔一毫端

상두암(象頭庵, 북대 미륵암) 1360년 나옹왕사 보림 사찰
주소 강원도 평창군 진부면 동산리 63 / 영덕군에서 227㎞, 4시간20분

　오대산은 강원도 평창군 · 홍천군 · 강릉시에 걸쳐 있는 산이다. 예로부터 삼신산으로 불러 온 금강산 · 지리산 · 한라산과 더불어 국내 제일의 명산으로 꼽는 산이다. 높이 1,563m인 주봉 비로봉을 중심으로 5개의 연꽃잎을 연상시키는 모습을 하고 있다 하여 오대산이라는 이름이 생겼다고 한다. 비로봉의 서쪽에는 호령봉 · 서대산이, 북동쪽에는 상왕봉 · 북대산 · 두로봉이, 동남쪽에는 동대산 등의 높은 봉우리들이 잇달아 있다. 기암괴석과 철 따라 변하는 아름다운 경치로 유명하다.

　오대산은 산이 높고 삼림이 우거져 다양하고 풍부한 동식물이 분포하고 있어 학술적으로도 가치가 높다. 특히 월정사 옆의 금강연은 천연 기념물인 열목어와 메기 등이 서식하고 있어 특별 어류 보호 구역으로 지정되어 있다. 식물은 전나무 · 분비나무 · 신갈나무 · 자작나무 등이 숲을 이루고 있다. 비로봉 일대의 눈측백나무와 주목 군락, 호령봉 계곡의 난티나무 군락, 두로봉과 상왕봉 능선의 철쭉과 금강초롱 등이 유명하다. 한편, 월정사와 상원사 입구에는 500년 이상 된 전나무들이 숲을 이루고 있다.

　이러한 오대산에 있는 대한불교조계종 제4교구 본사 월정사가 그 중심에 있다. 월정사에는 월정사 8각 9층 석탑·석조 보살 조상·상원사 중창 권선문 등의 문화재가 있다. 월정사에서 북쪽으로 10㎞ 떨어진 곳에는 상원사가 있다. 상원사에는 우리나라에서 가장 오래된 동종인 상원사 동종이 보존되어 있다. 비로봉 중턱에는 부처님의 진신사리가 보관되어 있는 적멸보궁이 있으며, 조선 시대의 왕조실록을 보관하던 오대산 사고지가 있다. 상원사 입구에서 큰 도로를 따라 북쪽으로 4㎞ 가량 올라가면 길 왼쪽으로 상왕봉 중턱에 있는 자그마한 암자가 북대(北臺) 상두암(象頭庵) 미륵암이다. 멀리서 보면 코끼리 머리처럼 생겼다 하여 붙여진 이름이다.

상두암의 창건은 보천태자의 유언에 따라 이루어졌다. 석가모니불을 수반으로 한 오백나한(五百羅韓)을 모시는 곳으로서 이곳에 나한당(羅漢堂)을 지으라고 한 태자의 유언에 따라 절을 세우고 이름을 백련사(白蓮社)라 하였다. 그 뒤 수백 년 동안 나한도량으로 명맥을 이어왔다. 이 암자의 이름이 중간에 바뀐 이유는 기록에 없지만 나옹스님과 관련이 있는 것으로 보인다.

중국에서 귀국한 나옹스님은 1360년 가을 오대산으로 들어와 북대에 머물렀다. 그때 북대는 상두암이라 불렸다. 그즈음 승려들이 북대에 있는 16나한상을 상원사로 옮기기로 결의 하였다. 그러나 무거운 나한상을 십리도 더 떨어진 곳으

로 옮기는 것이 부담스러웠다. 나옹스님이 그때 혼자서 모두 옮기겠다고 자청하고 나섰다.

옮기기로 한 날의 저녁이 다 되어 가자 나옹스님은 나한전으로 들어가 "이 화상이 업어서 옮겨 주기를 기다리는가!"했다. 그러자 나한상들이 스스로 일어나 차례로 상원사로 날아갔다. 그러나 상원사로 가서 보니 15나한만이 도착해 있었다. 나머지 한 나한상의 행방을 찾아 나선 스님들이 칡넝쿨에 걸려 있는 나한상을 발견하고 모셔 왔다고 한다. 이에 나옹스님은 오대산 산신을 불러 이운불사(移運佛事)를 방해한 칡넝쿨을 오대산에서 몰아낼 것을 명하니 이때부터 오대산에는 칡넝쿨이 없어졌다고 한다.

이러한 이야기로 고려 말까지 북대에 나한상이 봉안되어 있었고 후대에 미래의 주불(主佛)인 미륵보살(彌勒菩薩)로 바뀌었음을 유추해 볼 수 있다. 지금의 법당은 6·25 전쟁 뒤에 중건한 것으로 정면 5칸, 측면 3칸의 팔작지붕으로 지붕은 너와로 덮여있다. 너와는 이곳에 자생하는 참나무로 추위에 의한 동파(凍破)가 없고 비와 바람에 강해 몇 십년은 끄떡없이 견딘다.

숲이 울창하여 해발 1,300m가 넘는 이곳은 한국 최대 자생화의 보고(寶庫)이기도 해서 식물학자들이 많이 찾는 곳이기도 하다.

※북대 미륵암(상두암)은 나옹왕사께서 중국에서 지공화상과 평산 처림선사의 법을 받아 공민왕 9년(1360) 경자년(庚子年) 가을 귀국하여 평양과 동해 등 여러 곳에서 근기를 따라 설법하고 이후 이곳에서 보림하신 곳이다.[1]

영암화상(靈巖和尙) 토굴가(土窟歌)에 이런 내용이 있다.

금강산 속미동은 원효조사 토굴이요, 묘향산 비로봉은 선화자(禪和子)의 토굴이요, 오대산 북대암은 나옹화상 토굴이요, 지리산 반야봉은 진감국사 토굴이요, 태백산 한라산은 자장율사 토굴이요, 내지천하(內地天下) 노화상도 무비처처(無比處處) 토굴이라…[2]

---

1)『韓國佛教全書』卷6,「東國大學校出版部」1984年, p.706上.
  還於遼陽平壤東海等處 隨機說法 至庚子秋 入臺山象頭菴居焉
2) 이상보,『한국불교가사 전집』집문당, 1980년. p.437.

그 나옹왕사의 토굴인 북대 미륵암을 가기 위해서는 월정사를 지난 뒤 상원사 주차장을 거쳐야만 했는데, 그곳에서는 국립공원 관리공단 직원들이 통제를 하고 있었다. 차에서 내려 전후 사정을 설명하니, 가는 길을 상세히 알려 주며 조심해서 운전하여 다녀오라는 당부까지 덧붙였다.

이 길이 나옹왕사가 북대 미륵암에서 월정사까지 수없이 걸어 다닌 길이라 생각하니, 5km 남짓한 거리를 차량으로 이동하는 동안 부끄러운 생각마저 들었다. 이렇게 호사를 누리며 산을 올라도 좋은 것인지 스스로에게 반문, 또 반문하면서.

미륵암에 도착하니 주지스님께서는 사시불공 중이었고, 도량 곳곳에서도 불사가 한참 진행 중이었다. 사시예불 중 혹여 방해가 될까 조용히 부처님께 참배하고, 도량 곳곳을 살펴보며 사진 촬영을 하는 등 볼일을 마친 뒤 하산할 준비를 하는 찰나, 덕행 주지스님께서 점심공양을 하고 가라는 말씀을 한다. 사시예불을 끝마친 주지스님께서 점심공양과 차를 대접해 주셨다. 그리고 나옹왕사께서 주석하시던 상두암에서 나옹대의 위치를 가리키며 그곳까지 동행하여 주었다.

나옹왕사께서는 이곳 나옹대에서 지공화상과 평산처럼의 법을 받아 귀국한 후, 대중교화를 위한 불법을 펼칠 원력으로 적멸보궁을 보며 서원을 세우셨다 한다. 현재 나옹대에는 정자를 짓기 위한 주춧돌이 놓여 있었으며, 기초 공사가 한창 진행 중이었다.

같이 동행하였던 스님들과 함께 적멸보궁을 바라보며 각자가 서원을 발하였다. 나옹왕사가 상두암에서 고담스님과의 서신 교환을 하면서 남긴 게송을 읽은 후, 다 같이 하산하였다. 덕행 주지스님께서는 나한전 전각이 지어지고 난 뒤, 전각이 매우 아름답다며 추가로 사진 몇 컷을 보내 주셨다. 지면으로 스님께 감사드린다.

참방 떠나는 초선자(初禪者)를 보내면서
남쪽에는 천태산 북쪽에는 오대산
아침에는 돌아오고 저녁에 떠나는 것 참으로 신기하다
언젠가 모르는 사이에 몸을 뒤집어버리면
위음왕불 겁 밖에 뚫고 지나오리라[3]

---

3) 『韓國佛敎全書』卷6,「東國大學校出版部」1984年, p.739上.
送初禪者叅方 南有天台北五臺 朝廻暮往實奇哉 有時不覺翻身轉 透過威音劫外來

청평사(淸平寺) 1367년 나옹왕사께서 청평사와 복희암(산내암자) 수도 사찰

주소 강원도 춘천시 북산면 오봉산길 810 / 영덕군에서 309km, 4시간 30분, 도보 30분

청평사는 대한불교조계종 제3교구 본사인 신흥사(新興寺)의 말사이다.

973년(광종 24) 영현선사(永賢禪師)가 창건하여 백암선원(白岩禪院)이라 하였다.

그 뒤 폐사가 되었다가 1068년(문종 22) 이의(李顗)가 중건하고 보현원(普賢院)이라 하였으며, 1089년(선종 6) 이의의 아들인 이자현(李資玄)이 벼슬을 버리고 이곳에 은거하자 도적이 없어지고 호랑이와 이리가 자취를 감추었다고 한다.

이에 산 이름을 청평(淸平)이라 하고 절 이름을 문수원(文殊院)이라 한 뒤, 견성암(見性庵) · 양신암(養神庵) · 칠성암(七星庵) · 등운암(騰雲庵) · 복희암(福禧庵) · 지장암(地藏庵) · 식암(息庵) · 선동암(仙洞庵) 등 8암자를 짓고 크게 중창하였다.

1327년(충숙왕 14) 원나라 황제 진종(晉宗)의 비가 불경 · 재물을 시주하였고, 1367년(공민왕 16)에 나옹(懶翁)이 복희암에서 2년 동안 머물렀다. 1555년(명종 10) 보우(普雨)가 이곳에 와서 청평사로 개칭하였고, 대부분 건물을 신축하였다.

1711년(숙종 37)에 환성(喚惺)이 중수하였고, 1728년(영조 4)에 각선(禪覺)이 삼존불상을 조성하였다. 6·25전쟁 때 구광전(九光殿)과 사성전(四聖殿) 등이 소실되었다.

1977년 공철(空徹)이 극락보전과 삼성각을 중건하였고, 1979년 향봉(香峯)이 해탈문과 적멸보궁을, 1984년 서호(西昊)가 요사와 청평루·서향원(瑞香院)을, 1988년 석진(石眞)이 대응전을 중건하여 오늘에 이른다.

현존하는 당우로는 대응전을 비롯해서 보물 제165호로 지정된 청평사 회전문(淸平寺回轉門)과 극락보전(極樂寶殿), 적멸보궁·청평루·서향원·해탈문·불각(佛閣) 1동이 있으며 조금 떨어진 곳에 요사채가 있다.

사지(寺址)는 강원도기념물 제55호로 지정되어 있으며, 현재 남아 있는 불전·회랑·문 등의 초석을 통하여 전성기의 규모를 파악할 수 있다. 문화재로는 강원도 문화재자료 제8호인 삼층석탑과 진락공부도(眞樂公浮屠)·환적당부도(幻寂堂浮屠) 등이 있다.

이 중 삼층석탑은 공주탑이라고도 하는데 현재 2층 옥개석만 남아 있고, 3층 이상은 없어졌으며, 2층 옥개 위에 잡석들을 올려 놓았다. 이 탑은 상사뱀에 몸이 얽혀 갖은 고생을 하던 원순제(元順帝 : 산동 성주라는 설도 있음)의 공주가 이 절에 와서 가사불사(袈裟佛事)를 행한 뒤, 상사뱀을 떨쳐버리게 되자 이 소식을 들은 원순제가 은혜를 보답하기 위하여 세웠다는 전설이 전한다.

또한, 이 절에 있는 고려정원(高麗庭苑)은 지금까지 밝혀진 정원 중에서 가장 오래된 것으로, 일본 교토(京都)의 사이호사(西芳寺) 고산수식(枯山水式) 정원보다 200여 년 앞선 것으로 밝혀졌다.

1981년 조사단의 지표 발굴 및 측량조사에서 원형 그대로 보존되어 있는 전형적인 고려시대의 연못인 영지(影池)와 거기서 400m쯤 떨어진 청평사 계곡 하류에서 정원 조성

용 암석 및 석축을 발견하였다.

그곳에서 다시 2㎞ 떨어진 상류에서는 이 정원을 만든 이자현이 새긴 '청평식암(清平息菴)'이라는 각자(刻字)가 발견되어 기록상에 나타나 있는 영지 중심의 대규모 고려정원임이 확인되었다.

또, 구성폭포에서 식암에 이르는 2㎞ 9,000여 평의 방대한 지역에는 계곡을 따라 주변의 자연경관을 최대한으로 살려 수로를 만들고, 계곡의 물을 자연스럽게 정원 안으로 끌어들여 영지에 연결시켰으며 주위에 정자와 암자 등을 세우는 등, 자연의 섭리에 순응하여 선(禪)을 익히는 정신수양의 도량으로 짜임새 있게 가꾸어졌음이 밝혀졌다.

영지는 청평사 뒤의 오봉산이 비치도록 되어 있으며, 연못 가운데 세 개의 큰 돌이 있고, 그 사이에 갈대를 심어 단순하면서도 아름답게 꾸몄다.

※청평사는 1367년(공민왕 16) 공민왕이 교주도(交州道) 안렴사 정양생(鄭良生)에게 명하여 나옹 스님에게 청평사에 머무시기를 청하였다고 행장에 나와 있는 절이며, 보암장로(普菴長老)로부터 지공(指空)이 유촉한 가사(袈裟)와 친서(親書)[1]를 받은 곳이기도 하다.

청평사 가는 길은 소양댐에서 배편으로 가는 방법과 차량으로 가는 방법이 있다고 한다. 이른 시간인 탓인지, 청평사로 들어가는 길 양쪽으로 늘어선 가게는 장사 준비에 여념이 없다. 등산객들이나 사찰 방문객들이 없어 차로 이동해도 죄송한 마음이 덜하였다. 사찰 주차장에 주차한 뒤, 감로수 한 잔 하고 도량을 둘러보니 늙고 커다란 은행나무가 쭉 뻗어 있었다.

도량 위쪽으로 올라서니 사찰 회전문과 뒷산이 아름답게 조화를 이루고 있었다. 지체 없이 성

---

1) 『韓國佛教全書』 卷6, 「東國大學校出版部」 1984年, p.706下. 住正陽菴 丁未秋 上命交州道按廉使鄭良生 請住淸 平寺 是 年冬普菴長老 親受指空遺 囑袈裟一領手書一紙 到寺授之 乃披 拈香普說

큼성큼 걸어서 올라섰다. 안내문이 보여 살펴보니 보물 제164호 회전문은 1555년(명종 5) 보우대사가 건립했다고 한다. 회전문에는 공주에게 붙었던 상사뱀이 윤회를 벗어나 해탈하였다는 전설이 전해진다고 나와 있다.

회전문 본래의 뜻은 불교의 경전을 두었던 윤장대(輪藏臺)를 돌린다는 의미에서 비롯된 것이라고 한다. '경운루(慶雲樓)'라는 누각의 글씨가 보인다.

대웅전에 들어가 부처님을 참배하고 마음속으로 '나옹왕사께서 수도하신 사찰이라 왔습니다.'고 고하였다. 또한 '이 도량에 인연 있는 모든 분들 소원 성취하시고, 구경에는 성불하여지이다.'라는 발원과 '나옹왕사 관련사찰 답사 원만 회향하여지이다.'하면서 법당을 나왔다.

대웅전 뒤편에 위치한 극락보전에 삼배를 드린 뒤, 나옹왕사가 2년 여를 머물렀다는 복희암을 찾아 나섰으나, 끝내 발견하지 못하였다. 다음 번에 인연이 된다면 한 번 자세히 시간을 가지고 살펴볼 참이다. 도량을 다시 한 번 둘러보고 나옹왕사가 청평산(옛 이름 경운산, 해발 779m)에 머물면서 지은 게송을 송(誦)하고 하산하다.

청평산에 머물면서

10여 년 동안 강호를 두루 돌아다니다가
갑자기 가슴 속이 절로 활짝 열렸네
내가 성취한 일 묻는 이가 있으면
배고프면 밥 먹고 목마르면 물마시며 피곤하면 잔다 하리라[2]

회양 이부사가 숲으로 찾아줌을 감사함

잠깐 금강산 꼭대기에 왔다가
청평산 속에서 서로 만나다
신심은 쇠처럼 굳고
정성은 허공처럼 크네[3]

---

2) 『韓國佛教全書』卷6,「東國大學校出版部」1984年, p.745中.
   住淸平山偶題 江湖歷盡十餘年 驀得胷中自豁然 有問淸平成底事 飢喰渴飮困安眠
3) 『韓國佛教全書』卷6,「東國大學校出版部」1984年, p.744中.
   謝惟陽李副使林間垂訪 暫到金剛頂 淸平山裏逢 信心堅似鐵 誠意大如空

若蘭鑑靈

영감사(靈鑑寺, 靈鑑蘭若) 1369년 1년 6개월 나옹왕사 수도 사찰

주소 강원도 평창군 진부면 동산리 63 / 영덕군에서 220㎞, 3시간 50분

영감사에 대한 사찰연혁에 대하여 자세한 내용은 알 길이 없고 월정사 홈페이지 산내 암자에서 영감사의 역사를 아래와 같이 언급하고 있다.

영감사가 사고(史庫)의 수호사찰로서의 기록을 보여 주고 있는데 영감사 아래 있는 오 대산 사고(史庫)는 조선 후기 오대 사고의 하나인 외사고로 오대산 사고가 설치된 것은 1606년(선조 39년)이었다. 그러나 이보다 앞서 1605년 10월 재 인쇄된 실록의 초고본을 봉안할 장소로 오대산 상원사를 선정하였다가, 다시 월정사 부근에 사각(史閣)을 건립 하여 초고본 실록을 보관하였다.

오대산 사고의 수호사찰인 월정사는 사고에서 너무 떨어져 있으므로 실제로 암자격인 영감사에서 수호하기 때문에 영감사를 일명 사고사라 하였다. 오대산 사고의 실록 봉안 은 태조 대부터 명종 대까지의 실록 초고본을 1606년 봉안한 뒤 1805년(순조5년) 에 '정 조 실록'을 봉안하기까지 59회 가량 행해졌다. 오대산 사고 실록을 수호하는 총섭은 월 정사의 주지였다. 설치 시 수호군(守護軍) 60명, 승군(僧軍) 20명이 수직(守直) 하였다.

1910년 국권을 잃은 뒤 오대산 사고의 서책은 이왕직(李王職) 도서관에서 관리하였다. 그 뒤 이 도서는 조선 총독부 취조국에서 강제로 접수하여 1913년 10월 동경제국대학 부속 도서관으로 옮겨 놓았다. 당시 도서를 운반했던 촌로에 따르면 실록을 마차에 싣고 진부로 옮겼다가 다시 강릉으로 옮긴 후 배로 일본으로 실어 날랐다고 한다. 그러나 이 실록은 1923년 9월 관동대지진으로 소실되어 버리고 마침 대출되었던 마흔 다섯 책만이 화를 면했다.

그리고 소잔본(燒殘本) 이십칠 책은 경성제국대학에서 옮겨와 현재 서울대학교 도서관에 소장되어 있다. 사적 제37호다.

※영감사는 월정사와 상원사 북대 미륵암(상두암)의 나옹왕사 관련 사찰을 살펴본 후, 뒤늦게 다시 들른 사찰이다. 일행 없이 홀로 치악산 상원사에서 하루간 부처님 전에서 기도정진 후, 아침에 춘천 청평사와 고성 건봉사를 들렀다 다시 내려오며 영감사를 찾았다.

영감사는 '영감난야'라 하며, 난야는 '아란야'의 준말로 수행하기 적합한 곳을 지칭한다. 영감사는 나옹왕사의 행장에 나타나 있기를, 1369년(공민왕 18년) 9월 기유년(己酉年) 병으로 물러나 또 오대산에 들어가 영감암에 머물렀다는 기록이 있다.[1]

영감사는 월정사에서 4㎞ 가량 큰 길을 가서 산길로 0.8㎞에 위치해 있다. 마침 포장공사 중이라, 큰길에 차를 두고 걸어 영감사까지 갔다. 오대산 사고가 100m 아래에 있고 영감사는 그 위에 위치해 있다. 부처님께 참배를 하고, 주지스님께 인사드린 뒤 영감사에 대한 말씀을 들었다.

오대산에서 산내 암자인 중대 사자암과 동대 관음암, 서대 수정암, 남대 지장암, 북대 미륵암, 상원사, 그리고 육수암 중에 가장 방문객이 적어 수행하기 적합하다고 한다.

사찰 아래 월정사와 상원사로 가는 큰길은 차와 사람들로 번잡한데 비해, 이곳 영감사 도량은 참으로 한적하다 못해 고요하고 적막하다. 월정사와 영감사에 대한 자세한 말씀을 잘 듣고 내려오면서 주지스님께서 주신 배를 먹었다. 절에서 키우는 배나무에서 수확한 배라며 두 개를 주셨는데, 어릴 적 먹었던 집 뒤에서 키운 맛 좋은 배가 생각나 잊을 수가 없다. 그 배 맛을 잠시 잊고, 준비해간 나옹왕사의 게송을 송(誦)하고 하산하다.

---

1) 『韓國佛教全書』 卷6, 「東國大學校出版部」 1984年, p.707上. 辭退 又入五臺山 住靈感菴

동해(東海)의 국도(國島)에 제(題)함

원통(圓通)의 좋은 경치 뉘라서 알겠는가

천만 사람 모여와 돌아갈 줄 모르네

나도 와서 관자재(觀自在)를 친히 참배하나니

천둥 같은 하늘 소리를 울려 온갖 근기 응해 주네

천 잎새 연꽃 대좌는 몇 천 년을 지났던가

높고 거룩한 천불(千佛)은 고금에 일반이다

나는 와서 말없는 설법을 친히 듣나니

그것은 위음왕불[2] 나오기 전 소식이다[3]

---

2) 위음왕불 : 本初佛이라하며 스스로 존재하는 최초의 부처님 본초불의 산스크리트 명은 아디 붓다(Adi Buddha)이다. '아디'란 본래, 최초를 의미하는 말로 '아디 붓다'하면 본래의 부처님, 또는 최초의 부처님을 지칭함과 아울러 근본적이고 원초적인 부처님을 일컫는다. 아디 붓다는 산스크리트 본래의 뜻에 따라 본초불, 본초각자(本初覺者), 제일각자(第一覺者)로 의역되며 아제불타(阿提佛陀)는 그 음역이다. 『대승장엄보왕경(大乘莊嚴寶王經)』 별본(別本)에 의하면 본초불은 겁초에 출현한 스스로 존재하는 자생자(自生者)로서 어떤 인연에 의해 나오신 것이 아니라고 한다. 그러므로 '스스로 태어나신 분' 혹은 '스스로 존재하시는 분'(Svayambhu)이라 한다. 그리고 『대일경(大日經)』에서도 이르기를, '스스로 생겨나서 모든 희론(絲論)을 떠나 법을 알고 모든 사람의 원을 이루어 주므로 자생자(Svayambhu, 스스로 태어난 분)이다'라고 한다.

3) 『韓國佛敎全書』 卷6, 「東國大學校出版部」 1984年, p.745上.
　　題東海國島二首　圓通嘉景孰能知 千萬人來不解歸 我到親糸觀自在 梵音雷動應羣機
　　　　　　千蓮臺座幾千年 千佛巍巍今古然 我到親聞無說說 威音王佛未生前

영천사

영천사(靈泉寺) 나옹왕사 창건 사찰

주소 강원도 원주시 치악로 2006-19 / 영덕군에서 215km, 3시간 38분

　영천사는 강원도 원주시에 자리한 대한불교조계종 사찰이다.

　영천사는 고려시대의 고승 나옹스님이 창건한 고찰로 처음에는 영전사(令傳寺)였으나 그 뒤 절 부근에서 신비로운 샘물이 솟는다고 하여 영천사로 하였다고 한다. 고려 말 나옹 혜근(惠勤:1320~1376)이 절에서 말년을 보냈으며, 그가 입적하고 난 뒤 1388년(고려 우왕 14)에 사리탑이 세워졌다. 이때 절 이름은 영전사(令傳寺)였고, 조선 중기까지 원주 지방에서 가장 큰 절로 번창했다. 그러나 1592년(조선 선조 25) 임진왜란 때 불에 타 사세가 크게 기울었다. 1938년 박처사(朴處士)가 꿈을 꾸었는데, 부처가 절을 지으라고 하여 법당을 짓고 절 이름을 영천사로 바꿔 중창하였다. 1950년 6·25전쟁으로 절이 다시 불에 탔으며, 1958년 김종길이 대웅전을 중건하고 이후 선광(善光) 등이 불사를 계속 진행하여 오늘에 이른다.

　건물로는 대웅전과 약사전·삼성각·관음전·요사 등이 있다. 이 중 대웅전은 정면 3칸, 측면 2칸의 팔작지붕 건물로 내부에 석가모니불을 중심으로 한 삼존불이 모셔져 있다. 관음전은 현대식 2층 건물이며 유아원이 들어서 있다.

유물로는 보물 제358호로 지정된 영전사지 보제존자 사리탑(令傳寺址 普濟尊者 舍利塔) 2기가 전하는데, 1915년에 경복궁으로 옮겨져 현재 국립중앙박물관에 보관 중이다. 이 사리탑은 나옹스님의 사리 1과를 모신 것으로 석탑의 형태를 지녀 일반적인 부도와는 모양이 다르다. 탑 내에서 사리장엄구와 지석(誌石) 등이 발굴되어 1388년에 나옹스님의 사리를 모셨음을 알 수 있다.

※이른 시간에 영천사로 향하였다. 같은 원주시인데도 상원사에서 원주 시내를 거쳐 가다가 보니 한참을 달려갔다. 학교로 들어가는 길목에서 좌측으로 돌아 올라가니 영천사가 보였다. 영천사는 보제존자사리탑 2기가 전하는데, 현재 국립중앙박물관에 보관 중이라 한다. 그런데 웹서핑

을 해 보니 2기가 아닌, 3기라 알려져 있다. 그 내용을 살펴보면 다음과 같다.

중앙박물관에는 '천수사 삼층탑'과 '천수사 오층탑' 두 기가 있는데 그 두 탑은 건립 연대가 확실하게 차이가 날 뿐 아니라, 같은 절에 삼층과 오층이 서 있다는 것이 아무래도 어울리지 않는다. 결국 천수사에는 오층탑이 있었고, 영천사에 삼층탑이 있었다는 결론이다.

저 위에 서 있는 세 기는 양식적으로 거의 같은 모습이다. 2층 기단에 3층 탑신을 올린 것, 탑신을 받치기 위해 또 다른 별석으로 고인 것 등… 그런데도 오른 쪽 탑은 지붕돌이 얇아지고 1층에 받침돌이 또 들어간 것 등으로 보아 보제존자사리탑 두 기 보다는 연대가 조금 뒤로 내려올 듯싶다.

사리탑이 있었던 자리는 현재 연못이 있는 자리라 추정하고 있다. 차를 주차하고 내려서 대웅전 부처님과 삼성각에 참배하고 영천사에 좋은 샘물이 있다고 하여 살펴보았으나 찾을 수가 없었다. 또한 절에서는 고추농사가 한창인지 아침부터 바쁘게 일들을 하고 계셨다.

미안한 마음에 여쭈어보지 못하고, 어제 상원사에서 가지고 내려온 물을 마실 요량을 하고 나옹왕사의 게송을 송(誦)하고 하산하다.

연선자(演禪者)에게 주는 글
당당한 묘도(妙道)는 어느 곳에 있는가
밖으로 애써 찾아다니지 말라
하루아침에 두 눈이 제대로 활짝 열리면
물색이나 산빛이 바로 본래 마음이리라[1]

---

1) 『韓國佛敎全書』 卷6, 「東國大學校出版部」 1984年, p.742下.
   示演禪者 妙道堂堂何處在 莫從外去苦追尋 一朝兩眼能開豁 水色山光是本心

치악산 상원사(上院寺)

나옹왕사 중창 사찰

주소 강원도 원주시 신림면 성남로 930 치안산내 / 영덕군에서 200㎞, 3시간 50분, 도보 40분

상원사는 대한불교조계종 제4교구 본사인 월정사의 말사이며 해발 1,200m로 높은 곳에 있는 사찰이다.

신라 문무왕 때 의상이 창건하였다는 설과 신라 말 경순왕의 왕사였던 무착이 당나라에서 귀국하여 오대산 상원사에서 수도하던 중 문수보살에게 기도하여 관법(觀法)으로 창건하였다는 설이 있다.

창건 이후 고려 말에 나옹 혜근(惠勤)이 중창하였고 월봉, 위학, 정암, 해봉, 삼공, 축념 등이 이곳에서 수도하였다. 조선시대에는 여러 왕들이 국태민안을 위한 기도처로 삼았다. 6·25전쟁 때 모두 불타버린 것을 1968년에 중건하였다. 1988년 대웅전을 다시 짓고, 범종각과 일주문을 신축하였다.

현재 건물은 상원사 대웅전(강원 문화재자료 18)과 심우당, 심검당, 범종각, 요사채, 객사 등이 있다. 대웅전을 중심으로 동서에 신라 석탑 양식을 따른 상원사지 석탑 및 광배(강원유형문화재 25)가 있다.

이 사찰과 관련하여 은혜 갚은 꿩의 전설이 전해온다.

치악산 기슭에 수행이 깊은 승려가 있었는데, 어느 날 산길에서 큰 구렁이가 새끼를 품고 있는 꿩을 감아 죽이려는 것을 보고 지팡이로 구렁이를 쳐서 꿩을 구하였다. 그날 저녁 승려는 폐사가 되다시피 한 구룡사에 도착해서 잠이 들었다.

한밤중에 승려는 가슴이 답답하여 눈을 떴는데, 구렁이 한 마리가 자신의 몸을 친친 감고 노려보며 "네가 나의 먹이를 먹지 못하게 했으니 대신 너라도 잡아먹어야겠다. 그러나 날이 새기 전에 이 산중에서 종소리를 들을 수 있다면 너를 살려주겠다."고 했다.

상원사에 가야만 종이 있는데 시간상 도저히 불가능하여 포기한 채 죽음을 기다리고 있을 때 종이 세 번 울려왔다. 구렁이는 기뻐하면서 "이것은 부처님의 뜻이므로 다시는 원한을 품지 않겠다."는 말을 남기고 사라졌다. 승려가 상원사로 올라가보니 종루 밑에는 꿩과 새끼들이 피투성이가 된 채 죽어 있었다. 이와 같이 꿩이 죽음으로 보은하였다고 해서 이 산을 치악산이라 불렀다고 한다.

※늦은 시간에 상원사로 향했다. 초행이라 오늘 안에 도착할 수 있을까, 다음 날 가야 하나 생각하는데, '꿩과 구렁이 전설이 있는 치악산 상원사, 9㎞'라는 돌로 새긴 간판이 눈에 띄었다.

한참을 달려 치악산 금대분소 입구에 도착했지만, 사람 한 명 보이지 않아 비포장도로를 계속 달렸다. 치악산 국립공원 안내도에서 차가 갈 수 있는 마지막 종착지에 주차한 뒤, 이정표를 보니 2.6㎞라고 표기되어 있었다.

해는 넘어가는데, 계속 가야 하나, 돌아가서 다음 날 다시 방문해야 할까 하다가 평소 자신 있는 두 다리를 믿고 걸음을 옮겼다. 아무 준비도 없이 올라가서 바로 내려올 작정으로 물 한 통만 가지고 출발하였다. 약 200m를 가다 보니, 보살님 한 분이 도토리를 줍고 계셨다.

"보살님, 상원사 절까지 얼마나 걸립니까?"하고 여쭈어 보니, "한 20여 분 가면 되지 않을까요? 나도 절에는 가보지는 않았지만."하며 도토리 줍기에 여념이 없었다.

순간 발걸음을 돌려야 하나 고민했지만, 그래도 튼튼한 두 다리를 믿고 출발하였다. 전날 축구 한 게임을 했다지만 내 두 다리는 아직 쓸만하지 않은가. 그러나 웬걸, 2.6km가 왜 이리도 먼지. 단 한 번 쉬지 않은 채 다리만 믿고 산을 올랐으나, 금방 날은 어둑해져서 이정표의 단 1.0km 표시를 보면서도 갈등이 생겼다. '발걸음을 돌려야 할까, 아니면 계속해서 올라야 하나. 그래도 상원사에 도착할 때까지는 쉬지 않고 올라가자.' 속으로 중얼거리며 나무아미타불 염불 반, 걱정 반으로 올랐다.

다리는 그렇게 아프지 않았으나, 온몸에서 비 오듯 땀이 흘렀다. 이토록 땀을 많이 흘려본 것은 난생 처음이었다. 몸에서 온갖 탁한 기운이 빠져 나가는 것 같은 생각도 들었다. 무사히 절에 도착하여 아래를 내려다보니 참 아득하였다. 모든 것에 감사한 마음으로 부처님께 예를 갖추고 공양간으로 내려오는데, 상원사는 불사 중이었는지 포크레인 기사와 목수, 그 밖에 석축 쌓는 분들이 공양을 마치고 설거지를 하고 있었다.

공양주 보살님께서 따로 상을 차려주어 맛있게 저녁공양을 할 수 있었다. 주지스님께서는 불사 관계로 출타 중이라, 정해 주는 무구실(無垢室) 1번 방에서 편안하게 1시간 명상 후 하루를 정리하고 내일을 위해 잠을 청하였다. 여기는 해발 1,200m 정상 상원사.

이튿날 새벽 3시에 기상하였는데, 어제의 피로가 말끔히 풀리고 몸과 마음이 아주 가뿐하였다.

해우소가 숙소에서 한참 떨어져 있어 다소 불편했지만, 도량을 지키는 진돌이가 있어 마음을 놓고 볼일 보고 양치와 세수를 마친 뒤, 법당에 들어가 삼배 후 1시간 참선하였다.

현재 상원사는 도량불사 중이라 작업하시는 분들의 단잠을 방해할까 조심하면서 도량을 포행하였다. 해발 1,200m에서 보는 새벽별과 원주 시내가 그렇게 아름다울 수가 없었다. 적막하고, 상쾌하고, 아름답기까지 한 새벽공기를 마시다 방으로 돌아왔다.

방에서 어제 참배했던 사찰 정리를 마친 뒤, 치악산 상원사가 지난 번에 참배했던 오대산 북대 미륵암보다 높은 곳에 있는지 궁금한 마음이 들어 검색을 해보았다. 검색 후 결과는 태백산 망경사 해발 1,470m, 지리산 법계사 해발 1,360~1,380m, 설악산 봉정암 해발 1,200~1,340m, 오대산 북대 미륵암 해발 1,290m, 치악산 상원사 해발 1,200m로써, 5번째 높은 산에 사찰이 위치해 있는 것으로 나타났다. 나옹왕사 덕분에 오감이 또 한 번 깨어남을 자각하게 된다. 조용하게 나옹왕사의 행장과 어록을 살펴보고 이 도량에서 송(誦)할 게송을 마음속으로 정독해 본다.

보덕굴(普德窟) 관음에 예배함
천암동(千巖洞) 속에 홀로 높고 엄하여
밤을 빼앗는 광명에 해와 달이 어둡다
물을 건너고 구름을 뚫고 와서 예배하나니
과연 자비의 칼을 잡고 천지를 움직이시네[1]

6시에 아침공양을 하고 도량 사진 몇 컷을 찍고 부처님께 인사드리고 공양주 보살님의 건강을 기원하며 하산하였다. 올라올 때 보통 걸리는 시간이 상원사까지 1시간 20여 분 걸린다고 하는데 40여 분만에 올라왔으니 내려갈 때는 천천히 아주 천천히 하산했다.

---

1) 『韓國佛教全書』 卷6, 「東國大學校出版部」 1984年, p.744中.
　禮普德窟觀音　千巖洞裏獨嚴尊 奪夜光明日月昏 度水穿雲來禮見 果將慈劍動乾坤

월정사(月精寺) 나옹왕사 수도사찰 · 나옹스님 공양(콩비지) 사찰

주소 강원도 평창군 진부면 오대산로 374-8 / 영덕군에서 227km, 3시간 58분

월정사는 대한불교조계종 제4교구의 본사이다.

643년(선덕여왕 12)에 자장율사(慈藏律師)가 창건하였다. 창건 당시 자장율사는 임시로 초암(草庵)을 얽어 머물면서 문수보살의 진신(眞身)을 친견하고자 하였으나, 그가 머물던 3일 동안 음산한 날씨가 계속되어 뜻을 이루지 못하였다.

그 뒤 유동보살(幼童菩薩)의 화신이라고 전하는 신효거사(信孝居士)가 이곳에 머물렀고, 범일(梵日)의 제자였던 두타승(頭陀僧) 신의(信義)가 자장율사가 휴식하던 곳을 찾아와서 암자를 짓고 살았다. 신의가 죽은 뒤 이 암자는 오랫동안 황폐해 있었는데, 수다사(水多寺)의 장로 유연(有緣)이 암자를 다시 짓고 살면서 월정사의 사격(寺格)을 갖추었다.

그 뒤 1307년(충렬왕 33) 화재로 전소된 것을 이일(而一)이 중창하였고, 1833년(순조 33)에 다시 화재로 전소된 것을 1844년(헌종 10)에 영담(瀛潭) · 정암(淨庵) 등이 중건하여 내려오다가 1 · 4후퇴 당시 작전상의 이유로 아군에 의하여 칠불보전(七佛寶殿)을 비롯한 10여 동의 건물이 전소되었다.

1964년 탄허(呑虛)가 법당인 적광전(寂光殿)을 중창한 뒤 만화(萬和)가 꾸준히 중건하여, 현재 삼성각(三聖閣)·대강당·심검당(尋劍堂)·승가학원(僧伽學院)·범종각·용금루(湧金樓)·일주문·요사채·창고 등이 있다.

이 중 적광전은 남향으로 된 정면 5칸, 측면 4칸의 매우 큰 건물이다. 전내(殿內)에는 석굴암 본존불과 같은 형식의 대불이 봉안되어 있다. 적광전에는 대개 비로자나불을 모시는 것이 통례지만 여기서는 그 통례를 깨고 석굴암 불상의 형태를 그대로 따랐다. 또한, 본존불만 모시고 협시불을 모시지 않은 것도 특이하다.

중요 문화재로는 국보 제48호인 평창 월정사 팔각 구층석탑과 보물 제139호인 평창 월정사 석조보살좌상, 국보 제292호인 평창 상원사 중창권선문(平昌 上院寺 重創勸善文) 등이 있으며, 월정사 육수관음상(月精寺 六手觀音像)이 강원도 유형문화재 제53호로, 부도 22기가 강원도 문화재자료 제42호로 각각 지정되어 있다.

이 밖에도 월정사의 보물 및 유물들을 모아놓은 전시실 보장각(寶藏閣)에는 팔각구층탑과 같은 모양의 축소판 목조탑이 있다.

그리고 대장경을 넣었던 경궤,『금강경』3권,『범음집 梵音集』2권,『진언집 眞言集』1권,『보권문 普勸文』1권,『지장경 地藏經』2권, 인도 불상, 인도 패엽경, 난초족자 2, 독성탱화 1폭, 관음보살변상도(觀音菩薩變相圖) 1폭, 신중탱화, 바라 1쌍, 조선시대 의상·기와, 고려시대 궤짝 13개, 구리거울인 무문경·파문경·쌍룡경·사룡경이 있고, 향낭·향합·수정사리병·진신사리병·은합·청동합, 청동갑옷을 쌌던 보자기, 목향 등이 소장되어 있다.

월정사 나옹스님과 소나무

고려 말 오대산의 북대(北臺)에서 수도하던 나옹(懶翁)스님은 매일같이 월정사로 내려가 부처님 전에 콩비지를 공양하였다. 축 늘어진 소나무 가지마다 눈이 수북이 쌓여 소리만 크게 질러도 쏟아져 내릴 것만 같은 어느 겨울날, 나옹스님은 비지를 받쳐 들고 조심스레 눈길을 내려가고 있었다.

그런데 갑자기 '와라락' 소리가 들리면서 소나무 가지 위에 얹혀 있던 눈들이 스님과 부처님 전에 올릴 비지를 덮쳐버리고 말았다. 순간 스님은 소나무를 향해 크게 꾸짖었

다. 마침 스님의 꾸짖는 소리를 듣게 된 오대산 산신령은 결단을 내렸다.

　"소나무야, 너희는 큰스님도 몰라보고 부처님께도 죄를 지었으니 이 산에 함께 살 자격이 없다. 멀리 떠나거라. 그리고 이제부터는 전나무 아홉 그루로 하여금 이 산의 주인이 되어 오대산을 번창케 하리라."

　산신령의 명령에 따라 소나무들은 오대산에서 쫓겨나고 이후 전나무들이 주인 노릇을 하게 되었다고 한다.

※월정사는 오대산 문수보살의 성산(聖山)으로서 산 전체가 불교성지라 아니할 수 없다. 영덕불교사암연합회 집행부 스님들과 함께 일주문의 월정대가람의 편액을 보고 오대산 국립공원 전나무 숲길을 지나 주차장에 차를 주차하였다. 모두가 적광전에서 부처님께 참배하고 도량을 돌아보았다. 적광전 앞 팔각구층석탑은 국보 제48호로서 높이 15.2m로 우리나라의 팔각석탑으로는 가장 크며, 고려시대의 가장 대표적인 석탑이라 한다. 또한 그 옆에 탑을 향하여 오른쪽 무릎을 꿇고 두 손을 모으고 공양을 드리는 모습을 한 석조보살좌상(일명 약왕보살, 보물 제139호)의 온화한 자비의 미소를 보면서 보살의 원력행을 보는 듯하다. 이어서 성보박물관에 들렀지만 마침 박물관 내부 정리 중이라 다음을 기약하고 나옹왕사께서 오대산 중대에 관하여 지으신 게송을 송(誦)하고 오대산을 하산하여 영덕으로 내려왔다.

오대산(五臺山) 중대(中臺)에 제(題)함

지팡이 짚고 한가히 노닐면서 묘봉에 오르나니

성현의 끼친 자취가 본래 공하지 않구나

신비한 천연의 경계가 막힘이 없어

만 골짝 솔바람이 날마다 지나가네[1]

1) 『韓國佛敎全書』卷6, 「東國大學校出版部」 1984年, p.745上.
　 題五臺山中臺　策杖優遊上妙峰 聖賢遺跡本非空　天然異境無間隔 萬壑松風日日通

오대산 상원사(上院寺)

나옹왕사께서 북대미륵암(상두암)에서 16나한 신통으로 모신 사찰

주소 강원도 평창군 진부면 오대산로 1211-14 / 영덕군에서 227㎞, 3시간 40분, 도보 10분

상원사의 기록은 월정사 홈페이지 산내 암자 상원사의 기록을 옮겨 실었다.

신라 성덕왕 4년(705)에 신라의 보천(寶川)과 효명(孝明) 두 왕자에 의해 오대산 중대(中臺)에 창건되었는데, 처음 이름은 진여원(眞如院)이었다. 자장율사가 개산한 뒤로 오대산이 불교 성지로서 그 이름을 빛내면서 마침내 오류성중(五類聖衆) 곧 다섯 부류의 성인들이 머무는 곳으로 신앙화 되기 시작하던 즈음이다.

이때의 창건 설화를 '삼국유사'는 이렇게 전하고 있다.

신라 신문왕의 아들 보천태자는 아우 효명과 더불어 저마다 일천 명을 거느리고 성오평(省烏坪)에 이르러 여러 날 놀다가 태화(太和) 원년(元年)에 형제가 함께 오대산으로 들어갔다. 형 보천태자는 오대산 중대 남쪽 밑 진여원 터 아래 푸른 연꽃이 핀 것을 보고 그곳에 풀로 암자를 짓고 살았으며, 아우 효명은 북대 남쪽 산 끝에 푸른 연꽃이 핀 것을 보고 그곳에 풀로 암자를 짓고 살았다. 두 사람은 함께 예배하고 염불하면서 수행하였으며 오대에 나아가 공경하며 참배하던 중 오만의 보살을 친견한 뒤로, 날마다 이른 아침에 차를 달여 일만의 문수보살에게 공양했다.

이때, 신문왕의 후계를 두고 나라에서 분쟁이 일자 사람들이 오대산에 찾아와 왕위를 이을 것을 권하였는데 보천태자가 한사코 돌아가려 하지 않자 하는 수 없이 효명이 사람들의 뜻을 좇아 왕위에 올랐다. 그가 성덕왕(聖德王)이다. 왕이 된 효명태자는 오대산에서 수도하던 중에 문수보살이 여러 모습으로 몸을 나타내 보이던 곳에 진여원을 개창하니 이곳이 지금의 상원사이다.

고려시대에는 상원사가 어떠한 중창의 발자취를 걸어왔는지 밝히는 자료는 없으나 이색(李穡)의 〈오대 상원사 승당기(五臺上院寺僧堂記)〉에는 '고려 말 나옹스님의 제자라고 알려진 영로암(英露庵)이라는 스님이 오대산을 유람하다가 터만 남은 상원사를 중창하였다.'고 적혀 있다.

고려 말부터 일기 시작한 척불(斥佛) 정책은 조선시대에 들어 더욱 거세어져 불교는 극심한 박해를 받기에 이르렀다. 태종은 승려의 도성 출입을 금지하고 11종(宗)이던 불교 종파를 7종으로 통합하는 등 척불에 앞장섰으나 만년에는 상원사 사자암을 중건하고 자신의 원찰로 삼았다. 또 나아가서는 권근(權近)에게 명하여 "먼저 떠난 이의 명복을 빌고 후세에까지 그 이로움이 미치게 하여 남과 내가 고르게 불은(佛恩)에 젖게 하라."고 하였다.

이어 조카 단종을 죽이고 왕위에 오른 세조는 불교에 귀의하여 그 잘못을 참회하기 위해 많은 불사를 행하였으며 나라에 간경도감(刊經都監)을 설치하여 불서의 간행에도 많은 힘을 기울였다. 세조는 오대산에서 두 번의 이적을 체험하였다. 지병을 고치려고 상원사에서 기도하던 중 문수보살을 친견하고 나서 병이 나았고, 상원사 참배 중에 고양이의 도움으로 목숨을 건진 일화가 그것이다. 이렇듯 세조와 상원사는 뗄 수 없는 깊은 인연을 맺고 있다.

1984년에 발견된 문수동자 복장에서는 세조의 딸 의숙공주가 문수동자상을 봉안한다는 발원문을 비롯하여 많은 유물이 발견되었다. 근세에는 방한암 스님이 오대산으로 들어온 뒤로 상원사에서 이십칠 년 동안 두문불출하며 수도 정진하였으며 수련소를 개설하여 후학 양성에 진력하였다.

오늘날에도 전국에서 선남선녀의 발걸음이 끊이지 않는 불교 성지로서 명성을 얻고 있다

상원사 16나한과 나옹왕사

전설에 의하면 중국에서 귀국한 나옹왕사께서는 북대 미륵암(상두암)에 머물게 되는데 대중스님들이 북대에 모셔져 있는 16나한상을 상원사로 옮기기로 하였다. 그러나 무거운 나한상을 5㎞나 떨어진 상원사까지 옮기기가 쉬운 일이 아니었는데 나옹왕사께서 혼자서 16나한상을 혼자서 옮기겠다고 자청하고 나서게 된다. 나한상을 옮기기로 한 저녁에 나옹왕사께서는 나한전으로 들어가 "내가 업어서 옮겨 주기를 기다리는가?" 했더니 나한상들이 스스로 일어나 차례로 상원사로 날아갔는데 나옹왕사께서 상원사에 가보니 15나한상만 도착해 있었다. 나머지 한 나한상의 행방을 찾아 나선 스님들이 칡넝쿨에 걸려 있는 나한상을 발견하고 모셔왔다. 이에 나옹왕사께서는 오대산 산신을 불러 이운불사를 방해한 칡넝쿨을 오대산에서 몰아낼 것을 명하였고 이때부터 오대산에는 칡넝쿨이 없어졌다고 한다.

※상원사 초입에 주차하고 걸어서 상원사 문수전의 문수보살과 문수동자를 참배하였다. 월정사에서 상원사까지의 선재길이 총 9.2㎞. 그 길을 걸으면서 번뇌스러운 마음을 가라앉히고 계곡에 손과 얼굴을 씻고 걸으면 오대광명이 이루어진다고 한다. 첫째는 마음이 편안해지고, 둘째는 몸이 맑아지고, 셋째는 생각이 밝아지고, 넷째는 좋은 인연을 만나게 되고, 다섯째는 부처님의 가피로 소원을 이룰 수 있다고 한다.

이와 같은 오대광명을 이루고자 수많은 불자들이 오늘도 줄을 이어서 상원사와 적멸보궁을 찾고 있다. 그 옛날 세조의 그때도 그러하였으리라.

상원사 문수동자는 국보 제221호로 세조와의 인연은 이러하다.

단종을 폐위한 세조가 즉위한 지 10년째 되던 해인 1464년. 등창에 부스럼 병을 얻게 되자 신미대사의 권유로 병을 치료하기 위해 오대산으로 행차하였다. 상원사에 도착한 다음날 오대천

계곡에 몸을 담그던 중에 지나가던 동자에게 등을 밀어 줄 것을 부탁하게 되는데 목욕을 마친 세조는 동자에게 등을 맡겨 깨끗하게 씻어 몸이 상쾌하였지만 혹시나 임금의 몸을 씻었다고 말하지 말라고 하자 이에 동자는 미소를 지으며 대왕도 문수보살을 친견했다고 말하지 말라고 하며 홀연히 사라졌다고 한다. 세조가 놀라 주위를 살펴보니 동자는 사라지고 어느새 자신의 병이 씻은 듯이 나은 것을 알았다고 한다.

오늘 이렇게 나옹왕사의 불적답사를 발원하고 동참한 영덕불교사암연합회 집행부 스님들 역시 업장은 소멸되고, 초심을 잃지 않고 정진하여 수행자 본분으로 성불의 인연을 지어주시길 바라본다. 또한 이 도량을 찾는 모든 사부대중은 구경에는 자성불을 친견하는 인연이 되길 발원해보면서 나옹왕사의 게송을 송(誦)하고 하산하다.

동해(東海)의 문수당(文殊堂)에 제(題)함
문수의 큰 지혜는 지혜로 알기 어렵나니
들어 보이는 모든 것 그대로 다 기틀이다
물은 초록이요 산은 푸른데 어디가 그곳인가
하늘이 돌고 땅이 굴러 그때를 같이하네[1]

---

1) 『韓國佛敎全書』 卷6, 「東國大學校出版部」 1984年, p.745上.
   題東海文殊堂 文殊大智智難知 物物拈來摠是機 水綠山靑何處是 天廻地轉共同時

참마음은 본래부터 빈 것임을 깨달으면

어디로 오가든지 다니는 자취 없으리라

자취 없는 그 자리를 확실히 알면

하늘땅을 뒤집어 바른 눈이 열리리라

북한 사찰

묘길상암(妙吉祥庵)	성불사(成佛寺)
개심사(開心寺)	안심사(安心寺)
개심사(開心寺)	장연사(長淵寺)
광통보제선사 (廣通普濟禪寺)	조제암(鳥啼庵)
보현사(普賢寺)	신광사(神光寺)

묘길상암(妙吉祥庵)

강원도 회양군 내금강면 장연리 금강산 마하연(摩詞衍) 동쪽에 있었던 절

신라시대에 창건하였으며, 고려 말기 나옹(懶翁)이 중창하였고, 조선시대에 폐허가 되었다. 묘길상은 지혜를 상징하는 문수보살(文殊菩薩)의 다른 이름으로서, 현재의 절터는 중향성(衆香城)이 끝나는 부분 근처에 있고, 절터 옆에는 마애여래좌상이 있다. 중향성의 중향은 향적불(香積佛)이 머무는 국토의 이름으로,『유마경(維摩經)』에서 유마거사가 문병을 온 문수보살과 대중들을 공양하기 위해서 향반(香飯: 음식)을 먹였다는 곳이다.

마애여래좌상은 북한 지역에서 가장 크며, 북한의 국보 문화유물 제102호로 지정되었는데, 고려 말기의 왕사(王師) 나옹이 직접 조각한 그의 원불(願佛)이라고 전한다. 그러나 단조로운 기법과 굵은 선의 처리 등 전체적으로 고졸(古拙)한 인상을 풍기고 있어 신라 말기의 작품으로 추정하는 설도 있다. 원만한 상호(相好)와 안정감 있는 연화좌(蓮華座) 등 전체적으로 흠잡을 데 없는 우수한 작품이다.

이 불상의 존명(尊名)에 대해서는 미륵불이라는 설과 비로자나불(毘盧遮那佛)이라는 설이 있다. 최남선(崔南善)은 비로자나불이라고 주장하였는데, 그 논거에 따르면 이 불상이 비로봉 아래, 특히 금강산의 심장부에 있기 때문에『화엄경』에 근거를 둔 법기보살신앙(法起菩薩信仰)을 중심으로 하여 살펴볼 때 이곳은 마땅히 비로자나불이 있어야 할 곳이라고 하였다.

그러나 이 불상의 경우 오른손은 시무외인(施無畏印), 왼손은 여원인(與願印)을 하고 있어 우리나라의 비로자나불상에서는 찾아볼 수 없는 수인(手印)이다. 이 마애불 앞에는 북한 국보 문화유물 제47호로 지정되었다가 해제된 석등(石燈)이 있고, 마애불 옆 바위에는 윤사국(尹師國)이 쓴 '妙吉祥(묘길상)'이라는 음각의 글씨가 조각되어 있으며, 마애불 뒤편 평지에는 옛 절터가 남아 있다.

개심사(開心寺)

함경남도 신흥군 원평면 신성리 천불산에 있었던 절

일제강점기에는 귀주사(歸州寺)의 말사였다. 648년(신문왕 4) 원효(元曉)가 창건하였고, 888년(진성왕 2) 도선(道詵)은 자신이 지정한 3,800개의 비보사찰(裨補寺刹)의 하나로서 이 절을 중창하였다. 981년 대장전(大藏殿)을 제외한 불전과 승방·창고 등이 불타버리자 다음해에 중건하였다.

1161년(의종 15) 다시 불상과 장경만 남긴 채 모두 소실되어 다음해에 중창하였다. 1324년(충숙왕 11) 지공(指空)과 나옹(懶翁)이 함께 중건하였으며, 1604년(선조 37) 도성(道成)이 중창하였고 1845년(헌종 11) 풍암(豐庵)이 중건하였다. 1881년(고종 18) 화재로 경판과 불상만 남고 모두 소실되어, 중봉(中峰)·춘계(春溪)·성허(惺虛)·용선(龍船)·이제(利濟) 등이 다음해에 현재의 장소로 옮겨 중창하였다.

부속사암으로는 의상(義湘)이 창건하고 풍암이 중수한 불정대(佛頂臺)와, 윤필(尹弼)이 창건하고 운암(雲庵)이 중건한 백운굴(白雲窟), 지공이 창건하고 일여(一如)가 중건한 견불암(見佛庵), 무학(無學)이 창건하고 한암(寒巖)이 중건한 보문암(普聞庵) 등이 있다.

개심사(開心寺)

함경북도 명천군 상고면 보촌리 칠보산(七寶山)에 있는 절

826년(발해 선왕 9) 대원(大圓)이 창건했다. 1377년(우왕 3) 나옹(懶翁)이 중건했으며, 그 뒤 수차례 보수했다. 1784년(조선 정조 8) 대웅전을 중건했고, 1853년(철종 4) 대웅전을 대대적으로 보수했다.

원래는 1377년 창건한 것으로 알려졌으나, 1983년 북청 일대의 발해 유적 발굴 보고를 통하여 826년에 창건했으며, 지금까지 알려진 발해 최초의 절임이 밝혀졌다. 일제강점기의 31본산시대에는 귀주사(歸州寺)의 말사였다. 현존하는 건물로는 대웅전과 심검당, 응향각이 있다.

대웅전은 정면 3칸, 측면 2칸 규모이며, 5량 구조의 다포계 팔작집이다. 기둥은 약간의 배흘림을 주었고 좌우의 바깥쪽 기둥은 안쪽 기둥보다 직경이 약간 더 굵고 높아 귀솟음과 안쏠림 등의 착시교정 수법이 보인다.

심검당은 정면 6칸, 측면 3칸의 홑처마 합각집인데, 경사진 자연지세에 맞게 기둥 높이를 조절하여 지붕의 수평을 보장하였다. 심검당의 정면 기둥들은 역시 약한 배부른 기둥으로(후면은 네모 기둥), 그 위에 2익공이 공포를 얹고 있다.

광통보제선사(廣通普濟禪寺)

경기도 개풍군 히선리 봉명산(鳳鳴山)에 있었던 절

고려 공민왕의 능인 현릉(玄陵)의 원찰로도 유명하다. 창건연대 및 창건자는 미상이나 원래 시흥종(始興宗)에 소속되어 있었으며, 광암사(光巖寺) 또는 운암사(雲巖寺)로 불리었다.

공민왕 때 시흥종과 조계종(曹溪宗) 사이에 소유권 문제를 둘러싸고 분규가 일어나자 공민왕은 조계종의 천화사(天和寺)를 시흥종에 예속시키고, 시흥종이었던 이 절을 조계종에 예속시킨 다음 '광통보제선사'라는 사액을 내렸다.

1372년(공민왕 21) 왕명으로 중수를 시작하여 1377년(우왕 3) 준공하였는데, 공사의 감독은 척산군(陟山君) 박원경(朴元鏡)과 밀양군(密陽君) 박성량(朴成亮)이 맡았다.

당시의 당우로는 미륵전·관음전·해장당(海藏堂)·선실(禪室)·승료(僧寮)·선실(膳室)·객실·종고루(鐘鼓樓)·창고·욕실 등 100여 동이 있었다.

그리고 단청은 물론 범패(梵唄)에 필요한 악기와 연등에 사용될 도구 등을 모두 갖추고 있었다고 한다. 1374년 현릉을 이곳에 모신 뒤부터 공민왕의 명복을 비는 원찰이 되었고, 1378년 이색(李穡)이 지은 광통보제선사비명을 건립하였다.

그러나 그 뒤의 역사는 전래되지 않는다.

보현사(普賢寺)

평안북도 영변군 북신현면(지금의 평안북도 향산군 향암리) 묘향산(妙香山)에 있는 절

북한 국보 문화유물 제40호. 31본산제도(本山制度)가 실시되던 일제강점기에는 21개 군의 절을 관장했던 본산 중 하나이다.

수행처로서 좋은 조건을 갖춘 지리적 여건뿐 아니라 조선시대 구국(救國)의 선봉장이었던 서산대사(西山大師)의 입적처(入寂處)로도 잘 알려져 있다. 이 절은 968년(광종 19) 창건되었으며, 창건 당시에는 작은 규모의 사찰이었다.

그러나 이름난 고승으로부터 화엄교관(華嚴敎觀)을 전해 받고 1028년(현종 19) 연주산에 들어가 살았던 탐밀(探密)과 그의 제자 굉확(宏廓)이 모여드는 학승(學僧)들을 수용할 절을 짓기 위해, 기존의 보현사 동남쪽 100여 보 되는 장소에 243칸의 정사(精舍)를 이룩함에 따라 보현사는 묘향산을 대표하는 절이 되었다.

절을 크게 일으킨 탐밀과 굉확이 죽은 뒤에도 제자들이 절을 계속 증축하였으며, 1067년(문종 21)에 문종은 땅과 밭을 하사하였다. 1160년(의종 14) 10월 12일 왕은 이 절에 행차하여 승려들에게 음식을 대접하고 30근의 은병(銀瓶) 10개를 만들게 하였는데, 각각에 다섯 가지 향(香)과 다섯 가지 약을 담아서 불전(佛前)에 바쳤다.

『조선불교통사』에 의하면 보현사는 그 뒤 다섯 번의 중창 사실이 나타나고 있다. 1096년(숙종 1)에는 달보(達寶)가 재창하였고, 1361년(공민왕 10)에는 나옹(懶翁)이 3창하였으며, 1449년(세종 31)에는 해정(海正)이 4창하였다.

1634년(인조 12) 화재로 건물들이 불타자 명조(明照)와 각성(覺性)이 중창하였으며, 1761년(영조 37) 9월에 다시 실화(失火)하여 절이 모두 불타버리자 4년 동안에 걸쳐 남파(南坡)·향악(香岳) 등이 여섯번째로 중창하였다.

『조선불교통사』의 기록 외에도 1216년(고종 3) 9월에 여진족이 묘향사에 들어와서 이 절을 불태워버림에 따라 중창을 하게 되었는데, 이는 1218년 거란의 적병을 토벌했던 김양경(金良鏡)의 시에 잘 나타나고 있다. 당시 보현사는 한창 중수 중이었는데 그 규모는 300여 칸에 달한 것으로 보인다.

또 1818년(순조 18) 이 절에 머물고 있던 한월(漢月)에 의하여 개금불사(改金佛事)가 이루어졌다. 당시 이곳에 있던 석가여래상과 양대보살상(兩大菩薩像)·십육나한상(十六羅漢像)의 채색이 모두 퇴색되어, 미타존상(彌陀尊像)과 대웅전의 석가여래상·양대보살상을 개금(改金)하고 십육나한상에는 개채(改彩)하였다.

1912년 12월 23일 보현사는 '선교양종대본산묘향산보현사(禪教兩宗大本山妙香山普賢寺)'라는 공식 절 이름 아래 30본산 중의 하나로 등장하였다.

1912년 당시 당우로는 대웅전·명부전(冥府殿)·심검당(尋劍堂)·수월당(水月堂)·명월당(明月堂)·진상전(眞常殿)·동림헌(東林軒)·만수각(萬壽閣)·관음전·대장전(大藏殿)·영산전(靈山殿)·극락전·사리각(舍利閣)·수충사(酬忠祠)·팔도십육종도규정문(八道十六宗都糾正門, 酬忠祠門)·팔만대장경보존고 등이 있었다.

이 가운데 수충사는 임진왜란 때의 호국승장 휴정(休靜)의 공을 기리기 위해서 세운 사당이다. 유물로는 북한 국보 문화유물 제7호로 지정된 묘향산 보현사 구층탑과 북한 국보 문화유물 제 144호로 지정된 묘향산 보현사 팔각십삼층탑이 있다. 또 유적 중 석가여래사리부도비(釋迦如來舍利浮屠碑)에는 사리봉안의 내력이 기록되어 있다.

신라시대 자장(慈藏)에 의하여 통도사(通度寺)에 봉안되었던 석가여래사리가 1592년 왜병의 침입으로 인하여 해를 입게 되자 사명당(四溟堂)이 금강산으로 사리를 봉안해 왔다. 이에 휴정은 금강산이 바다 가까이에 있어 적국과 가깝다는 이유를 들어 그 중 1함(函)은 묘향산에 봉안하고 1함은 통도사로 되돌려 보냈다.

그 까닭은 적이 노리는 것이 사리보다는 금은보화에 있고 또 자장의 뜻이 본래 통도사에 있었기 때문이다. 그리하여 이 불사리(佛舍利)는 통도사와 보현사에 분안(分安)되었다. 이 비문은 서산대사가 지은 뒤 손수 쓴 것으로 알려져 있다.

이 밖에도 임진왜란 때 전국 사찰에 격문(檄文)을 보내어 의승(義僧)의 궐기를 독려했던 초대 승군대장 휴정의 사리부도와, 묘향산을 중심으로 후학들을 지도하다가 보현사에서 입적한 원준(圓俊)의 석종(石鐘), 서산대사의 법을 이어받은 언기(彦機)의 석종과 비문, 풍담대사비(楓潭大師碑) · 영암대사석종비(靈巖大師石鐘碑) · 월저대사비(月渚大師碑) 등이 있다.

보현사의 말사는 일제강점기에 총 112개가 있었다. 이 중 산내말사(山內末寺)는 안심사(安心寺) · 내원암(內院庵) · 보윤암(普潤庵) · 화장암(華藏庵) · 법왕대(法王臺) · 상원암(上院庵) · 축성전(祝聖殿) · 불영대(佛影臺) · 내보현암(內普賢庵) · 불지암(佛智庵) · 보발암(寶鉢庵) · 금강굴(金剛窟) · 삼성대(三聖臺) · 설령대(雪靈臺) · 하비로암(下毘盧庵) · 보월사(寶月寺) · 남정암(南靜庵) · 계조암(繼祖庵) · 일출암(日出庵) · 백운암(白雲庵) · 신흥암(新興庵) · 은봉암(隱峯庵) 등 24개 사암(寺庵)이 있었다.

보현사의 산외 말사(山外 末寺)의 수반지(首班地)는 양화사(陽和寺, 泰川郡)이며, 양화사의 산내 말사는 상운암(上雲庵) · 화장암(華藏庵) · 원적암(圓寂庵) · 내원암(內院庵) · 축성전(祝聖殿) 등이다.

성불사(成佛寺)

황해북도 사리원시 성광리에 있는 절

정방산 국보유적 제87호, 898년(신라 효공왕 2) 도선국사 창건. 도선은 정방산(正方山)이 '진호(鎭護)의 땅'이어서 이곳에 성불사라는 절을 짓고 승려들의 거처로 삼았다고 한다.

1327년(충숙왕 14) 응진전 건립. 1375년(고려 우왕 1) 나옹왕사(懶翁王師) 중건.

임진왜란 때 전소. 1751년(영조 27) 찬훈대사(贊訓大師) 중건. 1924년 주지 보담(寶潭) 중건. 1955년 극락전 복원.

일제강점기의 사찰령(寺刹令) 반포 때 31본산의 하나로 꼽혔다. 현재는 극락전, 응진전, 명부전, 청풍루, 운하당, 산신각 등 여섯 채의 건물과 5층석탑이 남아 있다. 청풍루를 통하여 절 마당으로 들어서면 주불전인 극락전이 마주 보고 있고 동쪽에는 응진전, 서쪽에는 운하당이 서로 마주 보며 서 있다. 명부전은 응진전 남쪽에 놓여 있고, 극락전 뒤쪽에 산신각이 있다. 극락전 앞에 있는 5층 석탑은 본래 명부전 앞에 있던 것을 옮겨 놓은 것이다.

응진전은 정면 7칸(22.75m), 측면 3칸(6.7m)의 다포계 맞배지붕 건물이다. 응진전은 1327년(충숙왕 14)에 건립되고 1530년(중종 25)에 중수된 건물로 고려 시기 건축 양식을 보여준다. 건물 안에는 석가모니불과 함께 오백나한상이 모셔져 있다.

명부전은 정면 3칸, 측면 3칸의 2익공 겹처마 맞배집으로, 전퇴에 마루를 깔아 개방하였다.

청풍루는 정면 5칸, 측면 2칸의 2익공 겹처마 맞배지붕 건물로, 중앙에 통로가 있는 누각이다. 문 위에 '정방산성불사'란 편액이 걸려 있다.

극락전 앞마당에 있는 5층 석탑은 2중 기단 위에 5층탑신과 보주형 탑두를 올린 높이 4.36m의 고려 시기 석탑이다. 국보유적 제279호에 지정되어 있다.

성불사사적비는 성불사의 연혁을 기록하기 위해 1727년(영조 3)에 세운 비다. 높이는 2.17m, 너비는 90㎝이며 두께는 26㎝이다. 보존유적 제1127호에 지정되어 있다.

안심사(安心寺)

평안북도 영변군 북신현면 묘향산에 있었던 절

일제강점기에는 보현사(普賢寺)의 산내말사(山內末寺)였다. 창건 및 역사는 거의 전하지 않는다. 다만 인도 승려 지공(指空)의 사리가 봉안된 곳으로 널리 알려져 있다. 지공은 고려 말의 고승인 나옹(懶翁)·무학(無學)과 함께 고려시대의 삼 화상으로 추앙받았다.

지공이 입적하자 그의 몸에서는 많은 사리가 나왔는데, 그 중 9개와 나옹의 두골 한 조각과 사리 5개를 함께 모셔 석종(石鐘) 속에 간직하였다. 이로 보아 이 사찰은 고려 말 이전에 창건된 것임을 알 수 있다.

또 안심사라는 사명(寺名)은 중국의 소림사(少林寺)에서 중국 선종(禪宗)의 초조(初祖)인 달마대사(達磨大師)가 2조(二祖) 혜가대사(慧可大師)의 마음을 편안하게 하여 주었다는 고사에서 기인되었다고 한다. 이 절의 사격(寺格)과 그 배경은 전혀 알 수 없으나 이로 미루어 이 절은 선종의 사찰로 추정된다.

장연사(長淵寺)

강원도 김화군 원동면 장연리 용학산(龍鶴山)에 있었던 절

일제강점기 31본산이 있었던 때에는 유점사(楡岾寺)의 말사였다. 이 절은 1362년(공민왕 11)에 나옹왕사(懶翁王師)가 담실대사(曇實大師)를 시켜 창건하게 하였고, 1735년(영조 11)진각대사(眞覺大師)가 제자 금파(金波) 등과 함께 중수하였다.

1843년(헌종 9)의 화재로 절이 모두 소실되자 주지 성련(聖連)이 서형순(徐逈淳) 등의 시주를 얻어 불전(佛殿)을 중건하고 불상과 지장보살상(地藏菩薩像)을 조성, 봉안하였다. 1874년(고종 11)성련이 다시 3년 동안 노력한 결과 불전 10칸을 중건하고 절 이름을 흥룡암(興龍庵)으로 바꾸었다. 1874년 이후 이 절은 크게 퇴락되었다. 이때부터 이 절에 사숙(私塾)을 두어 학도들을 가르치는 한편 시주를 얻어 절을 중수하였고, 1910년에 다시 장연사로 개칭하였으며, 1923년 불전 10칸과 승방(僧房) 7칸을 건립하여 수도장의 면모를 갖추었다. 그러나 그 뒤의 역사는 전하지 않는다.

조제암(鳥啼庵)

강원도 고성군 현내면 명파리 금강산에 있는 절

일제강점기 31본산이 지정된 때에는 건봉사(乾鳳寺)의 말사였다.

772년(혜공왕 8) 진표율사(眞表律師)가 창건하여 관음암(觀音庵)이라 하였고, 1358년(공민왕 7) 나옹왕사(懶翁王師)가 중건하였다.

1464년(세조 10) 왕이 나라의 동쪽지방을 순시하다가 명파리에 다다랐을 때 관음청조(觀音靑鳥)의 울음소리를 듣고 그 새소리를 좇아 이 절에 이르게 되었으므로 절 이름을 조제암이라고 고쳐 부르도록 하였으며, 명을 내려 절을 중건하게 하였다. 그 뒤 운곡대사(雲谷大師)가 중수하였고, 1896년 기월대사(機月大師)가 서쪽으로 5리 되는 곳으로 옮겨 중건하였으며, 1903년 다시 옛터로 옮겨지었다. 그 뒤 1910년에 선화대사(禪和大師)가 중수하였으며, 현재에는 북쪽 땅에 있어 그 상황을 알 길이 없다. 그러나 이 절은 창건 이후 관음기도처로서 참배객들의 발길이 끊이지 않았던 곳이다.

신광사(神光寺)

황해도 벽성군 서석면(지금의 황해남도 해주시) 신광리 북숭산(北嵩山)에 있었던 절

일제강점기에는 패엽사(貝葉寺)의 말사였다. 창건에 대한 정확한 기록은 전하지 않는다. 다만, 『삼국유사』에 923년(태조 6) 입조사(入朝使) 윤질(尹質)이 중국에서 오백나한상(五百羅漢像)을 가져왔는데, 그것을 이 절에 모셨다고 한 것으로 보아 창건연대 또한 그 이전으로 추정된다.

그 뒤 현종은 1026년(현종 17) 이 절에 행행(行幸 : 임금이 궁궐 밖으로 행차하는 것)하였고, 1053년(문종 7) 9월에는 왕이 이 절에 이르러 나한재(羅漢齋)를 개설하고 제왕(諸王)과 재추(宰樞)·시신(侍臣)을 향연하였다. 또한, 1102년(숙종 7) 10월에는 왕이 이 절에 들러 오백나한재(五百羅漢齋)를 설하였다. 그러나 이 절이 대찰로서의 면모를 갖춘 것은 1334년(충숙왕 복위 3)에 원나라의 마지막 왕인 순제(順帝)가 그의 원찰(願刹)로 중건하였기 때문이다.

순제는 일찍이 서해의 대청도(大靑島)에서 귀양살이를 하였다. 그때 그는 서해의 산천을 두루 돌아보았는데, 해주의 북숭산 기슭에 이르렀을 때 나무와 풀이 우거진 속에 이상한 기운이 빛나고 있는 것을 발견하고 찾아가 보았더니, 수풀 속에 한 부처님이 있었다. 이에 그는 만약 부처님의 도움을 얻어 환궁등극(還宮登極)할 수만 있다면 마땅히 절을 지어 그 은혜에 보답하겠다고 기도하였다.

그 뒤 그가 환궁등극하고 2년이 지난 어느 날, 부처님이 꿈에 나타나서 "어찌 서로 잊을 수 있단 말인가!" 하였다. 꿈을 깬 그는 이상하게 생각하다가 원나라의 재력을 기울여 이 절을 중창하였는데, 그 웅장하고 화려하기가 동방에서 으뜸이었다고 한다. 이 역사에는 원나라의 대감 송골아(宋骨兒)가 이끄는 37인의 공장(工匠)이 참여하였고, 고려의 시중 김석견(金石堅)과 밀직부사 이수산(李壽山)이 송골아와 함께 감독하였다.

이때 이루어졌던 건물은 법당인 보광명전(寶光明殿)을 중심으로 그 앞에 장랑(長廊), 동쪽에는 누(樓)와 재료(齋寮), 북쪽에는 1동의 전우(殿宇)와 그 앞에 석탑(石塔), 서쪽에는 나한전(羅漢殿) 등이 있었다고 기록하고 있다. 또 이 밖에도 침실과 석경판(石經板)

을 봉안한 해장전(海藏殿)·중문(中門)·종루(鐘樓)·양진당(養眞堂)·영마전(影磨殿) 등 많은 건물이 있었다고 한다. 1335년 8월에는 충숙왕이 이 절에 들러 축수를 하였다.

그리고 이 절은 일찍이 화재를 만난 일이 없었다고 전한다. 그런데 한 과객이 이 절에 머물고 있을 때 누의 남쪽을 바라보면서 말하기를, "처음 절을 지을 때 남산(南山)에 석옹(石瓮)을 묻어 물을 저장함으로써 화재를 막았다. 이제 그 석옹이 기울어져 물이 새고 있으니, 몇 년 지나지 않아 절에 화재가 있을 것이다."고 하였는데, 1677년 4월 5일에 화재를 만났다. 이때의 화재로 전우와 불상 및 승방 등이 모두 탔다.

다음해에 보광전(普光殿)·설법전(說法殿)·약사전(藥師殿)·시왕전(十王殿)·만세루(萬歲樓)·승료(僧寮) 등을 중건하고, 다시 27년이 지난 1705년에 이르러 나한전을 세웠다. 그러나 그 뒤의 역사는 전하지 않는다.

문화재로는 1324년(충숙왕 12)에 세워진 북한 보물급 문화재 제22호인 신광사오층탑과, 북한 보물급 문화재 제23호인 신광사무자비(神光寺無字碑)가 있다. 무자비는 글자가 없는 비로 고려시대에 조성된 것으로 추정된다.

나옹왕사 관련
학술발표

세미나 1 **나옹선사의 생애와 사상**

일　　시 : 2001년 5월 9일

장　　소 : 영덕군민회관

기조연설 : **문화의 세기와 불교의 역사적 회향** 송석구 _전 동국대 총장

주제발표 : **나옹화상의 생애와 계승자** 허흥식 _한국정신문화연구원 교수

　　　　　 나옹혜근의 불교사적 위치 효탄스님 _동국대학교 문화교육사단 연구원

　　　　　 나옹선사와 목은 이색의 사상적 만남 고혜령 _국사편찬위원회 교육연구관

　　　　　 나옹선사 유적지 성역화 사업의 기본구상 홍광표 _동국대학교 교수

세미나 2 **나옹왕사 재조명 학술세미나**

일　　시 : 2008년 1월 25일

장　　소 : 영덕 예주문화예술회관

기조강연 : **나옹왕사 유업의 재조명** 지관 큰스님 _대한불교조계종 총무원장

주제발표 : **나옹혜근의 불교계 행적과 유물 · 유적** 황인규 _동국대 역사교육과 교수

　　　　　 남종선의 흐름에서 본 나옹 신규탁 _연세대 철학과 교수

　　　　　 나옹왕사의 정토신앙이 한국불교신앙에 미친 영향 한보광스님 _동국대 선학과 교수

　　　　　 나옹왕사의 생애를 통한 지역문화콘텐츠 개발방안 이재수 _동국대 전임연구원

※영덕군에서는 나옹왕사에 관한 세미나를 2번에 걸쳐 봉행했다. 두 번에 걸쳐 영덕군에서
　주최한 나옹왕사에 관한 세미나 논문 중 서언(序言)과 결어(結語) 부분을 발췌하여 옮긴다.

1. 문화의 세기와 불교의 역사적 회향

기조연설 **송석구** _前 동국대 총장

금세기에 들어서 그 어느 때보다 한 나라의 문화적 역량과 그 가치에 대한 논의가 높아가고 있습니다. 그것은 정치·사회·경제를 떼어 놓고 우리의 삶을 이야기할 수 없듯이 문화 역시 또한 그러하며 문화는 총체적인 인간의 삶을 표현하고 있기 때문입니다. 따라서 우리는 21세기를 '문화의 세기'로 삼고 우리 문화에 대한 선양사업을 적극 추진하고 있습니다. 이러한 작업은 우리의 삶의 질을 한 단계 더 끌어올리는 것이 될 뿐만 아니라 문화적 삶을 통하여 자신의 정체성 확립과 정신적 고양을 위한 일환이 될 것입니다. 우리는 과거 지나친 경제적 성장에만 매진하여 우리 조상들이 남긴 유훈과 문화적 가치에 대하여 소홀하였습니다.

그러나 지금은 이에 대한 반성과 더불어 역사적 교훈에 대하여 겸허히 경청하려는 자세를 갖고자 합니다. 우리나라는 유구한 역사와 문화를 가진 민족입니다. 거듭 말씀드리지 않아도 우리 선조가 쌓아올린 문화적 유산은 그 어느 곳에 내 놓아도 뒤지지 않는 우수성을 가지고 있습니다. 뿐만 아니라 우리의 역사에는 불교의 숨결이 어느 순간 없었던 때가 없었으리만치 불교가 차지하는 비중은 지대합니다. 이곳 영덕군 역시 그러한 역사적 자취를 풍부히 갖고 있는 지역입니다. 그리고 영덕군에서는 그러한 역사적 유훈을 기리기 위하여 이 자리를 마련한 것으로 알고 있습니다.

영덕군은 천혜의 관광자원과 선조의 문화유산을 소중히 간직하고 있는 충절의 고장입니다. 그리고 이곳은 불교계의 나옹 혜근선사와 유학의 목은 이색선생을 배출한 곳이기도 합니다. 영덕군에서는 지난해에 목은 이색선생의 학술발표대회를 가졌던 것으로 알고 있습니다. 올해에는 이색선생과 동향이며 매우 밀접한 관계를 갖고 있는 나옹선사의 생애와 사상을 조명하는 자리를 마련하고 있습니다. 이러한 일련의 세미나는 영덕군민의 정체성을 확립하는 가치를 더할 뿐만 아니라 우리의 미래의 좌표를 설정할 수 있는 계기가 될 것으로 기대됩니다.

나옹선사는 살아서는 풍부한 선풍을 드날리며 선사상으로 국민의 정신적 계도와 대중 구제에 진력하신 분입니다. 선사는 고려 말 공민왕과 우왕의 왕사를 역임하셨으며 '공부선(승과)'의 실시와 양주 회암사 중창 등을 통하여 국운창성과 불법재흥이라는 염원을 이루고자 하신 분입니다. 또한 입적 후 조선시대에 들어와서는 '생불', '석가모니불 후신'으로 불릴 정도로 추앙을 받았습니다. 그리고 환암 혼수 및 무학 자초 등 훌륭한 제자를 두셨으니 무학선사는 특히 조선 개국의 기초를 닦은 분입니다. 영덕군은 이와 같은 나옹선사가 탄생하신 곳입니다.

물론 나옹선사께서는 출가하신 후 이곳 영덕보다는 국내 유수한 사찰과 중국 유학을 하시며, 귀국한 뒤에는 양주 회암사에서 주로 교화활동을 펼쳤습니다. 그러나 선사의 정신과 사상의 바탕은 결국 이곳 영덕에 뿌리를 두고 있으니, 영덕이야말로 불교를 발전시킨 고향이며 더 나아가서는 조선 건국의 기틀을 제공한 것이라고 할 수 있을 것입니다. 또한 영덕군에서는 이에 만족하지 않고 나아가 장육사 일대를 중심으로 나옹선사 유적지 성역화 사업을 구상하고 추진한다 하니 더 없이 뜻깊은 일이라고 하겠습니다.

이번에 영덕군과 불국사에서 주최하고 동국대학교에서 주관하는 '나옹선사에 관한 종합적 고찰'이라는 주제의 학술대회는 나옹선사의 사상과 업적을 기려 불교문화와 영덕의 문화유산을 다시 한 번 일깨우고 이를 계승·발전시켜 나가는 초석이 될 것입니다. 또한 이러한 기초를 세워나가는데 첫걸음으로 나옹선사에 관한 학술대회를 개최한 것은 선사의 유적지 성역화 작업을 수행해 나가는데 반드시 짚고 넘어가야 할 일로써 뜻깊은 일이 아닐 수 없습니다.

2. 나옹화상의 생애와 계승자

허흥식 _한국정신문화연구원 교수

머리말

통일신라 말 남종선을 계승하고 귀국한 유학승들은 고신라의 변두리에 여러 산문(山門)을 개창하였고 고려 초부터 선종 또는 조계종으로 불리었다. 선종은 고려 광종 시부터 차츰 화엄종이 대두하면서 종세가 약화되었으나, 중기에 이르러 혜조(慧照), 학일(學一), 탄연(坦然), 지눌(知訥)등을 배출하였고, 후기에는 4대 종파 가운데 가장 확고한 종세를 확립하였다. 나옹화상 혜근은 고려 말의 두드러진 선승일 뿐만 아니라 지공의 대표적 계승자이고 그의 문도가 조선 초 불교계에서 주도적 역할을 보였으므로 반드시 검토되어야 할 인물이라 생각된다.

나옹의 생애와 활동은 그의 행장에 개괄적으로 정리되어 있다. 이를 토대로 그의 사상에 영향을 끼친 인물을 추적하고, 나아가 사상계에 끼친 역할과 위치를 고려 말의 불교계 및 성리학계와 전반적으로 연결시키면서 거시적으로 파악할 필요가 있다. 지금까지 그에 대한 연구는 국어국문학의 일부를 제외하면 생애와 사상, 그리고 그의 계승자에 대한 전반적인 논문은 거의 없는 형편이다. 이에 비하여 태고화상 보우에 대해서는 수많은 연구 성과가 축적되었으며, 이는 곧 법통상의 통설이 연구자에게도 적지 않게 작용한 때문이라 하겠다.

나옹은 거의 같은 시대를 살았던 태고화상 보우와는 같은 조계종에 속한 선승이었고, 공통점도 많았지만 차이점도 있었다. 고려말기를 대표하는 고승인 이들은 출발한 산문에서부터 원에 가서 감화를 받았던 사승과의 사상적 교류에서도 차이가 있으며, 특히 나옹은 지공의 철저한 계승자란 점에서 태고와 달랐다. 두 고승의 차이점은 이후의 계승자들에 의하여 더욱 두드러지게 인식된 느낌이 있다.

나옹의 계승자는 조선시대의 불교계에서도 주도적 종파였던 선종의 주류를 이루면서 오늘날까지 계속되고 있다. 이와 같은 필자의 견해는 도안(道安)의 불교종파지도(佛祖宗派之圖)와 이를 계승·확대한 채영(采永)의 해동불조원류(海東佛祖源流)를 따랐던 불교학계의 통설과는 판이하게 다르다. 다시 말하면 태고의 계승자가 조선시대를 거쳐 오늘날까지 조계종을 이끌어 왔다는 통설에 의문을 제기하고, 나옹의 계승자가 오늘날까지도 불교계 주류의 법통을 이어오고 있다는 새로운 견해를 제시하였다.

나옹의 영향력은 그의 말년에 이미 태고와 대등하거나 능가할 정도였다. 필자는 나옹의 계승자가 적어도 조선 전기에는 단연 불교계에서 주도적이었고, 오늘날까지도 그 맥락이 계승되어 오고 있다고 결론지었다. 불교계에서 필자와 다르게 인식하고 태고의 법통설이 통설화 되었다. 통설과 판이한 법통상 나옹의 중요성을 정립시키기 위해서는 그의 사상적 기원과 불교계에서의 역할, 그리고 그의 계승자에 대해서 면밀하고도 체계적인 분석과 해석을 뒷받침할 필요가 있다. 그의 사상을 이해하기 위하여 그가 출가한 선종산문과 사승인 지공(指空)과 평산처림(平山處林)과의 관계를 다루고, 그의 계승자인 혼수(混修)와 자초(自超)와의 관계의 분석에 초점을 두었다.

맺음말

나옹은 14세기 후반 왕조의 변혁기를 살면서 불교계에 중요한 발자취를 남겼다. 그는 20세에 출가하여 8년간 국내에서 조계종의 기반을 흡수하면서 수학하였다. 10년 동안 원(元)에 유력하면서 평산처림(平山處林)을 위시한 강남(江南)의 임제종(臨濟宗) 고승으로부터 감화를 받았으나, 누구보다도 인도 출신의 고승인 지공(指空)으로부터 무심선(無心禪)과 무생계(無生戒)를 바탕으로 한 인도 불교의 마지막이고도 직접적인 계승자가 되었다.

나옹의 사상적 경향은 국내 조계종의 토양 위에서 성장하여 원(元)의 임제종과 접목되었지만, 가장 큰 특성은 지공의 인도불교와 직접 만남으로써 꽃피었다고 할 수 있다. 그는 지공의 사상에 심취하여 귀국한 후에는 나머지 18년간의 생애를 지공의 사상을 계승하고 회암사를 창건하여 나란타 사원을 재현하려는 지공의 이상을 실현하려고 노력을 집중하였다.

나옹은 왕명으로 중요 사원의 주지를 맡아 교화에 힘썼으나, 세속과의 접촉을 멀리하고 수도에 열중함으로써 선승(禪僧)의 위치를 고수하려 했다. 그러나 신돈의 등장을 못마땅하게 여기고, 공부선(工夫選)을 통하여 조계종의 우위를 확보하면서, 회암사를 중심으로 지공의 기념사업을 성공적으로 매듭지었다. 그러나 회암사의 낙성회(落成會)에 전국의 신도들이 운집함으로써 대간(臺諫)들의 배척을 받게 되고, 그는 영원사(瑩原寺)로 추방되는 과정에 여주 신륵사에서 입적(入寂)하였다.

갑작스런 입적과 수많은 사리의 출현으로 그에 대한 숭배는 살았을 때보다 더 고조되었다. 그를 위한 기념탑이 곳곳에 세워지고, 그의 문도들이 고려 말기는 물론 조선 초까지 불교계를 주도하였다. 불교계에서 그의 위치는 그보다 먼저 태어나 늦게까지 생존했던 태고보우(太古普愚)를 능가하였다. 나옹은 왕사로서 입적하였고 태고는 국사로서 나옹보다 불교계와 정치에 좀 더 깊이 관여하였음에도 불구하고, 그가 당시 불교계에 가장 두드러진 존재였음은 주목되는 사실이다.

나옹의 문도는 고려 말의 국사였던 환암혼수(幻庵混修)와 조선 초의 왕사(王師)였던 무학자초(無學自超)가 대표자였다. 이들 두 고승이 나옹의 법통을 계승한 사실에 대한 조선시대의 체계는 일치하지 않았다. 나옹의 행장과 혼수의 비문을 종합하면, 혼수가 나옹의 법통을 계승한 대표적 문도임이 틀림없으나, 태고의 행장과 비문에서 혼수를 문도로 수록한 이래로 불조종파지도(佛祖宗派之圖)와 해동불조원류(海東佛祖源流)에는 태고의 계승자로 정리되었을 뿐 아니라 자초가 나옹의 법통을 이었다고 밝히고 있다. 또한 자초의 비문(碑文)과 조선 초의 실록에도 지공을 제외하고 평산처림을 나옹의 스승으로, 계승자로 자초를 제시하고 있다. 이와 같은 서술 경향은 『동문선』에서도 찾을 수 있다.

나옹의 법통은 혼수를 거쳐 오늘날까지 대한불교 조계종으로 계승되고 있으나, 자초에 의하여 조선 초 법통의 서술이 굴절되었다고 파악하였다. 조선초기의 불교계와 법통에 대한 서술은 단편적이지만 성현(成俔)의 『용재총화(慵齋叢話)』가 가장 논리적인 타당성을 나타냈다고 생각된다.

오늘날까지 태고(太古)의 법통을 이어 왔다는 견해가 통설로서 학계와 불교계에서 받아들여지고 그에 대한 연구가 밀집되었으나, 이 논문에서는 전혀 다른 견해를 제시한 셈이 되었다. 이 논문을 계기로 지공과 나옹을 거쳐 혼수로 이어지는 고려 말과 조선 전기의 고승과 이들의 사상과 계승관계가 좀 더 규명되면서 성리학과의 관계도 깊이 연구되었으면 한다.

3. 나옹혜근의 불교사적 위치

효탄스님 _동국대학교 문화교육사단 연구원

머리말

나옹혜근(懶翁慧勤, 1320~1376)은 밖으로 원(元)·명(明) 교체의 대륙 변동과 안으로는 성리학자들의 배불논의가 차츰 거세어가는 고려 말을 살며 선풍을 크게 일으킨 선승이며 동시에 공민왕의 왕사로서 국운창성과 불법중흥을 위해 회암사 불사를 이룩하고자 한 개혁승이었다. 그는 쓰러져 가는 여말 불교계 지도자의 한 사람이었으며, 유학자의 질서에 정면으로 대결하다가 죽음까지 맞이한 행동하는 지성인이었다. 그는 지공(指空)·평산(平山)의 법을 이어받고 자유자재한 선기를 활용하여 선풍을 크게 일으켰으며 고려 말 불교계를 대표하는 여말 3사의 1인이었다. 이 논문의 목적은 나옹의 사상과 그 특징을 검토하고 그의 사상이 한국불교사에서 차지하는 역할을 밝히고자 함에 나옹은 자신이 살고 있던 변동의 시기의 해결책으로 선풍의 중흥, 공부선(工夫選)의 실시, 회암사의 중건을 통해 국운 쇄신과 국민단합을 이끌어내고자 하였다. 그러나 당시 선 뿐만 아니라 정토신앙, 가삼수(歌三首) 등을 통하여 대중교화에 힘썼으며, 무생계(無生戒)를 실시함으로써 불교적 윤리관을 다시 세우고자 하였다. 본 논문에서는 이러한 점에 주목하여 나옹의 시대인식, 그의 사상과 그 특징 및 나옹이 차지하는 불교사적 역할이 무엇인가를 검토하고자 한다.

나옹에 관해서 먼저 주목한 것은 1970년대 불교학계나 역사학계가 아닌 국문학계였다. 이 후 국문학계의 성과는 주로 나옹의 '가삼수'에 관한 연구로서 문학적 입장에서의 이해이지만 그의 연구에 적지 않은 시사점을 주었다. 나옹에 관한 논문은 근래에 와서 다시 지공과의 관계를 다루면서 그 범위가 넓혀졌으며, 그의 사상의 특징과 조계종의 법통 문제, 그리고 조선 불교계에 끼친 영향 등이 논구되어졌다. 그러나 당시의 시대적 상황과 관련시키면서 철저하게 규명하는 데 까지 미치지 못하고 있지 않나 생각한다. 필자의 문제의식은 여기에서 출발하였다.

나옹에 대한 자료는 기본적으로 『나옹화상어록(懶翁和尙語錄)』, 『나옹화상가송(懶翁和尙歌頌)』 및 그에 관한 비문이다. 나옹에 관한 일차 자료는 이 범주에서 벗어나지 않는다. 그러므로 나옹 사상의 분석과 불교사적 위치의 분석을 위해서는 이와 함께 관계자료의 유기적인 검토가 중요하다. 『어록』은 1.『보제존자어록서(普濟尊者語錄序)』, 2.『어록서(語錄序)』, 3.『나옹화상행장(懶翁和尙行狀)』, 4.『나옹화상탑명(懶翁和尙塔銘)』, 5.『나옹화상어록(懶翁和尙語錄)』으로 구성되어 있다. 그 내용은 상당법어(上堂法語) 9편, 소참(小參) 10편, 보설(普說) 9편, 시중(示衆) 6편, 수시(垂示) 10편, 하화(下火)·입탑(入塔) 등 6편, 답(答) 2편, 대어(代語) 1편, 감변(勘辯) 1편, 착어(着語) 1편과 달마, 지공화상 관련 부분 등 총 55편으로 구성되어 있다. 『가송』은 크게 1.『나옹화상가송』, 2.『승원가(僧元歌)』·『서왕가』로 구성되어 있는데 가(歌) 부분은 '가삼수(歌三首)'라 하여 『완주가(翫珠歌)』, 『백납가(百納歌)』, 『고루가(枯髏歌)』가 있고 송(頌)은 산거시(山居詩), 명호시(名號詩), 송시(送詩), 구게시(求偈詩), 구송시(求頌詩), 찬시(讚詩), 답시(答詩), 시시(示詩), 증시(贈詩), 화답시(和答詩), 경세시(警世詩), 제시(題詩) 등으로 나누어 볼 수 있다. 그리고 이달충(李達衷)의 발문(跋文)이 있으며, 최후로 발원문(發願文)이 첨부되어 있다.

그러나 위의 내용은 연대별로 편찬되어 있지 않다. 따라서 나옹의 시대별 사상을 파악하기는 쉽지 않다. 그리고 양을 보면 선사답게 선에 관한 부분이 많은 부분을 차지하고 있다. 특히 송은 선사들과 격외의 선지를 자유롭게 구사한 나옹의 면모를 파악할 수 있으나 이 부분들을 통하여 그의 사상의 전모를 파악하기는 어렵다. 오히려 나옹의 선사상을 전반적으로 관찰할 수 있는 부분은 어록의 상당부분과 가삼수이다. 따라서 이를 중심으로 다루면서 다른 부분과 연계하여 나옹의 사상과 불교사적 역할을 살펴보고자 한다.

맺음말

이 글은 『나옹화상어록』, 『나옹화상가송』을 중심으로 나옹의 시대 인식과 사상을 검토하고, 그의 선사상이 갖는 특징을 분석하였으며, 이를 바탕으로 한국불교사에서 그의 사상이 가지는 역할과 위치를 규명하였다. 여기서 본인은 나옹을 한국불교사에서 누구보다도 풍부한 선사상으로 폭넓게 대중교화를 펴 선의 생활화가 어떠하여야 하는가를 구체적으로 제시한 인물로 규정하고자 한다.

나옹은 법안·조동·위앙 등의 가풍 및 간화선과 국내 선사상의 접합과 지공의 선사상·임제의 선사상의 영향을 받았으며, 중국에 10여년을 머물렀다. 그러나 나옹은 그 어떤 사상에도 치우치지 않고 각 사상을 폭넓게 수용하고 이를 바탕으로 자신만의 선을 구축하였다. 나옹은 자신의 선사상을 펼침에 있어 항상 자기 확신을 주장하였으며 자기 체험과 표현, 일상성, 자기 본래성, 본래 면목 등을 강조하였다. 그 뿐만 아니라 나옹은 지공·임제선에서 탈격한 자기만의 선의 세계를 구축하였다. 즉 나옹은 임제선에 매몰되지 않고 자기 안에서 스스로의 종지를 찾을 것을 권하였다. 여기서 우리는 그의 철저한 조사선(祖師禪) 정신을 찾을 수 있다.

또한 나옹은 자신의 사상 안에서 교(敎)·계(戒)·밀(密)을 회통시키고 있으며『완주가』·『백납가』·『고골가』'가삼수'로 가사문학(歌辭文學)을 전개하여 선사상을 더욱 풍부하게 하였고『승원가』·『서왕가』를 통하여 대중구제의 실제를 보였다.

한편, 그는 선 안에서 정토사상을 적극 수용하고 있음을 보여준다. 즉 무념·유심정토관과 칭명·관상 염불관을 함께 제시함으로써 근기에 따르는 방편을 제시하였다. 이는 선사로서 대중을 구제하려는 애민심의 발로이며, 대기대용의 활용이라고 하겠다. 또한 상당법어로서 영가법어와 소참법문 등의 활용은 유심정토로서 정토사상을 적극적으로 수용한 것이다. 이것은 선의 온전한 정착을 보여주는 것이라 하겠다. 이후 이러한 전통은 조선시대에 걸쳐서 널리 활용되었고 나옹을 일체불사(一切佛事)의 곳에 증명법사로 모시게 된 원인 중의 하나가 되었다.

나옹은 고종 이래 중지되었던 승과 공부선의 실시를 통하여 인재를 발굴하고 승단의 기강을 바로잡고자 하였다. 그러나 이것은 소기의 목적을 거두었다 할 수 없다. 단지 환암혼수 만이 입격하고 있기 때문이다. 또한 나옹은 지공의 수기에 따라 국운의 부흥과 불법의 재흥을 위하여 회암사 중창불사를 추진하였으며 그 낙성을 보았으나 이 또한 오히려 자신을 죽음으로 몰고 가게 한 원인을 제공하였다. 여말의 대불교비난이 강화되고 있었던 때 지지자인 공민왕의 몰락에 따른 결과였다. 그러나 이러한 일련의 사건은 그의 굽히지 않는 적극적인 시대정신을 살필 수 있다. 결국 회암사 중창불사는 무학자초(無學自超, 1327~1405)에 의해서 다시 이어지고 조선이 불교사상으로서 재창조될 수 있는 연결점을 갖게 한다.

조계법통은 서산휴정 이후 본격적으로 여러 차례 논의 되어 태고법통설로 확정되었다. 그러나 태고법통성은 지금까지도 논란의 대상이 되고 있다. 보조법통설(普照法統說)이 옳은가 태고법통설 혹은 나옹법통설이 옳은가 하는 것은 선사상과 관련하여 그 의미에 중점을 두어야 할 것이다. 태고법통설이 확정된 것은 명(明)이 멸망하고 청(淸)이 들어서게 됨에 따라 소중화(小中華) 의식에 집착한 데에 따른 중국 선종 계보의 전승이라는 측면이 강하다. 그러나 그 결과는 구산선문(九山禪門) 이래 보조 및 국내선 계보의 탈락이라는 커다란 문제점을 낳았다. 나옹법통설이 배제된 이유는 나옹이 평산과 지공의 법을 받았다고는 하나 지공의 영향이 단연 지대하므로 나옹법통설을 세운다면 중국 계보와의 연계가 자연 도외시 된다는 우려에 기인하는 것이 아닌가 한다. 그러나 이러한 법통설세의 집착은 한국선의 지평을 좁게 만드는 결과를 초래하는 것이다. 선이라는 것이 현실에 구체적으로 어떻게 전개되어야 하는 것인가를 생각할 때 더욱 그러하다.

나옹은 조선대에 와서 석가모니불의 후신 또는 조사로서 숭앙되었으며, 삼대화상·의식의 증명법사로서 추앙되었다. 이와 같은 원인은 그의 원융무애·대기대용한 선사상의 적극적인 활용 결과에 있는 것이다. 또한 그가 남긴 열반불사는 많은 의문을 종식시켰으며 숭앙의 결정적인 요인이 되었다. 그런데 이러한 일련의 일들이 태고법통설이 확정된 이후 적극적으로 이루어지고 있다는 점에서 볼 때 많은 것을 시사한다고 하겠다. 또한 그의 철저한 대중구제(大衆救濟) 의식은 선을 단지 선으로만 그치게 하는 것이 아니라, 나옹이 비록 여말 유·불교대의 도도한 흐름을 막지 못하였으나, 한 시대의 인물로서 자신의 본령을 다하고 생애를 마감한 고승으로 평가되어야 한다는 것은 틀림이 없는 사실이다.

4. 나옹선사와 목은 이색의 사상적 만남

고혜령 _국사편찬위원회 교육연구관

들어가는 말

목은(牧隱) 이색(李穡)은 고려 말 공민왕 이후 고려가 멸망할 때까지 학자로서 관료로서 멸망해가는 고려를 지키려고 충성을 다하였던 대유학자이다.

이색은 가정(稼亭) 이곡(李穀)의 아들로서 일찍이 부자(父子)가 원(元)나라 과거에 급제하여 명성을 떨쳤고, 60여권의 많은 시와 문장을 남겼다.

목은 이색은 유학자로서 불교와 깊은 관련을 가져서 그의 방대한 문집인『목은집(牧隱集)』속에는 승려와의 교유의 흔적이 많이 남아있다. 때로 그는 왕명(王命)을 받아서 고승(高僧)의 비문(碑文)을 짓기도 하였으나, 개인적으로 승려와의 두터운 교분도 많아서 승려들과의 시화(詩話)도 다수 남겼다. 그는 부친을 위하여 대장경(大藏經)을 인성(印成)하였으며 이 때문에 후대 사람들의 비난을 샀던 사실은 너무나도 잘 알려진 사실이다.

그러나 목은 이색이 남긴 글이나 다른 사람들이 그에 대해 평한 글에서 그가 불교도라는 증거는 없다. 그렇다면 우리는 목은 이색과 불교와의 관계를 어떻게 이해해야 할까?

이 자리는 나옹선사의 생애와 불교에서의 위치를 조명하는 자리이다. 그 중 필자의 주제는 '나옹선사와 목은 이색의 관계'를 주제로 하는 것이다. 목은과 나옹과의 관계를 상정함에는 특히 그가 교유를 맺은 승려에는 나옹의 제자가 다수였다는 점이 주안점이 될 것이다. 왜냐하면 실제로 나옹선사의 생전에 목은과의 관계를 설정하기가 매우 어렵기 때문이다.

이 글에서는 먼저 당시 고려의 유학자들의 불교관과, 목은 이색의 불교관을 개략적으로 살펴보고 목은의 승려와의 교유관계, 그리고 나옹선사와의 관계를 고찰하도록 하겠다.

나옹선사와 목은 이색의 만남을 말하기 위해서는 나옹선사의 심오한 설법과 목은 이색의 성리학적 이해를 그들의 불교, 또는 유학사상과 관련지어 논의를 전개하여야 하나 이 글에서는 목은 이색이 지은 나옹에 관한 글과 그의 제자들과의 연결 관계를 다루는

데 그치게 됨을 양해해 주기 바란다. 두 사람의 사상에 대한 고찰은 후일에 기약한다.

나가는 말

지금까지 고려 말 대표적인 유학자 목은 이색의 불교에 대한 태도를 통하여 여말 성리학자들의 불교인식과 특히 나옹선사와의 관계를 중심으로 한 목은과 나옹, 또는 나옹의 제자들과의 관련을 통하여 사상적인 연관성을 짚어보고자 하였다.

나옹과 목은은 같은 시대를 살았으며, 두 사상체계의 대표적인 인물로 손꼽히는 존재로서 태어난 곳과 사망한 곳이 같다는 특이한 공통점을 갖고 있다.

목은은 고려 말에 성리학을 본격적으로 펼쳐나간 대종(大宗)이면서도 불교와의 관련을 끊을 수 없는 인물로서 자신의 문하에서 배출된 사람들에 의해서 '불교에 아첨하였다'는 죄목으로 탄핵될 수밖에 없었던 아이러니는 분명 고려 말 사상적 추이를 이해하는 데 매우 관심을 끄는 주제이다.

본 발표에서는 이러한 관점에서 나옹과 목은과의 관계를 고찰하고자 하였지만, 실제 목은과 나옹은 살아있는 동안에 서로의 사상을 나눌 대화를 가진 적이 없었음을 알 수 있었다. 그럼에도 불구하고 목은의 성리학은 나옹의 사상체계와 그리 멀리 있지 않았으며, 그의 기문을 대부분 목은이 썼다는 것은 그가 문장이 뛰어나고, 왕명에 의한 것이라는 단순한 이유보다는 좀 더 목은과 나옹과의 적극적인 관계를 상정할 수 있겠다. 본 발표에서 나옹과 목은 관계의 본론이 되는 사상적 측면의 비교를 하지 못하였음을 유감으로 생각하며 후고(後稿)를 기약한다.

5. 나옹왕사 유업의 재조명
가산 지관큰스님 _대한불교조계종 총무원장

1) 21세기를 맞이하여 세계는 급격하게 변화하고 있습니다. 우리나라를 둘러싼 국제관계와 강대국 속에서 국가발전과 남북통일이라는 과업은 우리들의 해결해야 할 중대한 과제입니다. 이러한 중차대한 시점에 나옹왕사의 고향이며, 고려의 충신 목은 이색의 향리인 이곳 영덕에서 이 지역 선조들의 얼을 되새기고, 그 가르침을 후손들에게 길이 남기고자 『나옹왕사 재조명 학술세미나』를 가지는 것은 무엇보다 뜻 깊은 일이 아닐 수 없습니다. 환태평양시대를 맞이하여 세계로 뻗어 나아갈 수 있는 천혜의 자연환경을 가진 경상북도 동해안 지역의 중심이며, 우리나라에서 하루 중 가장 먼저 태양을 맞이하는 영덕군의 올바른 선택에 대하여 김병목 군수님과 군민 여러분들에게 경의를 표하는 바입니다. 또한 이 사업을 지원해 주신 경상북도 김관용 지사님과 제11교구 불국사 성타 주지스님께도 감사드립니다. 지방화 시대를 맞이하여 각 지역마다 여러 가지 행사나 향토축제를 개최하고 있지만, 먼저 조상의 얼을 되새기고, 그 가르침을 실천하고자 하는 지방자치단체는 극히 드문 것으로 알고 있습니다.

이 지역이 낳은 세계적인 고승이며, 나라가 위란에 처했을 때인 홍건적의 난 속에서도 조금도 동요함이 없이 굳건함을 보여 주셨던 나옹왕사야 말로 목은과 함께 이 지역의 자랑이 아닐 수 없을 것입니다. 이 분들의 가르침을 재조명한다는 것은 바로 후손들에게 정신적인 지주가 되고, 귀감이 되어 앞으로도 제2, 제3의 나옹왕사와 같은 인물들이 배출되어 이 고장을 더욱 빛낼 것이라고 확신하는 바입니다.

2001년도에 첫 번째 나옹왕사의 학술세미나를 개최하였고, 이번이 두 번째인 것으로 알고 있습니다만, 이번 세미나를 통해서 나옹왕사의 사상과 발자취가 거의 밝혀질 것으로 생각하고 있습니다. 따라서 이제는 가칭 『나옹왕사(懶翁王師) 기념사업회(記念事業會)』라도 구성하여 본격적으로 유적지 복원과 그 사상을 지역민들에게 널리 알리고, 실천할 수 있는 방안이 마련되길 기대하는 바입니다. 이러한 기념사업은 영덕군민만의 일이 아니라 경상북도 더 나아가서는 전 국가적인 사업이며, 제11교구인 불국사와 전 불교계의 사업으로 확대되어 전 국민이 동참하여야 할 것입니다. 그 이유는 나옹왕사의 가르침이 고려뿐만 아니라 중국에서도 높이 평가 받았으며, 그가 남긴 주옥같은 시(詩)나 게송들은 오늘날에도 많이 애송되고 있습니다. 또한 그의 발원문은 지금도 전국의 모든 사원에서 조석으로 기원하는 행선축원문(行禪祝願文)으로 봉독되고 있습니다. 그는 단순한 승려였을 뿐만 아니라 공민왕의 정신적인 지주였고, 당시 국민들에게는 성자로서 추앙받아 보제존자(普濟尊者)로 불려지기도 하였으며, 오늘날까지 그의 가르침이 계승되고 있기 때문입니다.

2) 나옹혜근(懶翁慧勤, 1320~1376)왕사께서 생존하였던 당시의 고려 사회는 대단히 혼란스러운 시기였습니다. 원나라의 지배에서 벗어나지 못하였고, 홍건적의 난이나 변방국의 침입이 잦았으며, 국내의 상황은 고려의 국운이 기울어 갈 때였습니다. 고려말기의 혼란한 사회상과 타락한 불교교단을 바로 세우기 위해 태고보우(太古 普愚, 1301~1382)와 함께 노력하였지만, 불교계 내부에서는 종파간의 갈등과 신돈(辛旽, ?~1371)의 출현으로 혼란을 거듭하였습니다. 이러한 불교계에 대한 유교의 신흥사대부 세력들은 불교를 강하게 비판하였습니다. 뿐만 아니라 지금까지 오랜 전통으로 내려오던 관혼상제의 불교적인 통과의례가 주자학이 도입되어 주자가례법(朱子家禮法)으로 변화하면서 불교에 대해 우호적이지 못했습니다. 이는 바로 국교인 불교와 신흥사대부인 유교간의 갈등을 야기시켰던 것입니다. 그런데 공교롭게도 당시 불교계의 대표적인 선지식이었던 나옹스님과 신진유림의 대표자였던 목은(牧隱) 이색(李穡, 1328~1396)은 같은 고향인 영덕 출신으로 8살 차이였습니다. 두 분의 관계는 서로 친밀하였으며, 나옹왕사의 탑 비명을 이색이 지은 것입니다. 그는 유학자이면서도 친 불교적인 사람으로 분류되고 있습니다.

스님의 휘(諱)는 혜근(慧勤), 호는 나옹(懶翁)이고, 당호(堂號)는 강월헌(江月軒)이라고도 부르며, 공민왕으로부터 왕사명(王師名)으로 보제존자(普濟尊者)로 봉해졌습니다. 본래 이름은 원혜(元慧)이고, 속성은 아씨(牙氏)였습니다. 고향은 영해부(寧海府, 현재 경북 영덕군) 사람입니다. 아버지는 아서구(牙瑞具)로 선관서령(膳官署令, 제향과 연회의 음식을 담당하던 관원으로 종7품의 벼슬에 해당함)이고 어머니는 정씨(鄭氏)입니다. 어머니는 어느 날 꿈에서 황금빛 새 한 마리가 품에 알 하나를 안겨주는 현몽을 받고 태기를 느껴 1320년(충숙왕 7) 정월 보름날 낳았다고 합니다. 스님이 탄생한 지역은 지금 가산리 불미골(불암골)이라고 하며, 아버지가 벼슬을 하였다고 하지만, 한편으로 향리에게 전해져 오는 말에 의하면, 세금을 내지 못하여 어머니가 관가에 불려가는 도중에 스님을 낳았는데 그대로 두고 관가에 갔다 오니 까치가 아기를 보호하고 있었다고 하여 '까치소'라는 지명이 지금도 전해져 오고 있습니다.

스님은 날 때부터 영특하고 골상이 남달랐다고 합니다. 모든 일에 열성적이었으며, 의문이 생기면 그 문제를 풀려고 끝까지 노력하였다고 합니다.

20세에 친구의 죽음을 보고 무상(無常)을 느껴 출가의 길을 떠나면서 마을 어귀에 심어 두었던 소나무를 '반송정' 이라고 하였는데 1965년까지 그 나무가 살아 있었다고 합니다. 지금은 영덕군에서 그 자리를 복원 정비하여 스님의 영각을 지었습니다. 그 길로 문경 사불산(四佛山) 대승사(大乘寺) 묘적암(妙寂庵)의 요연선사(了然禪師) 문하에서 출가하고 회암사에서 4년 동안 수행하여 28살(1347년)에 무사독오(無師獨悟)하여 큰 깨달음을 얻었습니다.

그 해 자신의 깨달음을 점검하기 위하여 천하의 선지식을 찾아 중국 원나라 법원사로 가서 인도에서 온 지공(指空)스님을 만나서 인가를 받았고, 연경의 대도(大都)를 거쳐 임제종(臨濟宗)의 대선지식인 평산처림(平山處林)의 법을 받아 임제종의 법맥(法脈)을 이었습니다. 그의 명성은 중국에서 크게 떨쳐 36세인 1355년(공민왕 4년)에는 원나라의 순제(順帝)로부터 대도(大都) 광제선사(廣濟禪寺)의 주지로 모셔지기도 하였습니다. 10월 15일에 주지 진산식을 거행할 때는 황제가 특사를 보내 금란가사와 폐백을 내리고, 황태자도 금란가사와 상아불자(象牙拂子)를 선물하였으며, 당시의 중국의 문무백관과 수많은 고승들이 참석하였다고 합니다. 이러한 상황을 미루어 볼 때 나옹왕사의 도행(道行)이 얼마나 높았는지 짐작하기에 충분합니다. 즉 스님의 명성은 국내보다 국제적으로 상당히 높이 평가되었습니다.

그는 중국에서 인도 승 지공의 법과 임제종의 평산처림의 법을 받고, 10년만인 1358년(공민왕 7)에 귀국하여 오대산 등 여러 사찰에서 수행납자들을 지도하였습니다. 그의 도행은 국내에서도 널리 알려져, 1361년(공민왕 10)에는 임금의 부름을 받고 궁중에 들어가 설법을 하였습니다. 이때 공민왕은 스님의 가르침에 크게 깨우침을 얻어 만수가사와 수정불자를 헌정하였고, 노국공주와 태후도 큰 보시를 하였습니다. 임금은 스님을 신광사에 주석할 것을 권유하여 머물렀으나, 홍건적의 난이 이곳까지 미쳤습니다. 그러나 스님은 주위의 권유에도 불구하고 피난을 하지 않고 절을 지켜 병화를 막게 되었습니다. 그 뒤에 왕의 부름으로 궁중에서 여러 번 설법을 하였으며, 신광사를 떠났으나 왕은 다시 스님을 모셨습니다.

그 뒤 공민왕 14년에는 노국공주인 승의공주가 죽음으로 왕은 신돈(辛旽)을 의지하여 국정이 혼란스러워지게 되었습니다. 이때 스님은 금강산, 청평사 등지를 다니면서 교화하였으며, 승과제도인 공부선을 주관하기도 하였습니다. 지공의 가르침을 받들어 회암사에 머물 때인 1371년(공민왕 20)에 왕사(王師) 보제존자(普濟尊者)로 봉해져 동방제일도량(東方第一道場)인 송광사(松廣寺)에 주석케 하였습니다.

아마도 궁중에서 왕사 책봉식(冊封式)이 있었다고 한다면, 당시 큰 연회를 열었을 것으로 짐작되며, 이때 궁중 무용인 무고(舞鼓)도 행해졌을 것입니다. 그런데 이 궁중 무고(舞鼓)는 1308년(충렬왕 34년)에 시중 이혼(李混)이 영해부사로 부임해 와서 만든 춤으로 알고 있습니다. 만약 스님께서 고향의 무고(舞鼓)를 궁중에서 보았다고 한다면 얼마나 감격스러웠겠습니까? 오늘날 이 궁중 무고를 계승하는 작업이 이 지역에서 일어나고 있다니 참으로 다행스러운 일이 아닐 수 없습니다.

다시 회암사로 돌아와 절을 중창하여 대가람을 이루었으나 공민왕이 승하하므로 왕사직을 사직하였습니다. 그러나 우왕(禑王)은 스님을 왕사로 책봉하여 두 임금의 스승이 된 것입니다. 1376년(우왕 2) 4월 15일 회암사의 중창불사 낙성식을 거국적으로 갖고 난 뒤 간신들의 모함으로 밀양의 영원사로 가던 중 5월 15일에 여주 신륵사에서 입적하였습니다. 스님의 세수 57세이고 법랍은 38세의 짧은 생애를 사셨으며, 환암혼수와 무학자초 등에게 법을 전하였습니다.

3) 나옹스님에 대한 호칭은 나옹선사(懶翁禪師), 나옹화상(懶翁和尙), 보제존자(普濟尊者), 니옹왕사(懶翁王師) 등 여러 가지로 불러지고 있습니다. 또한 왕사는 당시 고려뿐만 아니라 중국에서까지 크게 그 명성을 떨쳤으며, 중국의 황제로부터 광제선사(廣濟禪寺)의 주지로 봉하여진 국제적인 스승이기도 하였습니다. 그러므로 일반적인 호칭보

다 나옹왕사(懶翁王師)로 추앙하면서 그의 유업을 계승 발전시켜 나가야 할 것입니다.

왕사의 사상은 임제종풍일 뿐만 아니라 법안종의 염불선(念佛禪), 조동선(曹洞禪)까지도 아우르고 있으며, 정토염불도 칭명염불에서 유심정토까지 설하고 있습니다. 그의 불교사상은 통불교적인 가르침이며, 모든 중생을 구제하기 위해 상구보리(上求菩提) 하화중생(下化衆生)의 교화방편을 베풀고 있습니다. 이색이 말한 바와 같이 그는 특별히 문장이나 그림을 배우지 않았지만, 아름다운 게송과 진리를 그대로 표현하는 시는 약 300여수에 달하고 있습니다. 그리고 서민대중을 위하여 이두문자(吏讀文字)로『승원가(僧元歌)』를 짓고,『서왕가(西往歌)』를 저작하여 백성들에게 정법을 가르쳐 올바른 삶을 살게 하였습니다. 또한 이곳 장육사(莊陸寺)를 비롯한 회암사 등 여러 사찰들을 창건하였고, 무학(無學) 등 수많은 제자를 배출하였습니다.

따라서 오늘날 우리는 왕사의 애국 애족하던 그 가르침을 기리기 위한 사업은 고향인 이곳에서부터 시작되어야 할 것입니다. 이 지역 출신의 군민들에게는 내 고장의 자랑이며, 자긍심을 심어줄 것이며, 청소년들에게는 향토 사랑의 마음을 키워줄 것입니다. 특히 이곳은 우리나라에서 정월 초하루면 가장 먼저 해를 맞이하는 곳이며, 경북대종이 여기에 있습니다. 이제 나옹왕사의 유업 현창과 더불어 목은 이색선생의 선양사업을 함께 한다면 어느 고장에서도 찾아볼 수 없는 불교와 유교의 전통의 고장이 될 것으로 확신하는 바입니다.

왕사의 가르침은 오늘날까지 한국불교에서는 면면히 이어져 오고 있습니다. 장엄염불에서 애송되는 "아미타불재하방(阿彌陀佛在何方) 착득심두절막망(着得心頭切莫忘) 염도염궁무념처(念到念窮無念處) 육문상방자금광(六門常放紫金光), 아미타불 어느 곳에 계시는가. 마음깊이 새겨두고 잊지 마소. 생각 다해 무념처에 이르면 6근문마다 금색광명 나투리라.)" 이라는 게송은 염불선(念佛禪)을 한마디로 표현한 명작이며, 장엄염불(莊嚴念佛)에는 반드시 애송되고 있습니다. 그리고 "노는 입에 염불하라."는 속담도 스님이 처음으로 유행시킨 것으로 생각됩니다.

그리고 오늘날 우리 전국사찰에서 매일 아침예불에 기원하고 있는『행선축원문(行禪祝願文)』은 600여년이 지났지만 앞으로도 계속 지송될 것입니다. 승가일용집(僧家日用集)에 의하면 최근세까지도 나옹스님의 기일인 5월 15일에는 전국 대소사원에서 제례를 올렸던 것으로 보여 집니다.

　4) 이상에서 살펴 본 바와 같이 나옹왕사의 생애와 사상을 재조명하고 그 유업을 계승 발전시키는 일은 우리 후손들의 몫입니다. 단순한 학술행사가 아니라 이제는 전군민이 동참하고 전불교도가 참여할 수 있는 문화콘텐츠를 개발하여야 할 것입니다. 그리고 이 고장에 유적비의 건립과 어록과 문집의 출간, 장육사(莊陸寺)를 중심으로 개산대제(開山大祭)의 개최 등 다양한 프로그램이 절실히 요망되고 있습니다. 다행히 태평양을 향한 동해안 시대를 맞이하여 이 지역사회와 불교계가 함께 하여 그 유지를 받들어 나아가길 기원합니다.

6. 나옹혜근의 불교계 행적과 유물 · 유적

황인규 _동국대 역사교육학과 교수

들어가는 말

나옹혜근(懶翁慧勤, 1320.1~1376.5)은 태고보우(太古普愚, 1301~1382)와 더불어 한국 불교계를 대표한다고 할 조계종의 종조로서 숭앙받고 있는 고승이다. 나옹은 태고와 백운경한(白雲景閑, 1299~1375)과 더불어 여말삼사(麗末三師)로 불릴 뿐만 아니라 지공(指空) · 무학(無學)과 더불어 삼대화상(三大和尙)으로 추앙받고 있는 고승(高僧)이다. 따라서 나옹은 일찍부터 학계와 불교계의 주목을 받아왔다.

나옹은 고려 말 우뚝 솟은 고승으로 무학을 비롯한 문도들이 조선 전기 불교계를 주도하였을 뿐만 아니라 조선시대 이래 지금까지 그의 스승 지공선현과 그의 제자 무학과 더불어 불교계 최고의 증명법사로 알려져 있다. 그럼에도 불구하고 당대 활동하였던 태고가 조계종의 중흥조로 설정되면서 상대적으로 그의 위상은 높지 않은 듯하다.

본고는 고려 말 숭유억불 기에 나옹의 불교계 활동과 그의 입적 후 고려 말 이후 조선시대에 있어서 그의 위상이 어떠했는지, 그리고 그가 오늘날 우리문화에 어떤 의미를 주고 있는지 되새겨 보고자 한다. 그동안 나옹에 대한 연구는 불교학 · 문학 · 불교사 등 제 분야에서 매우 진척되었으나 그와 관련된 제 기록에 대한 충분한 검토가 이루어지지 않은 점에 아쉬움이 있다. 필자는 한국불교계 혹은 문화의 정체성을 회복하기 위해서는 숭유억불운동이 본격화되는 여말선초의 시기에서 그 해답을 찾아야 한다고 보고 있다.

필자는 이를 위하여 나옹의 적통이자 조선왕조의 창업자 태조 이성계의 왕사이며, 한국역사에 있어서 마지막 왕사인 무학을 중심으로 여말선초를 집중적으로 연구하면서 기본적인 자료를 종합 검토하고 있다. 필자가 생각하기로는, 연구를 하면서 가장 중요하고 어려운 문제는 불교에 대한 제 기록을 기본적으로 검토하는 일이다. 예컨대 무학에 대해서 연구하면서 나옹과 관련된 부분을 주목하게 되고, 따라서 나옹의 행장에 빠진 제 기록을 찾을 수 있었고 이에 새로운 사실과 의미를 추가할 수 있었다.

본 논문도 그동안의 연구 성과를 바탕으로 나옹에 관한 제 기록을 종합하여 기본적인 행적과 활동 등 그와 관련된 사실을 최대한 반영하고자 노력하였으나 아직도 포함시키지 못한 내용이 있어서 아쉽기 그지없다. 선학 제현의 아낌없는 질정을 바라마지 않는다.

나가는 말

고려 말을 대표하는 고승은 나옹혜근과 태고보우이다. 태고는 공민왕 5년에 왕사로 책봉되어 원융부에서 구산문을 통합하고자 하였고 백장청규(百丈淸規)를 통해 불교계를 정화하고자 하였다. 한편 나옹은 태고보다 15년 뒤인 공민왕 20년에 왕사로 책봉되었으며 공부선(工夫選)을 주관하고 지공의 유지를 받들어 회암사를 중창하였다.

고려 말에 있어서 두 고승을 비교해 보면, 태고보다 나옹의 영향력이 더 컸다. 이는 나옹 입적 후 그의 문도들이 행한 추모불사(追慕佛事)에서도 단적으로 드러나고 있다. 또한 당시 나옹은 지공과 더불어 생불(生佛)이나 석가(釋迦)의 화신(化身)으로 추앙될 정도였고 이러한 나옹의 위상은 조선 건국 후에도 지속되었다.

예컨대 『동문선(東文選)』에 태고의 비문은 실리지 않은데 비하여 지공·나옹·무학의 비문이 실려 있고, 『용재총화(慵齋叢話)』에도 나옹으로 이어지는 법통을 상정하고 있다. 더욱이 『조원통록촬요(祖源通錄撮要)』에도 나옹을 부처의 화신(化身)으로 추앙하였다.

조선 후기 『동국승니록(東國僧尼錄)』『월저집(月渚集)』 발(跋), 『삼화상교서(三和尙敎書)』에서도 나옹과 그의 법손이 뚜렷하게 제시되어 있고, 1824년 간본(刊本)의 『조상경(造像經)』과 『석문의범(釋門儀範)』에서도 나옹과 그의 문도로 이어지는 법통설을 싣고 있다.

이러한 문헌집뿐만 아니라 실제로 조선 초 고승 행호(行乎)는 고려 말 생불(生佛)이라 불렸던 나옹과 같은 인물과 비견된 바 있다. 나옹이 당시 동방도량인 송광사의 사세를 몰아서 회암사를 불법의 중심도량으로 삼으려 했던 것처럼, 행호도 백련사를 중창하여 선종의 총본산인 흥천사 주지로서 불법을 펴고자 했다. 그리하여 그의 법문을 듣고 한 해에 수만 명이 도첩을 받아 승려가 되었다. 당시 유생들이 집단상소를 올렸는데 후에 허응당(虛應堂) 나암보우(懶庵普雨, 1515~1565)에 대한 상소를 올렸던 전례가 되었다. 결국 보우(普雨)는 제주에 유배를 가서 그곳 목사 변협에 의해 참형(장살)에 처해지게 되었다.

조선후기 고승 환성지안(喚醒志安, 1664~1729)도 홍법을 꾀하다가 제주에 유배되어 목이 베어져 죽임을 당했다. 이렇듯 조선 초의 고승 행호와 조선 중기 고승 허응당 나암 보우와 조선후기 고승 환성지안이 모두 제주에 유배되어 순교를 당하였으므로 마땅히 제주의 삼성(三聖)이라고 할 만하며, 조선불교계의 대표적인 순교승(殉敎僧)들이다.

　이는 고려 말 숭유억불시기 나옹혜근의 순교정신을 계승하였다고 할 수 있으므로 나옹이야말로 한국 불교계의 최고의 순교승이라고 하겠다. 아울러 나옹은 태고보우, 백운경한과 더불어 여말선초의 삼화상(三和尙)이며, 나아가 불교계 최고의 삼화상으로서 우리 불교와 문화의 수호자였다.

7. 남종선의 흐름에서 본 나옹

신규탁 _연세대 철학과 교수

서론

　불교의 각종 사상 중 선(禪)에 관한 사상이 활발하게 논의되고, 그런 논의가 많은 승려들에 의해 집단적으로 일어나기 시작한 것은 중국 당나라 시대(20代 290년간 존속, 618~907)이다. 그리고 당나라 시대의 선사상 중에서도 송(宋)대를 거쳐 그 이후에 까지 영향을 미친 것은 소위 '남종선(南宗禪)'이라 명명되는 육조 혜능선사 계통의 선사상이다. 본 논문에서 다루는 주제는 이런 '남종선'의 문제에 속한다.

　한반도에 거점을 둔 고려와 그 시대에 펼쳐진 '남종선'은 당시 대륙에 거점을 둔 송(宋)~원(元)과 그 시대에 전개된 '남종선'과 유기적인 관계를 가지고 진행된다. 그런데 역사 연구자가 아닌 철학 연구자인 필자는 왕조 내지는 시대 또는 지역 공간을 기준으로 세상을 연구하기 보다는 오히려 철학적인 혹은 사상적인 문제를 중심으로 세상을 연구한다. 이런 입장의 차이는 결국 '남종선'이라는 일종의 철학적 문제를 중심으로 한반도와 대륙의 사상에 접근하게 된다. 그리하여 '남종선'이라는 사상을 상위 개념으로 설정하고, 그런 상위 개념이 각 지역에서 또는 각 시대별로 어떻게 전승되고 또 그 전승에서 어떤 변화들이 나타나는 지에 주목하게 된다. 그리고 더 나아가서는 그 문제들을 철학이라는 지평 위에서 비평하고 그 문제들이 인간의 삶과 관련하여 되물어보는 반성적 작업을 하게 된다. 여기에서 다루는 나옹혜근 선사의 사상도 이런 맥락에서 검토할 것이다.

　나옹혜근(懶翁慧勤, 1320~1376)선사에 대해서는 백파(白坡, 1767~1852)의 후손이신 석전사문(石顚沙門) 박한영 스님께서 일찍이 『조선불교총보(朝鮮佛敎總報)』 제13호에 『양주천보산유기(楊洲天寶山遊記)』(1918년)를 발표하면서부터, 허흥식 교수의 각종 연구를 거치면서, 그리고 최근에는 이철헌 박사의 『나옹혜근의 연구』(동국대 대학원,1996년)와 김창숙 박사(효탄스님)의 『나옹혜근의 선사상 연구』(동국대 대학원 1998년)가 학위논문으로 제출되면서 괄목할만한 성과를 올렸다. 뿐만 아니라 역사학계에서는 황인규 교수의 『고려 후기·조선 초 불교사 연구』(서울:혜안 2003년)와 조명제 교수의 『고려 후기(高麗後期) 간화선(看話禪) 연구(硏究)』(서울: 혜안, 2004년)가 출판되어 나옹선사의 선사상에 대한 사상사적인 평가가 속속 보고 되었다. 본 논문은 이상과 같은 중요한 연구들의 성과를 바탕으로 시작한 것으로, 위의 문단에서도 언급했다시피, 나옹선사의 사상을 '남종선'이라는 문제의식에서 철학적 내지는 사상적으로 분석하고 평가해보려는 것이다.

한편, 혜능선사를 선종의 제 6대 조사로 자리 매기면서부터, 혜능의 문하에서는 수많은 선승들이 배출되었다. 그리고 그런 선승들의 언행들은 출판기술의 발달 보급과 더불어 각종 문헌으로 출간되었다. 뿐만 아니라 '남종선'이 전수되는 과정에서 선승들의 '법통 계보'를 정리하는 작업도 동시에 진행되었다. 예를 들면, 801년경에 편집된 『보림전』을 비롯하여 『조당집』(952년), 『경덕전등록』(1004년), 『천성광등독』(1023년), 『건중정국속등록』(1101년), 『연등회요』(1183년), 『가태보등록』(1183년), 『오등회원』(1252년) 등에 이르기까지 수많은 전등서(傳燈書)들이 출간되었다. 물론 그 후에도 말이다. 그런데 여기에서 우리의 주목을 끄는 것은, 불교에는 수많은 종파가 있는데, 그중에서도 '남종선'과 '법통의 계보'는 아주 밀접한 관계를 가지고 오늘날까지도 내려오고 있다는 점이다. '남종선'이라는 개념이 철학 내지는 사상과 관련된 용어라면, '법통의 계보'는 역사 내지는 역사의식과 관련된 용어이다. 나옹선사의 선사상에 관한 연구도 이 두 분야에 밀접하게 관련되어 있다. 따라서 본 논문에서도 그의 선사상을 이 문제와 관련하여 논의할 것이다.

'법통의 계보'는 현재 남한의 대한불교조계종(1962년 창립)의 자기 정체성 정립과도 관련된 것으로 민감한 사안이다. 더구나 유교(儒敎)의 종법제도(宗法制度)가 시행되던 세상에서는, 즉 유교문화가 깊이 배어 있는 조선시대, 나아가서는 조선시대의 유교적 문화유산이 여전히 남아있는 일제 강점기, 그리고 오늘날의 일부 공동체 속에서도, 계보 문제는 승속(僧俗)을 막론하고 중요한 문제이다. 임진왜란 이후에 세간의 각 문중들이 족보를 만들었던 일들이나, 절 집안에서 사암채영(獅巖采永)스님이 영조(英祖) 40년(1764년)『불조원류(佛祖原流)』를 만들어 그 판목을 전주 송광사에 둔 것도 그런 '법통의 계보'와 관련된 것이다. 그리고 해인사의 퇴옹 성철 스님이 1976년에 『한국불교의 법맥』(경남, 장경각)을 간행한 것이나, 통도사의 경운형준(耕雲炯埈) 스님이 1983년에 『증보

불조원류(增補佛祖原流)』(서울, 불교출판사)를 출판하여 그 당시까지 활동하던 승려들의 족보를 만든 것이나, 오늘날도 입실 건당할 때에 '조맥(祖脈)'을 건네는 것 등도 이와 무관하지 않다. 이런 작금의 현실은 나옹선사의 선사상 연구에도 연관이 되어 있다.

현재의 한국 불교 내에는 '태고 중흥조설'과 '보조 중흥조설'이 공존하고 있다. 이와 더불어 '나옹 중흥조설'도 최근에 제기되어 있다. 이런 '법통의 계보'에 관련된 의식(意識) 내지 사상(思想)은 매우 복잡한 구조를 가지고 있어서 간단하게 정리하기가 쉽지 않다. 그렇다고 이 문제를 해결하지 않은 채로 그저 연구자들의 연구의 대상으로만 놔둘 수도 없다. 왜냐하면 이 '계보'의 문제는 현재 한국 불교 교단(특히 조계종)의 입장에서 보면, 역사적으로는 자기 정체성을 확립해야 하는 한편, 또 현실적으로는 출가자와 재가자들의 수행상의 정립과도 연관되어 있기 때문이다. 최근 조계종에서 '간화선'에 관한 각종 작업을 하는 것도 역시 이 문제와 관련된 것으로 볼 수 있다. 따라서 이 문제는 어떻게 하든지 해결을 보아야 한다. 그래서 필자는 이 문제의 해결을 위한 모색의 출발 기점을 '남종선'의 사상에 대한 철학적인 해명에서 시작하고자 한다. '남종선'의 핵심사상이 무엇인지 밝혀져야만 '남종선'을 수행하고 전파했던 선승들의 계보에 관한 논의도 가능해진다. '법통의 계보'란 말 그대로 '부처님의 가르침'이다. '선사들의 가르침'이 무엇인지 확정이 되어야 선의 '계보'를 논할 수 있는 것이고, '부처님의 가르침'이 있어야 그 '계보'를 운운할 수 있는 것이다.

본 논문에서는 이상과 같이 선의 '사상'과 '계보'라는 문제의식을 가지고 '남종선'의 지평에서 나옹선사의 불교사상을 분석해 보려고 한다. 그리하여 과거의 역사적 사실 또는 정신적 유산으로서 나옹의 선사상이 어떤 양상을 가지고 있었는가 하는 사적(史的) 연구에 그치지 않고, 오늘날 대한불교조계종이 자기 정체성을 어떻게 정리하고 그리하여 현대인들에게 어떤 종교적인 이상과 실천을 제시할 수 있는지에 대한 철학적 모색을 해볼 것이다. 시간과 공간 속에서 일어나는 사건들은 무수하게 많지만, 인간의 의식이 그것을 주목하게 되면 그 과거는 역사적 사실이 되고 그것은 다시 그것을 의식하는 자들에게 현재의 문제로 살아온다.

이렇기 때문에 나옹의 선사상은 단순히 지난 과거의 유물이 아니다. 이미 현재화되어 있다. 필자는 이런 입장에서 제2장 『나옹에 대한 평가』에서는 현재의 한국불교 속에서 나옹선사가 어떻게 이해되고 있는지를 볼 것이다. 특히 두 가지 측면에서 이 문제에 접근할 것인데, 하나는 '법통의 계보' 논의 속에서 나옹선사가 어떻게 자리 매겨지는지를 살펴볼 것이고, 다음은 나옹선사의 선에 관한 사상이 어떻게 평가되는 지를 살펴볼 것이다.

다음으로 제3장 『남종선의 흐름에서 본 나옹』에서는 앞부분에서도 밝혔지만 나옹선사는 '남종선'이라는 불교의 학파 내지는 종파의 범주에 들어간다. 그래서 이 장에서는 '남종선'의 이념과 그 이념의 역사적인 추이를 밝혀가면서, 그러한 배경 속에서 나옹선사의 선사상을 규명하는 작업을 할 것이다. 끝으로 제4장 『맺은 말』에서는 이상의 논의를 결말짓고 그것을 바탕으로 오늘날의 대한불교조계종이 나옹선사의 선사상을 어떤 입장에서 대해야 할 것이고, 그리고 나옹의 선사상이 오늘의 불교도에게 주는 의미가 무엇인지를 제시해 볼 것이다.

맺은 말

고려 말 삼사(三師)로 불리는 나옹혜근 선사는 간화선을 표방하는 현재의 '조계종'의 자기 정체성과 관련해서도 매우 중요한 선승 중의 한 분이다. '법맥의 계통'으로 보나 '이념의 계통'으로 보나 작금의 '조계종'은 전(前)근대적인 역사의 질곡에서 벗어나 현재의 종교로 거듭나야 한다. 본 논문은 단지 지나간 역사 속에서의 나옹의 선사상만이 아니라 '조계종' 현재적인 지평에서 나옹의 선사상을 검토하였다. 이렇게 현재적인 지평에 우리의 시각이 맞닿을 때에, 그의 선사상은 단순한 과거가 아니라 현재로 되살아온다.

나옹의 선사상은 기본적으로는 '남종선'의 흐름에 놓여 있으면서도, 당시 고려에 유입된 간화선의 연장선상에 있음을 알 수 있었다. 당시 고려의 선 사상계는 이자현의 선사상에서도 알 수 있듯이 문학적인 표현과 그리고 다양한 화두를 관찰하는 선이 소개되어 있었다. 나옹은 원나라에 유학하기 이전에 이미 이런 간화선의 수행을 통해 일정한 깨침의 경지를 이루었고, 또 당시 원나라에서 수입된 '무자 화두'에 집중되는 현상을 고려하면, 그의 선사상은 과도기적인 변화의 과정 선상에 있음을 알 수 있다. 그리고 이런 현상은 당시의 태고보우 선사나 백운경한 선사에게도 공통으로 나타난 현상이다. 이렇게 볼 때에 나옹의 선사상은 태고를 근간으로 하나 '법맥의 계통' 상으로 보면 현재의

'조계종'이 추구하는 핵심 사상과 밀접함을 알 수 있다.

한편, 우리 인간들은 의식을 매개로 세계와 관계를 맺고 있는 한 원초적으로 벗어날 수 없는 선행적 경험의 문제를 반성하고 비판하지 않을 수 없다. 주어진 대상을 있는 그대로 인식을 하기 위해서는 이런 의식의 원초적인 굴절을 극복해야만 한다. 그래야만 대상에 대한 바른 지식을 형성할 수 있고, 바른 지식만이 우리를 바른 행동과 삶으로 인도하기 때문이다. 이런 인간 심성의 근본적인 문제를 생각할 때에, '무자 화두'는 현재에도 여전히 살아 있는 대안이 될 수 있다.

남종선에서 제시하는 '무심(無心)'은 대상으로 향하는 우리의 의식을 정지하는 것이다. 인간의 의식은 자연 상태에서는 항상 대상으로 향하여, 그 대상의 표상을 자기 안에 만들어 놓는다. 그리고는 이렇게 자신의 의식과 접촉에 의해서 표상이 만들어지는 것을 망각하고, 아무런 반성 없이 의식 속에 맺혀 있는 표상이 대상에 실재한다고 오인한다. 그러나 우리의 의식에 맺혀 있는 표상은 항상 우리의 선행된 의식과의 관계 속에 맺혀지는 영상이다. 인간이 의식을 가지고 사는 한 벗을 수 없다는 점에서 이것은 원초적인 현상이다. 그런데 남종선에서는 이런 의식의 원초적 내지는 자연적 상태를 극복하여 대상에 대한 온전한 지식을 얻기 위한 방법으로 '무심(無心)'한 사유를 활용하라고 한다.

그리하여 이 '무심'한 사유를 매개로 사람이면 누구에게나 간직되어 있는 본래적인 순수성을 인식하라고 한다. 본래적인 순수성을 선사들은 '영념(靈念)'이라는 말로 표현하기도 했다. '영념'을 무심한 사유를 통하여 반조하되 그 반조하는 것조차도 흔적 없이, 무심하게, 티 없이, 작위 없이, 그렇게 하라는 것이다. 이렇게 되면 그 자리는 제8아뢰야식 중에 있는 미세 망념이 모두 사라지고, 그 사라진 자리야말로 '진여(眞如)'의 자리이고, '부처'의 자리이고, '본래면목(本來面目)'의 자리이고, '본지풍광(本地風光)'의 자리이다. 이 자리는 '성(性)'과 '상(相)'이 충만한 자리이다.

그러나 [무심(無心)'한 사유]라는 말이 그 자체로서 모순이 되고, 또 [사유를 새로] 하는 순간 또 우리는 선행된 사유로부터 자유로울 수 없다. 이런 모순을 극복하는 방법이 바로 '무자 화두'를 관하는 것이다. 여기에는 인식의 초월적 변환이 발생한다.

8. 나옹왕사의 정토사상이 한국불교신앙에 미친 영향

한보광스님 _동국대 선학과 교수

머리말

나옹혜근(懶翁慧勤, 1320~1376)의 생존 시기는 원나라의 지배하에 많은 간섭을 받던 때였다. 고려 말기의 혼란한 사회상과 타락한 불교교장을 바로 세우기 위해 태고보우(太古普愚, 1301~1382)와 함께 노력하였지만, 불교계 내에서는 종파간의 갈등과 신돈(辛旽, ?~1371)의 출현으로 혼란을 거듭하였으며, 유교의 신흥사대부의 세력들은 불교를 강하게 비판하였다. 그러나 같은 향리 출신이었던 목은(牧隱) 이색(李穡, 1328~1396)은 유생임에도 불구하고 나옹스님과는 친분을 쌓았고 비문을 짓기도 하였다.

스님의 법명은 혜근(慧勤), 호는 나옹(懶翁)이고, 당호(堂號)는 강월헌(江月軒)이라고도 부르며, 공민왕으로부터 왕사명(王師名)으로 보제존자(普濟尊者)로 봉해졌다. 본래 이름은 원혜(元慧)이고 속성은 아씨(牙氏)이다. 고향은 영해부(寧海府, 현재 경북 영덕군)사람이다. 아버지는 아서구(牙瑞具)로 선관서령(膳官署令, 제향과 연회의 음식을 담당하던 관원으로 종7품의 벼슬에 해당함)이고 어머니는 정씨(鄭氏)이다. 고려 충숙왕 7년(1320) 정월 보름에 태어났다고 한다. 그는 세수 56세, 법랍 38세의 짧은 생애를 사셨다.

본 논문에서는 그의 많은 활동과 사상 등에 대해서는 생략하고, 정토사상을 중심으로 논하고자 한다. 특히 본고에서는 그의 유업을 계승 발전시키기 위한 기념사업이 추진되고 있으므로 공민왕과 우왕의 양 대에 걸쳐 국왕의 스승으로서 자문 역할을 하였던 행적을 기리기 위해 왕사(王師)라는 호칭을 사용하고자 한다. 따라서 '나옹왕사의 정토사상이 한국불교신앙에 미친 영향'을 중심으로 살펴보고자 한다.

정토사상적인 측면에서는 칭명염불·관념염불·염불선으로 지도한 자료들을 분석하고, 그가 남겼다고 전해지고 있는 『서왕가(西往歌)』와『승원가(僧元歌)』를 분석하여 염불가사를 통해 일반 민중들에게 불교신앙심의 고취를 위해 노력한 흔적을 살펴보고자 한다.

마지막으로 나옹왕사의 염불의례가 오늘날까지 한국불교에 전승되어 오고 있으며, 각종 증명단에 모셔지고 있다. 따라서 그의 천혼의례와 영가법문을 통한 정토법문을 분석하고, 불교의례집에 나타난 증명단에서의 위치와 지금도 아침예불마다 행해지고 있는 『행선축원문(行禪祝願文)』을 살펴보고자 한다.

맺음말

　이상으로 『나옹왕사의 정토사상이 한국불교신앙에 미친 영향』에 대해 살펴보았다. 지금까지 나옹왕사에 대한 연구 논문은 다양하였지만, 정토사상을 중심으로 집중적으로 분석한 논문은 흔하지 않았다. 대부분 나옹의 행적이나 선사상을 다루면서 일부분으로 정토를 언급하였지만, 본 논문에서는 그의 정토사상과 염불홍포를 위한 자료를 수집하고 분석하다보니 예상외로 방대하고 다양하였다. 따라서 논문의 양도 많아질 수밖에 없었음을 밝히는 바이다. 그는 분명 한 종파나 한 사상에만 치우쳐 수행하지 않았다. 정토사상 역시 그의 수행과 교화 중 한 편린에 불과하다. 그러나 그가 국왕을 비롯하여 사대부들과 형제자매, 출가자들과 일반 서민대중들에 이르기까지 불법의 홍포와 정토염불을 권유하기 위해 다양한 가르침을 남겼다는 것은 불교연구 뿐만 아니라 우리 국문학사에도 금자탑을 이루었다고 평가하지 않을 수 없다.

　첫째, 그의 정토사상의 염불관은 칭명염불(稱名念佛)과 관념염불(觀念念佛) 및 유심정토(唯心淨土)의 염불선(念佛禪) 등의 세 가지 유형으로 전개되고 있다. 특히 서민대중들을 위하여 이두문자(吏讀文字)를 사용하여 알기 쉬운 방법으로 가사형태의 『서왕가(西往歌)』와 『승원가(僧元歌)』 등의 노래를 짓기도 하였다. 그리고 십육관법(十六觀法)의 관념염불(觀念念佛)과 유심정토(唯心淨土)의 염불선(念佛禪)으로 많은 불자들을 지도하였다. 특히 그가 누이동생에게 보낸 편지에서 읊은 "아미타불재하방(阿彌陀佛在何方) 착득심두절막망(着得心頭切莫忘) 염도염궁무염처(念到念窮無念處) 육문상방자금광(六門常放紫金光)"의 게송은 오늘날 한국불교의 천도의례와 장엄염불에서 반드시 지송되고 있으며, 염불선(念佛禪)의 대표적인 게송으로 널리 애송되고 있다.

　둘째, 그의 염불가사를 통한 불교신앙 고취에서는 『서왕가(西往歌)』의 염불권유방법은 서론, 본론, 결론의 3단으로 구분되며, 이를 그 내용상으로 세분하면 8단계로 분류할 수 있다. ①은 인간이 무상함을 노래하였고 ②는 출가구도의 길로 나서며 ③은 입산 수도하는 구도자의 치열한 자신 수행생활을 말하고 ④는 염불 수행할 것을 권유하며 ⑤는 유심정토를 설하고 ⑥은 인과응보에 대하여 논하고 ⑦은 마음의 도리가 원대하고 무량함을 노래하고 ⑧은 극락세계의 수승함을 노래하고 있다. 염불하지 않는 중생들을 경책하면서 적극적으로 염불하여 서방정토 극락세계에 왕생할 것을 권하고 있다. 따라서 제목 그대로 서방정토에 왕생을 권유하는 정토법문이며, 정토포교를 위한 노래이다. 이 가사의 내용은 무상한 세상에 태어나 출가하여 수행하고 염불하여 왕생할 것을 권하고 있다. 따라서 출가자들에게 염불을 권유하는 노래로 볼 수 있다.

다음으로 『승원가(僧元歌)』는 405구 6편 21단 으로 분류하여 장황한 감은 있지만 전문을 분석하였다. 특히 이두문자(吏讀文字)로 표기하였다는 점에서 국문학의 가사문학 연구에 큰 의미가 있다.

염불권유 방법은 처음의 서가(序歌)에서는 인생이 무상함을 노래하였고, 본가(本歌)에서는 무상의 노래와 더불어 생로병사와 인간사의 여러 가지를 예로 들면서 어리석은 중생들이 염불을 하지 않고 핑계만 대고 있다고 꾸짖고 있다. 그리고 염불법의 수행방법으로 『관무량수경』의 일몰관을 말하면서 관념염불(觀念念佛)을 주창하기도 하고 『아미타경』의 극락정토의 의보장엄(依報莊嚴)을 설하기도 하였다. 또한 생활염불과 직장에서도 염불하는 노동염불을 주창하며, "노는 입에 염불하자"고 하고 있다. 이러한 논법은 『무량수경』에서 말하는 세간의 고통과 오탁악세의 무상함을 논하면서 염리예토(厭離穢土) 흔구정토(欣求淨土)로 돌아갈 것을 노래하고 있다. 이는 일반 서민대중들에게 알기 쉽게 정토염불법을 홍포하기 위한 나옹스님의 중생구제의 간절한 서원이 담겨 있는 것으로 보인다.

셋째, 나옹왕사의 염불의례가 한국불교에 미친 영향에 대하여 살펴보았다. 먼저 그의 가송(歌頌)이나 법어 중에 영가를 위한 글이 많다. 그 중에는 선적인 법어도 있으나 정토적인 내용도 있다. 상당 법어 중 육도보설(六道普說), 대령소참(對靈小參), 수륙재(水陸齋) 등이 있으며, 이러한 의례를 나옹이 직접 주관한 것들도 많다. 20여 편의 영가천도 혹은 영가를 위한 장례의례 때 행한 영가법문 중에서 왕생정토와 관련 있는 7편을 선정하여 살펴보았다. 일반적으로 서두에는 선 법문을 주로 하였으나 후반에서는 정토회향을 하고 있다. 그런데 서방정토라기보다는 유심정토적인 성격이 강하다.

다음으로 한국불교의례집의 증명단과 축원문에서 현재까지 전승되고 있는 비중이 높다. 대부분의 의례집에서 증명단을 설치할 경우 지공, 나옹, 무학이 빠지지 않고 모셔진다. 이들을 삼화상(三和尙)이라고 하는데, 법맥으로 보아서 서로 스승과 제자의 관계이며, 신통력과 가피력이 있는 화상이기 때문에 증명으로 모시면 그 공덕이 무량하다고 여긴다. 『석문의범(釋門儀範)』에 의하면, 「불상점안편」에서 증명법사로 삼화상을 모시고 있다. 모든 불사에 있어서 증명법사의 지위에 이르렀거나 기일을 전국적인 불교행사로 행하여졌다고 한다. 그런데 아침예불에서 모든 사람을 위해서 행하는 행선축원(行禪祝願)에서 나옹스님의 발원문(發願文)이 행선축원문(行禪祝願文)으로 널리 애송되고 있다. 이러한 나옹스님의 발원은 오늘날 한국불교인들 모두의 발원이기도 하다.

그의 사상이나 가르침이 현재 한국불교에서도 그대로 널리 전송되고 있는 것으로는, 누이에게 보낸 편지인 "아미타불재하방(阿彌陀佛在何方) 착득심두절막망(着得心頭切莫忘) 염도염궁무염처(念到念窮無念處) 육문상방자금광(六門常放紫金光)"의 게송과 "노는 입에 염불하라"는 속담, 그리고 행선축원문(行禪祝願文)이다.

9. 나옹왕사의 생애를 통한 지역문화콘텐츠 개발방안

이재수 _동국대 전자불전·문화재콘텐츠 연구소 전임연구원

서언

21세기는 문화의 세기라고 말한다. 이는 문화가 다양한 산업에서 과학기술과 융합하여 국가의 부를 창출하고 국력을 판가름하게 되었을 뿐만 아니라 개인의 생활양식, 삶의 질을 좌우하는 중요한 요소이기 때문이다. 문화에 대한 중요성의 확대는 인류문화에 대한 관심보다는 지역과 지역문화에 대한 관심으로 모아지고 있다. 그동안 서양문화에 비해 동양문화가 열등한 것으로 간주되어 왔고, 수도권 문화에 비해 지방문화는 열악하고 낮은 것으로 취급되어 왔다. 그러나 이러한 시각은 전면적으로 재검토가 필요하다.

정보통신의 발달로 인해 지방과 수도권의 물리적 공간의 제약이 사라진지 오래되었다. 중요한 것은 정보, 문화역량의 접근성일 뿐이다. 아울러 다양성의 조화가 주목 받는 시대가 도래했다. 이는 정부 접근의 범위의 문제가 더 중요하게 부각되었기 때문이다.

나아가 지구화, 세계화에 초점을 맞추기 보다는 '세방화(glocalization)'라는 새로운 신조어가 자리를 잡는 것처럼 세계화와 지방화가 함께 공존하여 지방이라는 장소성이 세계와 하나 되고 지방이라는 '특수'가 세계라는 "보편"과 만났을 때 특정 지방만이 가질 수 있는 '특별함'이 문화적 역량이 중요한 자산이 된다는 것이다. 이러한 '다양한 특수'라는 관점에서 지역문화에 대한 새로운 검토가 필요하며, 각 지방의 고유한 전통에 대한 논의가 최근 활발히 이루어지고 있는데, 본고에서는 경북 영덕군과 관련하여 논의하겠다.

영덕군은 고려 말기의 대표적인 정신적 지도자인 나옹혜근 스님과 목은 이색의 출생지이다. 최근 영덕군에서 나옹스님과 목은선생의 선양사업을 활발하게 벌여 왔었다. 또한 지역발전을 위한 다양한 노력의 결과 행정자치부가 주최하고 서울신문사와 연세대학교 도시문제연구소가 후원하는 살기 좋은 지역 만들기 '우리 마을 보물찾기 및 가꾸기 대회'에서 영덕군 축산아트프로방스 마을이 '대소산 봉수대'를 활용하여 우수상을 수상하기도 하였다. 이에 더욱 체계적이고 장기적인 계획 속에서 보다 다각적이고 효과적인 방안을 통해 지역의 문화브랜드로 자리 잡게 하기 위해서는 보다 심도 있는 논의가 전

제 되어야 할 것이다.

본 연구는 고려 말 불교계를 이끌었던 위대한 스승 나옹혜근 화상의 생애를 조망하고 이를 소재로 문화콘텐츠로 개발하여 지역문화 발전을 위한 제언을 하는데 있다. 나옹 스님의 생애에 대한 조망을 통해 고려시대 불교 수행자의 면모를 넘어서, 국가의 정신 적인 지도자인 왕사로서, 나아가 시대의 지성을 대표하는 선각자로서 위치하고 있다.

본 논의를 통해 나옹화상 소재 문화콘텐츠의 제안과 이에 대한 활용 방안을 검토하여 지역문화발전에 대한 논의에 조그맣게나마 이바지하고자 한다.

결어

지역문화가 경쟁력을 갖기 위해서는 문화의 창조성이 가장 중요한 과제이다. 그 창조 성은 해당 지역문화의 독창적 개성과 보편적 가치의 조화의 터전 위에서 싹틀 것이다. 물론 지역문화는 그 지역대중들의 역사적, 문화적 경험이 녹아서 전통으로 자리 잡을 것이다. 전통은 역사를 구성하는 다양한 층위의 요소들 가운데, 특정집단, 특정 계층이 그들의 이념, 이해관계, 정치적 의도에 따라 선택적으로 정립될 수 없다. 그것은 박물관 에 전시되는 것이다. 또한 우리의 소중한 자산이고, 현재를 살아가는 우리들의 자양분 이기 때문이다. 전통은 반드시 현재 우리들이 향유하는 새로움과 만났을 때만이 그 가 치가 고귀해지는 것이고, 창조적인 파괴 속에서 대중들에 의해 늘 다시 정립될 것이다.

지금까지 지역 문화 발전을 이루기 위한 본격적인 논의를 시도하기 위한 제언을 해보 았다. 먼저 영덕 향토문화대전과 같은 장기적 사업의 단초를 마련하여 다양하고 우수한 문화적 흐름을 하나로 집적하여 복합적인 활용이 가능한 리소스를 구축하여야 할 것이 다.

먼저 영덕을 대표하는 인물인 나옹왕사를 소재로 하는 문화콘텐츠 개발이라는 관점을 통해 제안하였다. 나옹스님의 다양한 면모를 발굴하고 재조명하여 영덕의 정신적 표상 으로 확립한다. 이를 바탕으로 지역의 브랜드를 구축하고, 다양한 문화콘텐츠를 바탕으 로 문화관광축제로 그 결과를 변화시키는 것이 바람직할 것이다.

나옹왕사 문화콘텐츠의 주요내용은 나옹스님과 관련된 문화원형을 디지털콘텐츠화 하는 것이다. 또한 나옹스님과 관련된 인물인 지공화상, 무학자초, 목은이색 등의 인물의 콘텐츠화, 나옹왕사 복식(금란가사, 법복 등), 나옹스님의 왕사 책봉의식과 축하연 무고 공연의 재현, 나옹스님의 저술을 콘텐츠화 하는 것 등이다.

나옹왕사의 디지털콘텐츠는 영덕의 문화관광축제의 핵심으로 활용될 것이다. 장육사를 중심으로 나옹스님 설화와 관련된 창수면 일대에 문화관광 벨트를 구축하고, 나옹왕사 문화관광축제를 기획하여 영덕군의 문화발전의 핵심적 역할을 할 수 있도록 기획한다. 나옹왕사 문화관광축제는 나옹왕사의 사상과 정신을 오늘날에 계승하고 영덕의 문화유산으로 재창조하는 체험관광으로 기획하며, 나옹왕사 책봉의식, 무고 공연, 학술문화제, 시 백일장, 템플스테이 등의 특화된 내용을 담을 수 있을 것이다.

지역 문화의 발전을 위하여 지역문화 전문가들이 '(가칭)영덕문화 네트워크'와 같은 정례적인 논의 기구의 필요성을 제안하였고, 우수한 지역 문화의 원형을 콘텐츠화 하여 지역 브랜드를 연계하고 지역의 상황에 맞는 다양한 문화 체험 상품의 개발 등을 제안하였다. 이를 통해 향후 지역문화 발전의 본격적인 논의를 이끌어 낼 수 있는 계기가 되었으면 한다.

본 논의는 나옹왕사의 생애를 소재로 한 문화콘텐츠의 개발이 영덕 지역에만 국한된 것이 아닌, 우리 민족의 뛰어난 문화유산으로 재정립될 수 있도록 다양한 노력에 힘을 보탤 수 있었으면 한다. 앞으로 지역문화는 빛나는 전통과 역동적인 힘을 가진 지역 대중들의 합의된 노력에 의해 다시금 그 전성기를 맞을 것이다.

보고 듣는 것 다른 물건 아니요,
원래 그것은 옛 주인

지금까지 나옹왕사 불적답사길의 70여 사찰을 드러내어 보았다.

영덕에서 태어나고 자란 까치소와 불미골, 출가하면서 꽂은 지팡이가 자란 반송정, 첫 출가지 묘적암, 깨달음을 이룬 회암사, 중국을 다녀온 후 보림한 상두암을 비롯하여 많은 절들을 창건 중창하면서 수도 정진한 사찰들, 그리고 마지막 열반불사를 이룬 신륵사, 왕사께서 출가하면서 발원하신 깨달음의 세계를 구축하여 그 깨달음을 백성들에게 전법도생하고 그 서원을 이루고 열반불사로서 회향하는 길을 살펴보았다.

이와 같이 그 길을 따라가면서 많은 것을 보고 느끼고 체험하였다.

신륵사에서 열반불사에 들기까지의 깨달음과 전법도생의 길에서 순례한 70여개 사찰은 드러난 일부분이겠지만 아직도 외부에 잘 드러나지 않아 차가 들어가지 못하는 지리산 상선암, 무등산 규봉암, 장성 나옹사지, 치악산 상원사 등 깊은 골에 위치한 아란야의 도량으로 왕사께서 정진하셨던 숨결을 느낄 수 있었으며, 출가하면서 원을 세웠던 깨달음을 통하여 중생에게 회향하겠다는 원력행을 극히 일부라도 상응할 수 있었다.

금번 출판되는 『나옹왕사 불적답사길』이 왕사의 원력행을 조금이라도 이해하는데 도움이 되었으면 하는 바람이며, 왕사께서 회암사에서 지은 게송과 같이 "보고 듣는 것 다른 물건 아니요, 원래 그것은 옛 주인"이라는 도리를 자각하는 인연이 되었으면 한다.

나옹왕사 불적답사길 발간을 통해 나옹의 생애와 사상을 다시 한 번 재조명하고 유업을 계승 발전시켜 현창사업을 하고, 지금까지 드러난 전국 70여 개의 사찰을 지역별로 묶던 아니면 년대별 시대별로 묶어 나옹왕사께서 태어난 영덕을 시발점으로 해서 성지순례코스를 개발했으면 하는 바람이다.

나옹왕사 불적답사 길의 회향에 이르기까지 고마운 분들을 떠올리면, 먼저 불적답사 길에 격려해 주신 대한불교조계종 불교문화재 연구소장이신 제정스님, 불적답사 길에 시간을 내어 일부 동행한 영덕불교사암연합회 집행부 스님들, 또한 불자 국회의원이신 강석호의원님과 주호영의원님, 그리고 이희진 영덕군수님, 최재열 영덕군의회의장님, 김영덕교수님, 조영대교수님, 김호성교수님, 한국수력원자력 관계자 여러분, 서남사 보덕화 신도회장님을 비롯한 신도 분들과 그 밖에 나옹왕사와 인연 있는 사찰 주지스님들께도 지면을 빌어 감사드린다. 마지막까지 나옹왕사 불적답사길의 기획과 편집에 수고하신 해조음 대표 이철순보살님과 정태화이사님, 이성빈실장님께 감사드리면서 나옹왕사의 게송을 송(誦)하면서 회향하고자한다.

명통(明通)

쓸 때는 모자람이 없으나 찾아보면 자취 없고
모나고 둥글고 길고 짧음에 응용이 무궁하다
사물마다에 분명하건만 누가 보아내는가
영원히 당당하여 옛 풍모를 펼치네[1]

---

1) 『韓國佛敎全書』卷6, 「東國大學校出版部」 1984年, p.736下.
　　明通　用處無虧覓沒蹤 方圓長短應無窮 頭頭了了誰能見 歷劫堂堂展古風

참고문헌

• **여무의** 「나옹록」, 장경각, 1991

• **동국대학교 한국불교전서편찬위원회** 「한국불교전서」 卷6, 고려서적주식회사, 1984

• **동국역경원** 「한글대장경 나옹화상집」, 1995

• **이정** 「한국불교사찰사전」, 불교시대사, 1996

• **김용술** 「창수면지」, 영덕문화원, 2009

• **현담** 「영덕폐사지 불적답사와 불교 현황」, 영덕불교사암연합회, 2014

• **김도현** 「영덕의 가사문학」, 『영덕문화의 원류』, 영덕군, 2004

• **이철헌** 「나옹 혜근의 연구」 박사학위논문, 1996

• **김창숙** 「나옹혜근의 선사상 연구」 박사학위논문, 1997

• **송석구** 「문화의 세기와 불교의 역사적 회향」,
　　　　『불교의 고승 나옹선사 학술발표대회 나옹선사의 생애와 사상』, 영덕군, 2001

- **허흥식** 「나옹화상의 생애와 계승자」
  『불교의 고승 나옹선사 학술발표대회 나옹선사의 생애와 사상』, 영덕군, 2001

- **효탄스님** 「나옹혜근의 불교사적 위치」
  『불교의 고승 나옹선사 학술발표대회 나옹선사의 생애와 사상』, 영덕군, 2001

- **고혜령** 「나옹선사와 목은 이색의 사상적 만남」
  『불교의 고승 나옹선사 학술발표대회 나옹선사의 생애와 사상』, 영덕군, 2001

- **가산 지관큰스님** 「나옹왕사 유업의 재조명」
  『영덕이 낳은 고승 나옹왕사 재조명 학술세미나』, 영덕군, 2008

- **황인규** 「나옹혜근의 불교계 행적과 유물 · 유적」
  『영덕이 낳은 고승 나옹왕사 재조명 학술세미나』, 영덕군, 2008

- **신규탁** 「남종선의 흐름에서 본 나옹」, 『영덕이 낳은 고승 나옹왕사 재조명 학술세미나』, 영덕군, 2008

- **한보광** 「나옹왕사의 정토사상이 한국불교신앙에 미친 영향」,
  『영덕이 낳은 고승 나옹왕사 재조명 학술세미나』, 영덕군, 2008

- **이재수** 「나옹왕사의 생애를 통한 지역문화코텐츠 개발방안」,
  『영덕이 낳은 고승 나옹왕사 재조명 학술세미나』, 영덕군, 2008

- **백과사전** 네이버 · 다음

나옹왕사 불적답사길

구도의 발자취를 따라서

2017년 1월 5일 초판 1쇄 인쇄
2017년 1월 16일 초판 1쇄 발행

지 은 이 | 현담스님
발 행 처 | 영덕불교문화발전연구원

펴 낸 곳 | 영덕불교문화발전연구원
주   소 | 경상북도 영덕군 영덕읍 미듬길 24 서남사
전   화 | 054-734-3281

편   집 | 해조음
주   소 | 대구광역시 중구 남산로13길 17 보성황실타운 109동 101호
전   화 | 053-624-5586
팩   스 | 053-624-5587

ISBN 978-89-92745-56-7 03220

• 잘못된 책은 바꾸어 드립니다.   • 책값은 뒤표지에 있습니다.